高等教育管理研究系列丛书

重构高等教育质量保障体系

——学生参与的视角

饶燕婷　著

CHONGGOU GAODENG JIAOYU ZHILIANG
BAOZHANG TIXI

知识产权出版社
全国百佳图书出版单位
—北京—

图书在版编目（CIP）数据

重构高等教育质量保障体系：学生参与的视角/饶燕婷著．—北京：知识产权出版社，2020.1

ISBN 978-7-5130-6703-4

Ⅰ.①重… Ⅱ.①饶… Ⅲ.①高等教育—教育质量—保障体系—研究—中国 Ⅳ.①G649.21

中国版本图书馆 CIP 数据核字（2019）第 288285 号

责任编辑：贺小霞　　**责任校对：**潘凤越
封面设计：刘　伟　　**责任印制：**孙婷婷

重构高等教育质量保障体系
——学生参与的视角

饶燕婷　著

出版发行：知识产权出版社有限责任公司	**网　　址：**http：//www.ipph.cn
社　　址：北京市海淀区气象路 50 号院	**邮　　编：**100081
责编电话：010-82000860 转 8129	**责编邮箱：**2006HeXiaoXia@sina.com
发行电话：010-82000860 转 8101/8102	**发行传真：**010-82000893/82005070/82000270
印　　刷：三河市国英印务有限公司	**经　　销：**各大网上书店、新华书店及相关专业书店
开　　本：787mm×1092mm　1/16	**印　　张：**15
版　　次：2020 年 1 月第 1 版	**印　　次：**2020 年 1 月第 1 次印刷
字　　数：260 千字	**定　　价：**68.00 元

ISBN 978-7-5130-6703-4

前　言

我国高等教育自20世纪末的扩招以来，在规模上得到了长足发展，相应的质量问题也日益凸显，为了确保高等学校的教育质量，建立了由政府主导的以本科教学评估、学科评估、专业认证等为主要构成的高等教育质量保障体系。然而，随着我国高等教育进入后大众化时代，高等教育所处的环境更加复杂化，社会各界对高等教育质量的关注和问责也日益增加，以往政府主导型高等教育质量保障模式表现出明显的"乏力"现象，保障主体单一与质量观多元化的冲突、高校质量保障内驱力不够，被动应对评估等问题已成困扰，如何改进和完善高等教育质量保障体系成为新时期高等教育改革与发展的重要议题。

放眼世界高等教育质量保障的发展，自20世纪末以来不少发达国家将发展高等教育上升为国家战略，纷纷建立了质量保障体系并不断完善。近年来，随着"以学习者为中心"的高等教育理念的重新确立、教育评价的"多元价值"与评价范式的转变，以及博洛尼亚进程的"学生参与"政策的推动，各国高等教育质量保障出现了多元主体参与的趋势，尤其是学生作为高等教育质量的重要利益相关者，在质量保障中的地位和作用得到显著提高。例如，20世纪80年代以来，美国高等教育认证机构普遍增加了对大学生学习成果的测量和评价，从关注院校资源和投入转变到更加关注大学生的学习过程。2015年版的《欧洲高等教育质量保障标准与指南》（ESG）明确提出"以学生为中心"，强调学生在外部质量保障中的参与，突出学生在内部质量保障中的责任，形成基于学生中心的内部质量保障标准。此外，2018年由英国质量评估常设委员会（UKSCQA）和高等教育质量保障署（QAA）发布的《英国高等教育质量规范》也明确提出"以学生为中心"，并特别强调将保护公众和学生利益作为高等教育质量保障的重点。学生作为高等教育数量最多的利益相关者，在高等教育质量保障中的权益和作用日渐被重视，学生参与已逐渐成为国际高等教育质量保障的一个发展趋势。

相比之下，我国高等教育在建立健全“以学生为中心”的高等教育质量保障体系方面仍处于萌芽阶段。学生在高等教育质量保障中的参与非常有限，其重要利益相关者身份没有通过一定的制度在高等教育质量保障中体现出来，与国际高等教育质量保障的发展趋势有较大差距。另外，我国高等教育成本分担机制的推行和学费收入在高校经费收入中所占比重的提升，使学生在大学治理中的核心利益相关者地位和作用进一步凸显。学生不仅仅是受教育者，还是高等教育的主要服务对象；既是高等教育服务的消费者、购买者与受益者，又是高等教育服务的使用者、参与者和共同生产者。作为高等教育数量最多的利益相关者，学生对高等教育有其自身的利益诉求和价值判断，他们对高等教育的满意程度已成为评判高等教育质量优劣的重要一维。

在这种背景下，本书拟从学生参与的视角出发，通过对学生参与高等教育质量保障进行学理分析、比较研究、现状调查，总结国际经验，把握我国学生参与质量保障的现状和问题，并在此基础上提出重构我国高等教育质量保障体系的现实策略和机制设计。

在后大众化时代，高等教育质量保障成为一项日益复杂、系统的浩大工程，单凭政府或高校某个单一主体的力量已经很难发挥全面、有效的保障作用，相信当广大的学生成为学校教育的主动建构者和保障者时，高等教育质量问题将无处遁形，质量保障也将抵达从未有过的深度和广度，为我国从高等教育大国向高等教育强国的跨越助力保航。

目　录

第1章　绪　论

1.1　问题提出

1.1.1　高等教育质量观的演变带来的质量保障主体的变化

质量观是实施高等教育质量保障的前提，有什么样的质量观就有什么样的质量保障机制。在高等教育的不同发展阶段，其质量观也是不同的，高等教育质量观经历了一个不断演变的过程。

在精英教育阶段，高等教育的规模较小，只有少数人能接受高等教育，高等教育是那些“出身好或天赋好或两者兼备的人的特权”（马丁·特罗，1999）。这个时期的高等学校被世人誉为“象牙塔”，以“探究高深学问”为目标，追求学术的“卓越”和“优秀”，高等教育本身就是质量的体现。由于强调学术自由和学术自治，这个时期的高等教育质量保障主要是高等学校自己的事情，基本上实行的是“内部质量保障”。质量标准由各个学校自己设定，标准的监控和保障也由学校自己把握。另外，由于该时期高等教育的培养目标主要是为国家培养精英和统治人才，因此政府在高等教育质量标准的制定和质量保障相关活动中也发挥了一定作用。总的来看，在精英教育“卓越”质量观的引导下，这个时期制定高等教育质量标准、开展高等教育质量保障活动的主体主要是高等学校和政府。

随着高等教育在社会经济发展中的作用日益凸显，大学日益从社会的边缘走向社会的中心，成为社会经济发展的“动力源”和决定国家竞争力的重要因素。由于意识到高等教育在国家和社会经济发展中的重要战略地位，各国政府纷纷加快发展高等教育，扩大规模。到20世纪80年代，美、英、德、法、日等发达国家的高等教育都已从精英阶段进入大众化阶段，高等教育不再是少数人的特权，成为一种更多人能够享有的权利。高等教育大众化不仅带来了“量”的变化，也引起了“质”的变化，主要表现在高等教育与社会关系的日益密切、教育功能的扩大、教育观念的变更，以及学校类型、办学层次、培养目标、培养模式、教育需求等的多样化。正如潘懋元先生所认为的，不能把大众教育和精英教育看成是两个层次的教育，应是两个体系。精英教育的培养目标和大众教育的培养目标或者说质量要求是不同的。因此，在大众化阶段，高等教育质量的概念变得模糊起来，以往以“卓越”“优秀”为标准的质量概念无法涵盖高等教育的全部特征，高等教育质量出现了日益多样化的趋势，不同类型、不同层次的高等学校有不同的培养目标和质量标准。这个时期，高等教育质量保障的主体发生了变化，不再由高等学校自己来设定质量标准、开展质量保障活动。因为高等教育不再仅仅追求学术的“卓越”和“优秀”，还要满足社会和个人对高等教育的需求。是否“满足消费者的愿望和需求”逐渐成为评价高等教育质量优劣的一个标准。而高等教育领域的消费者主要是指学生，当学生的愿望和需求的满足程度成为高等教育质量标准的唯一时，质量保障的主体就不再只是政府和高校，学生作为重要利益相关者也应成为质量保障不可或缺的主体。因此，从精英教育“卓越”质量观到大众化教育“满足需要”质量观的演变也同时带来了高等教育质量保障主体的变化。在大众化教育阶段，学生应成为高等教育质量保障的重要参与者。

1.1.2 高等教育质量保障中学生的缺位

高等教育质量保障运动在世界范围的兴起，使越来越多的国家和地区认识到对高等教育质量进行监控的重要性和必要性，积极采取措施建立和发展自己的高等教育质量保障机制。由于各国高等教育的传统、理念不同，社会环境各异，因此各国的高等教育质量保障模式也各不相同。总的来看，可以分为以下几种：一是高等学校内部保障型。这种模式强调高等学校的自律，主要由高等学校自己对教育质量进行保障。这种模式的典范是英国，英国一直是一个强调大学自治的国家，在高等教育质量控制上也一直是由各大学自己负责。二是政府外部控制型。主要由政府通过制定高等教育质量保障政策，确定具体的质量保障程序和方法，对高等学校的教育质量进行监督和管理。这种模式的代表国家有法国、俄罗斯，高等教育被看作是国家的事业，由国家统一管理，大学内部的自主权有限。三是社会中介组织参与型。主要是通过一些社会和地方非政府组织对高等学校的认证、排名和博士点评价等活动来保障高等教育质量，政府不直接参与、干涉高等教育质量保障活动。美国是实行这种保障模式的典型国家。虽然这几种保障模式在保障主体上各有侧重，但是随着高等教育质量保障的不断完善，各种类型的质量保障模式出现了相互融合的趋势，以高等学校自保障为主的内部保障型趋向于更多的政府控制和社会参与，以政府管理为主的外部控制型越来越强调向社会中介组织分权，而以社会中介组织为主导的社会参与型也要求更多的政府干预。

从这些高等教育质量保障模式不难看出，政府、社会、高校成为各国高等教育质量保障的重要主体，担负着高等教育质量保障的主要责任。高等教育质量保障成为政府、高校、社会三者进行博弈的实践活动，作为高等教育的直接参与者和重要利益相关者的学生却被遗忘和缺位了。然而，大学是一个由政府、社会、学校、学生、教师、用人单位等构成的利益联结体，伴随着高等教育市场化浪潮和学生缴费上学制度的确立，政府、学校、学生的关系发生了深刻的变化。学生越来越多地被看作是高等教育的顾客，是具有独立主体地位的核心利益相关者，应当在高等教育的管理、价值选择等方面有更大的发言权。

从我国高等教育质量保障的现状来看，质量保障主要是以政府行为为主导的纵向约束机制，存在着保障主体单一、效率不高、效果欠佳的问题。非政府主体缺乏利益表达的机制和利益实现的途径，尤其是学生主体，在高等教育质量保障中缺少话语权，处于失语状态。随着高等教育的规模扩大，质量问题越加复杂，高等教育质量保障制度也逐渐从政府主导的外部控制向以高校自控为主、多元主体参与、内外结合的方向演进。高校和社会在高等教育质量保障中的作用日益受到重视，然而，学生这个高等教育的重要主体和核心利益相关者却一直没有受到足够的关注。学生是高等教育最直接的参与者、感知者，对教育质量应该最有发言权。经过科学的组织和引导，学生可以成为可靠的质量管理者，并推动高等学校管理新秩序的建立。

1.1.3 世界高等教育改革学生参与的趋势

近年来，一些国际性组织和欧美发达国家在高等教育改革中都对学生参与给予了越来越多的关注。1998年《世界高等教育大会宣言》指出，“当今这个日新月异的世界上，高等教育显然需要有‘以学生为中心’的新的视角和新的模式，大多数国家的高等教育都需要进行深入的改革和实行开放政策，以便培养更多不同类别的人”。

在欧洲高等教育区建设中，2001 年的布拉格会议正式将学生参与确定为博洛尼亚进程（Bologna Process）的一个重要议题，从此欧洲高等教育领域开始关注学生参与的问题，并就此展开了广泛的讨论。欧洲委员会 2004 年出版的《作为公共福利的高等教育》一书中提到，“大学的理念应把学生作为参与者而不是最终产品的接收者或购买者”。2001 年以来欧洲相关组织的调查报告纷纷显示，学生参与的水平不断提高，学生参与质量保障是 2005 年以来最大进步领域之一。[1] 绝大多数学生联盟在国家层面已经参与高等教育事务的协商。[2]

许多欧美发达国家在高等学校管理中都有学生参与的历史传统，在高等教育的发展过程中这种传统得到进一步发扬，并且在 20 世纪 70 年代以后开始逐渐走向了法制化的道路，纷纷通过立法来确立学生参与学校管理的权利。例如，联邦德国到 1971 年已有 9 个州立法强调大学应享有更大程度的自主权，学生和初级教员要能在更大程度上参与学校事务的管理（约翰·范德格拉夫）。法国 1989 年通过了《教育指导法》，该法案规定，“学校委员会是真正的学校教育教学的管理机构……教师代表和学生、家长代表是学校委员会的成员……各界代表的比例有相应的法律文件固定下来，一般是不可随意改变的”。[3] 在英国，根据法律规定，“校董会必须由地方教育当局代表、学生、家长代表与教师代表参加”。[4] 可见，学生参与学校管理已经成为当今世界高等教育改革的一大趋势。

高等教育质量保障是为维持和提高高等教育质量而采取的所有政策和行动。作为一种有目的的活动，它离不开这样几个核心问题：由谁来保障？保障什么？怎样保障？而保障活动的主体构成首先要解决的问题，即哪些人有权利、有责任来参加高等教育质量保障。目前，我国高等教育质量保障体系中主要强调政府、高校和社会的主体地位和作用，对于学生这个高等教育的重要主

---

❶ Andrejs Rauhvarge. Bologna Process Stocktaking London 2007 [EB/OL]. [2019 - 08 - 05]. http://www.aic.lv/bolona/acebook/2007vol1.pdf.

❷ Koen Geven. Bologna with Student Eyes 2007 [EB/OL]. [2019 - 08 - 05]. http://www.ond.vlaanderen.be/hogeronderwijs/bologna/documents/Bolognastudenteyes2007.pdf.

❸ 刘海天. 欧美发达国家教育管理体制中的社会参与［J］. 比较教育研究，1996（3）：35.

❹ 金含芬. 学校教育管理系统分析［M］. 西安：陕西人民教育出版社，1993：204.

体却没有给予足够的关注。那么学生究竟应不应该参与高等教育质量保障，他们在高等教育质量保障中应该发挥什么作用，如何发挥作用？有鉴于高等教育质量观的转变带来的保障主体的变化，学生在高等教育质量保障中的缺位，以及世界高等教育改革学生参与学校质量管理的趋势，本文选取学生参与高等教育质量保障作为研究对象，想要回答的问题是：为什么要倡导学生参与高等教育质量保障？学生参与高等教育质量保障有哪些法理性依据？国外学生参与高等教育质量保障的途径有哪些？参与范围和限度如何？我国学生参与高等教育质量保障的现状如何？如何基于学生参与重构我国的高等教育质量保障机制？

1.2　研究的意义

在高等教育规模不断扩大、学生人数激增的背景下，以学生参与为切入点，从国际比较的视角来透视高等教育质量保障中的多元主体参与问题，是一个具有理论价值和实践意义的课题。它既符合世界高等教育管理民主参与的趋势，也符合我国进一步深化高等教育管理体制改革的要求。

1.2.1　理论意义

对学生参与高等教育质量保障的研究有利于高等教育质量保障研究向纵深方向发展。从20世纪80年代以来，高等教育质量保障研究取得了丰硕的成果，不论是对高等教育质量观的探讨，还是对高等教育质量保障体系的构建、高等教育质量保障模式的分类，都进行了系统而深入的研究。然而，这些研究大多都是从政府、学校、社会的视角出发，较少关注学生在高等教育中的主体地位。因此，对学生参与高等教育质量保障的机制进行研究可以填补现有研究的空缺，推动现有质量保障研究向纵深发展。

1.2.2　现实意义

通过对学生参与高等教育质量保障的研究，可以推动我国高校的内部管理体制改革，为学生参与高等教育质量保障提供理论依据、现实策略和国际经验。我国长期奉行社会本位的教育价值取向和行政权力主导的教育管理体制，强调社会需要高于个人需要，强调自上而下的质量保障体制，忽视了学生作为主体所应有的权利和作用。因此，对高等教育质量保障中的学生参与进行研究对于扭转学生主体地位长期被忽视的局面，充分发挥政府、学校、中介组织、学生、教师等多方利益主体的积极作用，构建一个多元主体共同参与的高等教育质量保障机制具有重要的实践指导意义。同时也为我国高校实现民主管理、完善高等教育质量保障体系、构建现代大学制度提供了一个新的思路，有利于在多元参与、各尽所长、相互制衡的机制中提高高等教育质量。

1.3 文献述评

1.3.1 关于高等教育质量保障主体的研究

高等教育质量保障主体，是指为了实现自身的高等教育利益和质量需求，直接或间接地参与高等教育质量保障活动的团体、组织或个人。所谓质量保障主体，实质上是要解决“谁来保障”的问题。

1.3.1.1 高等教育质量保障的主体构成

安心在《高等教育质量保证体系研究》中指出，质量保证的主体是校方、政府和社会，学校是内部保证的主体，它应根据教育服务的顾客需求变化，不断地提高质量保证水平，并使自主性原则贯穿于整个保证活动之中。[1]

熊志翔在博士论文《高等教育质量保障体系研究》中指出，质量保障主体单一是中国高等教育质量保障的主要问题。由于长期受计划经济体制影响，政府既是高等学校的举办者，又是高等学校的管理者，还是高等学校的评价者。政府在高等教育质量管理和保障方面占有绝对权威。随着社会主义市场经济体制的建立，这种完全由政府来保障高等教育质量的模式已经不能适应新形势发展的需要，应改变以往完全由政府包办高等教育质量保障的形式，建立由学校、政府、社会共同组成的多元质量保障主体。高等学校作为高等教育质量内部保障的唯一主体，应充分发挥管理者、教师、学生三方面保障主体的积极

[1] 安心．高等教育质量保证体系研究［M］．兰州：甘肃人民出版社，1999：3.

性、主动性，全面建立校内质量管理、质量控制和自我评价的新机制。❶

田恩舜在博士论文《高等教育质量保证模式研究》中，将高等教育质量保证主体划分为政府、高校和社会，并指出在高等教育保证活动中，不同的主体具有不同的价值需求与质量保证主张。政府的价值需求以公平为基础，高校的价值需求以自由为核心，社会的价值需求以效率为导向。通过对不同高等教育质量保证主体的价值需求、价值冲突及其协调进行较为系统的分析，从中归纳、概括出影响高等教育质量保证模式的形成与变迁的关键变量——国家权力、市场与院校自治。❷

胡弼成在《高等教育质量观的演进》中提到，伯顿 R. 克拉克把高等教育系统的不同主导力量归结为三种基本类型：学生导向型、市场导向型和政府导向型，不同类型的主导力量都对高等教育发挥作用。根据这种理论，可以从中相应地提炼出影响高等教育质量评价的四种主体因素：政府、高校、社会和学生个体。每一因素由于自身地位、需要和利益的差别，拥有不同的高等教育价值取向和评判标准，形成各自的质量亚文化并渗透到高等教育系统内部，使高等教育质量凸显主体性。❸

李卫东指出，现代高等教育中存在多个利益关系人，他们对高等教育有着不同的主体需要，各自从自身需要出发对高等教育进行着不同的价值判断，即评价。一般来说，高等教育的评价主体包括政府、社会和个体。社会作为评价主体，可以包括各种社会组织，如企业、事业单位，专业评价组织等，个体作为评价主体，包括学生、家庭以及高校自身。❹

徐爱萍提出大学是一个典型的利益相关者组织，质量保障机制的建立需要内外部利益相关者协同作用。政府、社会、高校、学生、教师、行政管理人员都是高等教育质量保障的主体。高校内学生是大学数量最多的利益相关者，学生的质量是大学办学质量的关键。优质的学生生源、学生自觉的行动、积极进取的学习态度、科学的学习方法、自主学习能力是保障人才培养质量的前提。高等教育质量保障主体呈现出多元化趋势，质量的生成是大学利益相关者协同作用的产物。❺

---

❶ 熊志翔. 高等教育质量保障体系研究［M］. 长沙：湖南人民出版社，2002：195－202.
❷ 田恩舜. 高等教育质量保证模式研究［D］. 武汉：华中科技大学，2005：25.
❸ 胡弼成. 高等教育质量观的演进［J］. 教育研究，2006（11）：24－28.
❹ 李卫东. 高等教育价值与评价多元化分析［J］. 江苏高教，2008（2）：10－11.
❺ 徐爱萍. 基于主体协同的高等教育质量保障机制构建［J］. 江苏高教，2013（3）：49－51.

周廷勇和周作宇认为在政治和市场等多种因素日益渗透到高等教育领域并逐步起到支配作用的过程中，高等教育质量的话语权已经从实施高等教育的机构内部溢流到机构外部。谁界定质量？谁判断质量？谁对质量负责？这些是在确立科学的高等教育质量观时不可回避的重要问题。解答这些问题的关键是确定教育质量的主体构成及其作用和地位。他们还指出，在利益相关者的话语体系中，政府、高校、企业、市场、学生、教师、高校管理者等都被认为是高等教育质量观的表达主体。❶

1.3.1.2 高等教育质量保障主体之间的博弈

许杰在《发达国家高等教育质量保障主体发展的新趋势及其启示》一文中指出，从国外高等教育质量保障的发展趋势来看，不同的质量保障主体——国家、社会和院校之间呈现出权力相互博弈、相互制衡的“三足鼎立”局面。在这一过程中，各个主体相互依赖，彼此进行协商和谈判。政府部门和非政府部门可以在相互尊重对方利益的基础上，通过采取合作行动来实现提高高等教育质量这一共同利益。这就实现了高等教育质量保障主体从一元向多元的转变。所谓从一元向多元转变，就是从单一的政府、社会或院校评估主体到多元的评估主体。❷

农卫东、廖文武指出，在20世纪80年代中期，由于政府对大学就业实行“包当干部”的政策，因此在高等教育系统中，政府、培养单位和大学生三者利益目标趋同，利益关系比较简单，基本上以政府的利益目标为依归，因此那时建立起来的高等教育评估体制也主要是以政府为评估主体的一元化评估。随着市场经济体制的建立和自主择业、成本分担制度的确立，高等教育系统中政府、培养单位和大学生开始成为相对独立的行为主体，三者之间的利益目标出现了差异和分化的趋势。政府的目标是在投入最少的情况下，培养单位能够培养出最多的合格人才；大学生的目标是交纳学费既定的情况下，学到最适当的知识；培养单位的目标则是按标准培养人才，以获取政府更大的投入、更多的大学生学费和社会的回报。政府、培养单位和大学生之间的行为收益是相互制约的，任意一方的目标实现，不仅要依靠自己的选择，也要依赖于另外两方的选择。这种利益关系结构的变化带来了评估主体多元化的格局。评估已不仅是

---

❶ 周廷勇，周作宇. 高等教育质量观的理论反思［J］. 大学教育科学，2018（2）：9－18.

❷ 许杰. 发达国家高等教育质量保障主体发展的新趋势及其启示［J］. 国家教育行政学院学报，2007（5）：46－50.

“国家对培养单位实行监督的重要形式”，而是政府、培养单位、大学生三方之间相互监督的重要形式。[1]

王永崇、莫丽娟在对政府、高校、社会和学生这四种“参与人”在我国高等教育质量保障制度中的主体博弈进行分析，探求实现利益主体博弈均衡的制度。文中指出，学生主体在高等教育中居于核心地位，是高等教育质量保障制度作用的主体，是高等教育质量保障制度的目标指向；学生主体居于高校内部，却是连接政府、高校与社会三方主体的桥梁和纽带；在高等教育质量保障制度的权力结构中，学生主体则处于最底层，在制度主体的博弈中，缺乏利益表达的机制和利益实现途径。在政府主导的供给主导型高等教育质量保障制度中，高校主体、社会主体和学生主体无法实现均衡博弈。在没有公平的博弈规则的限制下，代表公权的强势利益集团（政府及教育主管部门）掌握了高等教育质量保障的主导权、话语权。最后提出在我国高等教育质量保障制度从政府主导的外部控制向以高校自控为主、内外结合的演进过程中，要求重新调整利益结构，推动高等教育质量保障制度从供给主导型制度变迁向需求诱致型制度变迁发展。[2]

蒋文昭认为，不同的主体对高等教育质量有着不同的价值诉求。国家作为高等教育质量保障的职能性主体，既是高等教育质量的重要保障者，又是高等教育事业的所有者和管理者。国家关注的是高等教育如何发挥其对政治、经济、文化的巨大作用，推动社会的进步和繁荣。高等教育机构作为自保障主体，更容易从学术的立场出发定义高等教育的质量，更关注知识的探究、学问的增进、理性的获得、科学的进步等有关大学合法性的根本问题。学生作为高等教育的受众，他们关注的是高等教育对自身成长、发展、获取完满生活及自我实现等方面的满足程度和未来的潜在影响。他还指出，高等教育的受众——学生是最终满足不同群体利益要求的人，也是高等教育质量的最终体现者。我国目前的高等教育质量保障模式，政府的价值诉求占据了主导地位，而其他主体在高等教育上的立场和观点基本没有受到重视。因此，在今后高等教育质量保障模式的建设中，需要有主体间性视野，尊重和保证各主体对高等教育质量

---

[1] 农卫东、廖文武. 利益主体多元化与高等教育评估制度改革［J］. 清华大学教育研究，2003(4)：98－103.

[2] 王永崇、莫丽娟. 论高等教育质量保障制度的主体博弈［J］. 长沙大学学报，2007(6)：145－147.

的价值诉求在保障活动中得到体现。[1]

王媛和白华认为，在高等教育质量的思考中，需要考虑不同利益群体的关注范围和影响范围。政府、质量机构、企业、社会机构、学者以及学生是高等教育发展的利益相关者，在高等教育发展中起着重要作用。这些利益相关者的介入，对质量的发展起着重要影响，不同的利益相关者提出了自身的质量要求。政府与质量机构注重以竞争力为重要维度，企业以就业力为重要维度，社会机构以服务力为重要维度，教师以学术力为重要维度，学生以发展力为重要维度。这些不同维度的要求，对高等教育质量发展提出了重要参考维度，促使对质量发展进行反思与构建。[2]

朱德全和徐小容认为，高等教育的质量治理主要有国家、高校和社会三种核心力量，涉及多方治理主体的共同作用和博弈，如何协调各方主体的治理权关系，使其在质量治理上形成一致合力，是提升高等教育质量的重要基础和考量高等教育质量治理水平和治理能力的重要标尺。并且，他们还提出高等教育质量治理的关键在于实现以质量为中心的权责关系治理，从而达成公共意义层面各种利益关系的重新厘定和各种权责关系的重新组合，这需要从法理层面厘清各主体在质量治理上所享有的权力与权利并明晰各自的责任与义务，使各自“在其位”以更好地“谋其事”并“尽其责”。[3]

1.3.1.3 小结

从以上研究中我们不难发现，高等教育质量保障主体是近年来学界争论的一个焦点，综观现有研究，可以得出以下几点结论。

（1）高等教育保障主体的发展呈现出多元化的趋势。过去完全由政府来保障高等教育质量的一元化质量保障机制已经逐渐转变成由政府、学校、社会、学生、用人单位等多元主体共同参与的质量保障体制。

（2）高等教育质量保障多元主体参与趋势主要是由于高等教育利益主体的多元化而出现的。随着市场经济体制的建立和自主择业、成本分担制度的确

---

[1] 蒋文昭．主体间性视野下高等教育质量保障模式的嬗变与启示［J］．教育理论与实践，2008（10）：6－8．

[2] 王媛，白华．当代高等教育质量的价值观建构探析［J］．国家教育行政学院学报，2014（3）：47－52．

[3] 朱德全，徐小容．高等教育质量治理主体的权责：明晰与协调［J］．教育研究，2016（7）：74－82．

立，高等教育利益主体之间的利益目标出现了差异和分化的趋势，不同利益主体对高等教育质量有着不同的期待、要求和价值诉求。为了协调这些价值诉求之间的分歧，尊重和保证各主体对高等教育质量的价值诉求在保障活动中得到体现，便形成了各主体在高等教育质量保障中的权责划分，各方共同承担高等教育质量保障责任。

（3）学者们关于高等教育质量保障主体的研究成果证明了高等教育质量保障中存在的利益主体价值博弈，高等教育质量保障模式的变化是各主体力量变化的具体体现，构建多元主体参与的高等教育质量保障机制是高等教育发展的必然趋势。这些研究成果为本文分析学生参与高等教育质量保障问题提供了逻辑起点和学理依据，对后续研究有很大的启发和借鉴价值。

1.3.2 关于高等教育中大学生权益的研究

欧洲中世纪大学时期，学生是大学的所有者，拥有一切权力，如当时的博洛尼亚大学就是学生管理校务，学生拥有选举校长、聘请教授、对财政和学术事务进行普遍监督的权力。随着高等教育的发展，学生的地位几经沉浮，但是学生作为高等教育或大学的重要力量一直没有改变。20世纪60年代以来，学生权力在世界各国大学中的作用迅速扩大，从选拔校长到决定与学生有关的事务，学生都能广泛地参与。[1] 近年来，随着学生是高等教育消费者思想的兴起，作为高等教育的“投资者”和“顾客”，学生的权益，尤其是消费者权益日益受到各方关注。

1.3.2.1 大学生权益的划分

我国大学生是在高等学校中的受教育者，对其应享有的权利，在《中华人民共和国教育法》《中华人民共和国高等教育法》等法律法规中都有明确规定。如2016年12月16日，教育部颁布了新修订的《普通高等学校学生管理规定》（教育部令第41号），规定了大学生享有的七项权利：平等接受教育权利，依法参与学校民主管理的权利，利用学习条件的权利，参加校园活动的权利，申请奖学金、助学金、助学贷款的权利，公正评价权、申诉、起诉的权利，以及法律、法规规定的其他权利。其中对于学生依法参与学校民主管理的

[1] 陈玉琨，戚业国．论我国高校内部管理的权力机制［J］．高等教育研究，1999（3）：38－41．

权利，该规定明确提出“学校应当建立和完善学生参与民主管理的组织形式，支持和保障学生依法参与学校民主管理”。此外，《中华人民共和国高等教育法》还规定“高等学校应当面向社会，依法自主办学，实行民主管理”。这些法规明晰了学生的法定权利，突出了学生的主体地位，为学生权益的探讨和实现提供了依循。

除了法定权利之外，学界对大学生权益从不同的视角进行了分类：张永华认为高校学生权益可以按教育一般法与特殊法标准分成一般权益与特有权益；按公民权标准分为受教育权和一般公民权；按权利的实现标准分为自主权利与救济权利等。[1] 毛祖桓把大学生的权益归纳为三个方面：一是与人身有关的权益，包括生命权、健康权、肖像权、名誉权、隐私权、荣誉权等。二是与行为有关的权益，包括依法占有、使用、收益和处理财产的权利，选举权、被选举权、言论、出版、集会、结社、通信、游行、示威、对教学和管理监督、评论权，告知权、申辩权、听证权、申诉权、起诉和上诉权。三是受教育的权益，共七点。[2] 杨咏梅认为，大学生享有的法定权利包括“受教育者的权利、学生消费者的权利、公民的基本权利”。[3] 顾协国认为，“大学生权利主要包括知情权、学习权、申诉权、隐私权、参与权”。[4]

不论对大学生权益如何分类，可以肯定的一点是，大学内部的权力结构正在悄悄地发生变革，行政权力受到抑制，而处于弱势的学生权力则在不断上升。这种变化很大程度上是高等教育市场化和消费者机制与身份带来的。

1.3.2.2 大学生的“消费者”权益

随着学生作为高等教育“消费者”地位的确立，学生作为“消费者”的权益也日渐受到学界和公众的关注，一些学者对此做了深入探讨。陶美重根据我国的《消费者权益保障法》对高等教育消费者权利进行了划分，主要包括：安全权、知情权、选择权、申诉权、求偿权、受尊重权、监督权、收益权。[5] 吕杰昕指出，高等教育多元化带来了高等教育的市场化特征，在市场化办学模

[1] 张永华. 高校学生权益的内涵、类型、结构及其法律特征［J］. 高教探索，2003（4）：1－4.

[2] 毛祖桓. 大学生的合法权益及维护途径［J］. 北京教育（高教版），2004（1）：38－40.

[3] 杨咏梅. 大学生的权利及其实现［J］. 教育发展研究，2005（17）：56－58.

[4] 顾协国. 大学生权利与高校管理的权责［J］. 当代青年研究，2005（10）：22.

[5] 陶美重. 高等教育消费研究——基于学生“消费者”的视角［D］. 武汉：华中师范大学，2007：91－96.

式下，学生权益的性质也发生了变化，出现了学生权益内涵的多元化。学生不仅具有作为一名受教育者所具有的受教育权，还应拥有作为高等教育的消费者所具有的消费者权益，并享有由消费者权益所带来的民事诉讼权利。[1] 张向东从经济学的视角进行分析，认为学生接受高等教育具有消费行为的特性，根据《中华人民共和国消费者权益保护法》，作为消费者的学生具有安全权、知情权、公平交易权、获赔权、结社权、获取知识权、被尊重权与监督权等。他还指出，作为消费者的大学生只有参与到高校的管理过程之中，才能实现校务管理的透明化和民主化，知情权才有保障，只有参与管理才能获得一定的建议权和决策权，监督权、获赔权才有保障。[2] 于莲洁结合学生"消费者"的受教育者和教育服务顾客所特有的特征，将大学生消费者的基本权利归结为：对教育服务的知情权、对教育服务的选择权、对教育服务的监督权、对学校处置的申诉权。同时指出学生消费者概念的形成和确立为高校的管理方式变革带来了诸多影响。学生消费者概念的提出和教育选择权利的明确，要求高校管理改革明确其民主化趋势的走向，强调学生参与高校管理对学生消费者基本权益的保障。[3]

从国外来看，学生消费主义最早于20世纪70年代在美国诞生。1973年Green发表的《高等教育中的学生消费主义》正式提出"学生成为消费者"。1976年Shulman在《学生消费主义："买者自负"的重新审视》一文中指出，"'学生消费主义'的出现是源自对学生经济、时间和个人投资的认识，学生是高等教育的主要消费者"。之后1980年Riesman出版的专著《高等教育：一个崛起的学生消费主义时代中的学术企业》，提出"学生消费主义"的出现可能会导致一个新的时代的产生，即"学生消费主义时代"，高等教育机构将成为市场竞争中的"学术企业"，政府也将通过政策引导来保护学生权益。他还指出，"下一个高等教育的革命性改变，便来自于'学生用脚投票'"。"消费者掌握着平衡杠杆……由于存在着如此广泛的入学选择权和退学权、转学权，因此各学院和大学的生存或者依赖于满足用户的需要，或者依赖于以自己大学的优秀质量来吸引用户"。[4] 不难看出，学生消费主义把学生看作高等教育的

---

[1] 吕杰昕．高等教育多元化与学生权益保护［D］．上海：华东师范大学，2008：99.

[2] 张向东．大学生参与高校管理理论与实践研究［D］．南昌：江西师范大学，2006：18.

[3] 于莲洁．论学生消费者的形成及其对高校管理的影响［J］．中国高等教育，2008（3）：66－68.

[4] 约翰·范德格拉夫．学术权力——七国高等教育管理体制比较［M］．王承绪，译．杭州：浙江教育出版社，2001：125.

消费者，突出了学生的选择权。正如 Slaughter 在总结有关学生消费主义的研究后指出："学生消费主义的核心宗旨是强调市场竞争，并以此来提高教学的效率和生产力。"[1] 此外，《青年学生运动百科全书》将学生权力解析为，在参与大学决策、制定课程和管理制度、了解资金的使用，以及影响外部体制改革等方面，"重组大学权力结构，使更多权力从行政人员和董事会向学生和教师转移；为学生争取更多'自由'"。[2]

1.3.2.3 大学生消费者主体地位的缺失

在现实中，以上这些大学生"消费者"权益是否实现了呢？对我国高等教育进行一番考察后不难发现，事实并非如此，我国高等教育中依然存在着学生消费者主体缺位、学生满意度较低、学生消费者权益没有保障等问题。

据《中国青年报》调查显示，"包括教师、学生、法官、律师甚至高等学校管理机构人员和教育行政管理机关官员在内的被调查者，几乎所有的相关人士都认为教育就是一种消费。但在现实中，教育却是被当作一种管理活动在看待"。[3] 也就是说，人们从最直观的交费上学的事实来看，承认教育是一种消费，大学生是购买教育服务的消费者，但"学生消费者"的理念导向并没有在实践中得以体现。正如杨东平先生所指出的："时至今日，学生对学校的管理、教师和教学几乎没有什么管理的权力和参与的渠道。缴费上学的学生仍被习惯地视为计划体制下只需服从的感恩者，而不是自主的个体、积极的学习主体和学校的真正主人。"[4]

周倩也明确指出，"在我国高校内部权力结构中，学生权力处于缺失状态"。[5] 也有学者认为，"学生权力没有真正引起行政管理者和教师群体足够的重视，并未形成一支独立的力量，未能形成一种理想的与行政权力、学术权力'平起平坐，三足鼎立'的态势"。[6] "由于缺乏学生权力的支撑，在当前大学内部管理的实践中，学生的主体性不断萎缩，几乎成为没有话语权的被管理者

---

[1] Slaughter S. Academic capitalism and the new economy：markets，state，and higher education［M］. Baltimore：Johns Hopkins University Press，2004：2521－2528.

[2] David F. Burg. Encyclopedia of Studentand Youth Movements［M］. Facts on File Inc，1998：185.

[3] 陈人杰. 大学生是购买教育服务的消费者吗？［N］. 中国青年报，2001－09－05.

[4] 吴苾雯. "逃离"大学（序）［M］. 南宁：接力出版社，2002：4.

[5] 周倩. 我国高校学生权力研究 10 年：观念演变与合理模式［J］. 现代大学教育，2010（4）：50－54.

[6] 张俭民，聂永成. 高校学生权力的理性思考［J］. 大学教育科学，2016（4）：87－93.

和学术权力与行政权力强势话语权下的弱势群体”。[1] 究其原因，这种缺失状态主要“表现为大学生权力意识薄弱，学校管理参与少，权利救济途径不畅通。其主要原因是传统文化承袭使学生公民意识形成滞后，学生权利保障和权力行使体系不健全，学校、家庭、社会教育轻视学生人格培养，学生及学生组织缺乏维权的意识和能力”[2]。

自1999年我国高等教育大幅度扩大招生，高等教育进入大众化时代以来，大学生在教育教学和管理中的地位和心理都发生了较为显著的变化，主体意识有所增强。但受学生传统价值观念和文化差异的影响，以及高等教育传统管理模式所形成的惯性，大学生作为消费者的主体地位并没有确立。我国高等学校的管理主要是以学校管理者为主体，行政权力占据主导地位，管理制度和运行机制主要参照现行政府行政机关的官僚模式，官本位思想严重，没有很好地吸收教师和学生参与管理活动、重视他们的主体价值。再加上，传统的以学术权力和行政权力构成的二元权力结构模式，对学生权利的实现和伸张也带来了很多的阻碍。因此，诸多原因导致了学生消费者主体地位一直处于缺位状态。

然而，高等教育成本分担制度的实施，强化了将高等教育看作个人投资的观念，也确立了学生的“消费者”地位，要求大学管理制度也做相应的价值转换和制度调整，落实学生的“消费者”权益。“随着中国高等教育逐步进入学生消费者‘买方市场’时代，中国高校应树立‘学生消费者至上’观念，保证高校未来的发展”。[3]

1.3.2.4 小结

以上介绍了国内外学者有关高等教育中学生权益的研究，纵观这些研究可以发现。

第一，在有关学生权益的研究中，主要将高等学校学生权利的内容划分为三类：作为普通公民所享有的权利、作为受教育者所享有的受教育的权利，以及作为高等教育的消费者所享有的权利。

第二，对于学生是否是高等教育的消费者，学界虽然一直存在争论，但是随着高校收费制度的全面实行，教育作为一种消费形式的属性开始引起人们的

---

[1] 李福华．利益相关者理论与大学管理体制创新［J］．教育研究，2007（7）：36－39．

[2] 徐士元，苏昀．我国高校学生权力缺失及其原因探析［J］．高等教育研究，2011（3）：88－91．

[3] 周世厚，高贺．多学科视角：高校学生的校政参与何以必须［J］．高教发展与评估，2015（7）：14－19．

关注，在今天，越来越多的人将教育视为一种消费，并认为大学生是购买教育服务的消费者。这一观念的转变对高等教育的管理理念、模式、方法都将带来巨大的冲击。高等教育的管理和价值选择将从以政府、学校为主体，逐步转为兼顾政府、高校、学生等多个主体的需求，甚至更加关注学生的需求和满意度。

第三，作为高等教育的消费者，学生不仅具有受教育权和普通公民所享有的权利，还具有作为消费者所享有的权利。这意味着学生有权发挥自己的主动性和能动性，通过适当的途径，适度介入关系到自己切身利益的计划、组织、指挥、协调和控制等方面的活动。这种介入不仅仅是简单地提供信息或提出个人意见，而是一种有影响力的权利主张，可以加入决策层行使监督、参与、审议、决策等权力。

第四，在我国高等教育中，学生的主体地位和作用仍未充分发挥。究其原因，一方面，我国传统的教育理念将学生看作是接受知识的被动对象，学校与学生的关系是教育者与被教育者、管理者与被管理者的关系，高校的教师、管理者对学生有绝对的权威；另一方面，我国高等学校的管理主要是以管理者为主体，行政权力占据主导地位，管理制度主要参照政府行政机关的科层模式，官本位思想严重，忽视了教师、学生的主体价值。

1.3.3 关于学生参与高等教育质量保障的研究

从有关学生参与高等教育质量保障的研究来看，在国内研究中，对学生参与高等教育质量保障的专门研究很少见，相关论文只有零星几篇，而国外有关学生参与高等教育质量保障的研究相比之下更为丰富，大多集中在“博洛尼亚”进程欧洲高等教育区建设中对学生参与的强调。

1.3.3.1 国内研究

李福华在博士论文中指出，学生是学校教育质量保障的主体。学生自入学那天起，就成为学校组织中的重要成员，也就成了学校教育质量保障的主体之一。在教育收费制度和就业制度改革压力下，学生的主体性正在升级。经过科学的组织和引导，学生将成为可靠的质量管理者并促进管理制度特征和体制模式的改变，推动高等学校管理新秩序的建立。[1]

方展画、薛二勇对北欧五国高等教育质量评估中的学生参与进行了比较研究，指出教育评估的部分责任从教师转向了学生，学生正在成为高等教育质量评估的重要参与者。冰岛、丹麦、芬兰、挪威与瑞典北欧五国高等教育质量评估注重学生参与，产生了良好效果。[2]

胡子祥、雷斌通过实证研究发现大学生参与是高等教育服务质量的重要影响因素。高等教育服务质量及其各个维度均因大学生参与时间与精力而呈显著差异。大学生参与高等教育服务的时间和精力越多，其感知的高等教育服务质量越高。大学生是高等教育服务的参与者、共同生产者（co－producer）与贡献者，大学生的参与能力越高，参与过程越顺利，参与的时间越长，投入的精力越多，高等教育服务的质量就越高。因此，高等学校应当与大学生建立新型合作伙伴关系，通过共同参与，促进高等教育质量建设。[3]

鲍威强调了高等教育质量保障中学生视角的重要性。他提出在高校成本分担机制的推行和学费收入在高校经费收入中所占比重的提升，高校学生已从传统的“知识、技能的接受者”转化为“知识、技能的需求方和消费者”，成为影响高等教育机构行为及其职能的一个主体性角色。在这样的背景下，高校教学活动的成败与否已不再单纯取决于高等院校单方的因素。教学活动在实施过程中受到高等院校与其学生——来自供求双方的影响和制约。为此，从稳定与提高高等教育质量、保障教学活动顺利开展的角度出发，无论是在课程内容设计，还是在教学实施运作等方面，院校都必须密切关注教学活动最直接、最深入的参与者，即学生的教学满意程度。[4]

赵叶珠对学生“消费者”或“顾客”理论、学术共同体理论、利益相关者理论等与学生参与质量保障的相关理论进行了探讨，并对博洛尼亚进程中学生参与质量保障的政策及其实施进行了分析，指出在当前欧洲高等教育的改革

---

[1] 李福华．高等学校学生主体性研究［D］．上海：华东师范大学，2003：63－65．

[2] 方展画，薛二勇．高等教育质量评估中的学生参与——以北欧五国为例［J］．教育研究，2007（1）：66－71．

[3] 胡子祥，雷斌．大学生参与对高等教育服务质量影响的实证研究［J］．现代大学教育，2008（3）：12－13．

[4] 鲍威．学生眼中的高等院校教学质量——高校学生教学评估的分析［J］．现代大学教育，2007（4）：16－22．

与发展过程中，学生这一利益群体越来越受重视。❶

王秀彦和于贝对欧洲国家高等教育评估中的学生参与机制进行了分析，发现欧洲全方位的学生参与机制具有以全面、全过程的参与制度框架为基础，以多元利益相关者的持续合作为促进，以学生组织的积极参与为保障的特征。并指出欧洲各国的学生参与机制大致包括五个环节：参与质量评估决策与规划、参与外部评估、参与提供教育质量信息、参与院校内部评估、参与撰写评估报告和评估后续工作。根据欧洲国家学生参与高等教育评估的经验，我国应树立主体参与的质量理念，建立多元合作的平台，同时积极发挥学生自治组织的作用。❷

李婷对博洛尼亚进程下欧洲国家学生参与高等教育质量保障的情况进行了介绍，指出促进学生参与质量评估的主要力量包括博洛尼亚进程的积极倡导、北欧国家与欧洲学生联合会的影响，并介绍了北欧国家学生参与高等教育质量评估的过程和方法，总结了学生参与的成果：学生参与的法律制度不断完善、参与水平在波动中提升、学生代表结构均衡，培训到位、学生会可独立运作。基于对欧洲国家的比较研究，得出以下启示：我国学生参与评估的改革应树立“以学生为中心”的评估理念、强化学生参与的制度保障、完善学生全面参与评估机制、构建利益相关者间的均衡博弈平台、发挥学生自治组织的作用。❸

1.3.3.2 国外研究

学生参与高等教育质量保障是近年来世界高等教育质量保障的一大趋势。在欧洲国家，随着博洛尼亚进程的推进，尤其是 2001 年布拉格会议后，学生参与被确定为博洛尼亚进程讨论的一个重要议题。从此，欧洲高等教育领域开始关注这个问题并展开了广泛的探讨，取得了一定的研究成果。

2005 年卑尔根会议通过了《欧洲等教育区质量保障标准和准则》（European Standards and Guidelines for Quality Assurance，ESG），在外部质量保障标准和准则部分明确提到了学生参与评价是高等教育质量保障过程中的重要因素

---

❶ 赵叶珠．学生参与：欧洲高等教育质量保障中的新维度［J］．复旦教育论坛，2011（1）：47－50.

❷ 王秀彦，于贝．欧洲高等教育评估中学生参与机制的主要特征与启示［J］．黑龙江高教研究，2015（5）：44－46.

❸ 李婷．学生参与高等教育质量评估的突破与成效——基于博洛尼亚进程十五年的经验［J］．世界教育信息，2017（13）：38－42.

之一，学生参与外部质量保障可以确保其信度、效度和有用性，并且还指出，高等教育机构应该有一个公开的质量政策声明，其中要对学生如何参与内部质量保障进行说明。此外，该准则还规定了欧洲高等学校内部质量保障中的学生参与、学生参与欧洲高等教育外部质量保障的标准，以及欧洲外部质量保障机构的专家组中学生代表的参与。❶ 在2005年发布的《学生眼中的博洛尼亚进程》报告中，学生参与高等教育质量保障被划分为四个层次：参与国家质量保障机构、参与外部质量评价小组、参与外部评价或监督、参与内部评价。相应地分五个等级，分别为：❷

5级：在4个层次上都参加了质量保障过程；

4级：在3个层次上都参加了质量保障过程；

3级：在2个层次上都参加了质量保障过程；

2级：在1个层次上都参加了质量保障过程；

1级：还没学生参与或没有学生参与明确的安排和结构。

根据《学生眼中的博洛尼亚2007》报告的统计结果，不同国家学生参与高等教育质量保障的程度和范围差异较大，在2个层次上实现学生参与的国家只有3个，有12个国家的学生仅在1个层次上参与了质量保障活动，还有4个国家的高等教育质量保障中没有学生参与。❸

2006年10月欧洲高等教育质量保障联合会（The European Association for Quality Assurance in Higher Education，ENQA）启动“学生参与质量保障机构”工作组，对31个国家的质量保障机构进行了问卷调查。调查结果发现：87%的质量保障机构表示有学生参与；81%的机构反映学生联盟积极参与了质量保障；只有55%的机构表示在决策层面有学生参与。在参与的具体形式上，近一半的质量保障机构表示学生参与了进行实地质量考察的审查组，还有一些是通过参加访谈、评议性参与等形式进行参与；至于参加审查组的学生代表选

❶ Standards and Guidelines for Quality Assurance in the European Higher Education Area [EB/OL]. [2019-08-08]. http://www.enqa.eu/files/ESG_v03.pdf.

❷ ESIB. Bologna student eyes 2005 [EB/OL]. [2019-08-06]. http://www.aic.lv/bolona/Bologna/Bergen_conf/Reports/050510_ESIB-Analysis.pdf.

❸ Bologna Student Eyes 2007 [EB/OL]. [2019-08-06]. http://www.ond.vlaanderen.be/hogeronderwijs/bologna/documents/Bologna student eyes 2007.pdf.

举，大多数机构都是通过学生联盟或其他决策机构和委员会的推荐产生。[1]

为支持和帮助学生、学生组织和院校促进学生参与质量保障，苏格兰2003年9月建立学生参与苏格兰教育质量机构（Student Participation in Quality Scotland，sparqs）。该机构拨款服务主要的目标有五个：支持学生、支持学生组织、支持院校、对好的实践的认定、为拨款委员会和其他部门提供建议。2005年开始还启动了学生参与的探究项目（Mapping exercise of student involvement project），为院校提供好的案例和有效指导，促进学生参与质量保障。[2]对于如何测量学生参与的有效性，苏格兰高等教育拨款委员会也在公文中制订了相应的评价指标。

以上是欧盟国家在欧洲高等教育区建设中有关学生参与的情况。在美国，由于没有官方的专门质量保障机构，联邦政府不直接参与质量保障活动。因此，在外部质量保障上，主要由非官方的民间认证机构负责，在内部质量保障上主要由各高校自己开展，没有在全国范围内实施的教育质量评估和保障活动。通过对一些文献、资料的查阅，笔者发现在美国的外部质量保障中，一些质量认证组织也经常吸纳学生代表参加，例如，作为美国和加拿大医学教育质量的认证组织，LCME的小组成员一般由13名医学专家、2名非医学专业的公众，以及2名学生组成。在LCME认证中，学生必须提交一份与学校的自评报告相类似的独立分析报告，进校调查的评审组将与各年级选出的学生座谈，并在学生向导的帮助下检查学校的各项教学设施。评审组在评审报告中对学校的优势、劣势及改进机会进行总结时，要综合考虑学生在报告中提出的观点、毕业生问卷调查的结果，以及与学生座谈的情况。[3] 在内部质量保障中，美国大学的学生主要通过评教、满意度测评、选课制等方式来参与高等学校的内部教育质量保障。美国的学生评教有悠久的历史，肇始于20世纪20年代的哈佛大学。目前，学生评教已被广泛应用于美国的各级各类大学，成为教师教学评价的一个最重要的评价方法，有时甚至还是对教师教学能力的唯一量度。[4] 学生满意度调查也最早开始于美国，可以追溯到20世纪70年代，诸如Betz等吸取

---

[1] ENQA. Student Involvement in the Processes of Quality Assurance Agencie [EB/OL]. [2019-08-06]. http://www.enqa.eu/files/Student%20involvement.pdf.

[2] SPARQS Website [EB/OL]. [2019-08-06]. http://www.sparqs.org.uk/.

[3] The Role of Students in the Accreditation of the Medical Education Programs in the U.S. and Canada [EB/OL]. [2019-08-06]. http://www.lcme.org/roleofstudentsguide.pdf.

[4] Robin Wilson. New Research Casts Doubt on Value of Student Evaluation of Professors [N]. The Chronicle of Higher Education, 1998-01-16.

了学术界关于雇员满意感的研究成果，开发了大学生满意感问卷，并得到了广泛应用。❶ 目前所使用的《大学生满意度量表》有5种版本，在调查时根据院校类型，分别使用不同的版本。量表由70多个项目（items）组成，涵盖大学生在学经历的各个领域。❷《全国大学生满意度报告》每年都在高等教育出版物及《今日美国》（USA Today）杂志上公开刊出，报告还进行五年期满意度调查趋向比较（Five - year - Trends）。❸

此外，国外有不少学者对学生参与高等学校的治理进行了研究。Lee指出，学生参与高等学校的治理有利于学生参与民主实践和民主意识的培养，参与式民主可以有助于学生个体的成长和发展。同时他还指出，教育对个体将来生活和社会地位的重要性使学生有权决定教育的性质和质量。❹ 麦格拉斯（Mcgrath）认为，作为高等教育的"顾客"，学生在高等学校的管理活动中具有参与权。❺ 在市场化的趋势下，如果一个组织（包括大学）想要在市场中生存和竞争的话，必须重视满足"消费者"需要的重要性。学生参与对高等学校提供的教育"产品"质量非常有益，通过鉴别课程和教学中的不足，学生提供的信息可以用来评价课程和教学。❻ 此外，学生参与决策对于在大学里创造一个开放、信任的氛围，培育积极的组织气氛有重要作用。❼ 积极的气氛可以减少董事会与学生，抑或董事会与教师之间的冲突可能。例如，内罗毕大学和

---

❶ Betz, E. L. Klinggensmith, J. E. & Menne, J. W. Disconfirmation Theory: An Approach to Student Satisfaction Assessment in Higher Education. Paper presented at the Annual Meeting of the Mid - South Educational Research Association Conference, Biloxi, MS, 13, 1995: (11).

❷ 韩志玉. 美国大学生满意度调查方法评介 [J]. 比较教育研究, 2006 (6): 61.

❸ 孙小西. 院校研究：美国高等教育变革的风向标——对RHE文章（1991—2001）的检索分析 [J]. 高等教育研究, 2005 (8): 48.

❹ Lee, H. The Nature and Scope of Student Participation in Policy—Making in Academic Government. Proceedings of the 6th International Seminar Current Issues in University Education of Korea and Japan. Seoul, Korea: Korean Council for University Education, 1987.

❺ Mcgrath, E. J. Factors Influencing the Demand for Higher Education: The Case of Cyprus, Higher Education, 1970 (35): 251 - 266.

❻ Lee, H. The Nature and Scope of Student Participation in Policy—Making in Academic Government. Proceedings of the 6th International Seminar Current Issues in University Education of Korea and Japan. Seoul, Korea: Korean Council for University Education, 1987.

❼ Wood, D. Faculty, Student and Support Staff Participation in College Governance: An Evaluation. Paper Presented at the Annual Conference of the Association of Canadian Community Colleges, Edmunton, Alberta, Canada, 1993.

肯雅塔大学的管理危机就可以归咎于管理者们没有考虑学生和教师的需要。[1]

1.3.4 现有研究的不足

从以上对相关文献的梳理，我们可以发现现有研究还存在以下不足。

（1）在有关高等教育质量保障主体的研究中，大多数学者都把关注点放在政府、学校和社会三者身上，探讨这三个保障主体在高等教育质量保障中的责任和角色，对于学生在高等教育质量保障中的地位和作用较少关注，即使有谈及，也大多都是蜻蜓点水、泛泛而谈，对于如何真正将学生纳入高等教育质量保障体系之中，如何实现学生有效参与的研究很鲜见。

（2）在有关高等教育中学生权益的研究中，虽然近年来随着高等教育成本分担机制的全面实行，学界对学生权益，尤其是学生消费者权益的研究日渐关注，但是，研究多停留在对学生应该具有哪些权利的分类和探讨，对于如何保障这些权利、通过什么途径切实实现这些权利的研究还不够深入。权利之名固然重要，权利之实却更为关键。

（3）在有关学生参与高等教育质量保障的研究中，国内学者的研究比较少，零星几篇也都是近几年才出现的，主要是对博洛尼亚进程推动下欧洲国家学生参与高等教育质量保障的比较研究。国外的相关研究大多集中在欧洲高等教育区建设中对学生参与质量保障的强调，虽然出台了一系列文件和报告，但都是有关各个国家和地区学生参与质量保障的实践调查和经验介绍，专门对学生参与高等教育质量保障进行的学术研究还未发现。此外，还有一些有关学生参与大学治理的研究中也零星提及了高等教育质量保障中的学生参与。再就是专门对学生评教、学生满意度调查、学生学习投入调查的研究，这些研究虽然都涉及了学生在高等教育质量保障中的直接或间接参与，但都只是对学生参与高等教育质量保障的某种手段或方法的研究。因此，有鉴于现有研究的不足，对学生参与高等教育质量保障进行系统、全面的研究显得尤为重要和迫切。

---

[1] Obondo, A. T. Politics of Participatory Decision - Making: The Case of Kenyatta University and the University of Nairobi, French Institute for Research in Africa “Les Cahiers” Review, 2000 (19).

1.4 核心概念

1.4.1 参与和学生参与

“参与”一词在《现代汉语词典》中被解释为“参加（事物的计划、讨论、处理），参与其事。也作参预”。在管理学中，参与是指“与正式职位上的人从某种程度上分享管理权”。它不是在管理活动中被动地卷入，而是主动地分享管理权。罗伯特·G. 欧文斯认为，“参与的定义是：个人思想和感情都投入一种鼓励个人为团队目标作出贡献、分担责任的团队环境之中”。他指出，“参与是思想和感情的投入，而不仅仅是在管理中摆摆样子和走走过场。这样的投入极大地激励了参与者，从而发挥他们的主动性、创造性和积极性”。可见参与不仅是管理权力的分享，也是对责任的分担。“参与”不仅仅是传统意义上的参加某一事物或活动，其更深的含义是“赋权”“自治”“民主”等。从社会民主的角度看，参与意味着每个人都具有自给自足的能力，能够自己解决问题，应该享有平等学习和表达的权利。真正的参与不应该是被动的、被给予的、有物质条件驱使的，而应该是主动自发的、平等的、互动的。我国学者陈向明指出，参与指的是个体卷入群体活动的一种状态，既指个体作为一种有形的实体，在群体活动中是否“在场”，是否与其他成员进行互动等外显行为，也包括个体在认知和情感方面卷入和影响群体活动的状态和程度。

学生参与在英文中对应的词汇有 student participation 和 student involvement，是指反映“学生在与学业有关的活动中投入生理和心理能量”的状态变量。[1]杨咏梅曾在其博士论文《从管治到善治》中将学生参与定义为：为了落实学校民主管理，追求学生与学生的共同利益及实现学生的合法权利，由学生个人或学生团体从事包括所有学校公共事务与决定的行动。[2]

本文所讲的学生参与是指大学生作为高等教育的重要参与者和核心利益相

---

[1] Astin. A. W. Student involvement. A developmental theory for higher education [J]. Journal of College Student Personnel, 1984.

[2] 杨咏梅. 从管制到善制 [D]. 上海：华东师范大学，2006：10－17.

关者，通过一定的形式主动地将情感、才智等投入高等教育质量保障活动中，与政府、学校等其他利益主体产生互动，共同分享认证、审核、评价等高等教育质量保障权。

1.4.2 高等教育质量

“质量”是现代企业管理中运用最多的概念，也是一个难以准确界定的概念。同样，高等教育质量也是一个非常复杂的概念，至今一直存在争议，不同国家、不同学者对高等教育质量的理解也各不相同。

英国学者格林（Dianna Green）从五个不同的角度对高等教育质量进行界定。这五个方面分别是：（1）把质量与提供独特而特殊的产品和服务联系在一起，隐含排他性的特点；（2）把质量与预定规格和标准的一致性作为依据，依此使不同类型的院校可能设定不同的质量标准；（3）强调以高效达到目的的程度为标准，把判断质量的尺度定义为是否符合标准；（4）把质量定义在实现高校办学目标的有效性上，具体标准以高校是否具有明确的办学理念和使命的表述为特征；（5）把质量定义为以高校能否满足消费者规定的和潜在的需要。按照美国高等教育认证委员会（CHEA）的定义，质量就是“适切于目的”（fitness for purpose），或者符合普遍公认的由鉴定或质量保证机构定义的标准（CHEA website，USA）。联合国发表的《世界高等教育宣言》第 11 条明确提出高等教育是一个多维（multidimensional）的概念，也是多层次（multi - level）和发展的（dynamic）概念，涉及高等教育模式的背景、高等教育机构的使命和目标，以及特定制度、机构、专业和学科的具体标准。

在国内，一些学者对高等教育质量也给出了很多不同的理解和定义。杨德广、房剑森认为，“高等教育的质量体现为高等教育所提供的产品和服务满足社会和个人需要的程度、满足高等教育自身发展的程度。因此，社会需要及其得到满足的程度是高等教育质量检验的标准”。[1] 故他们认为，适应性是高等教育质量的本质属性。[2] 李福华认为高等教育质量是一个三维的概念，“至少包含三个重要组成部分，即教学和人才培养质量、科学研究质量、社会服务质量”。[3] 余晓波对高等教育质量概念从内涵和外延两个方面进行了探析。从内

---

[1] 房剑森．高等教育质量关的发展与中国的选择［J］．现代大学教育，2002（2）：15 – 19.

[2] 杨德广．树立适应性的高等教育质量观［J］．人才开发，2006（1）：11 – 12.

[3] 李福华．高等教育质量：内涵、属性和评价［J］．现代大学教育，2003（3）：17 – 18.

涵来看，它是高等教育产品和服务满足高等教育系统内外明确或隐含需要的能力的特性总和。从外延来看，既可从纵向上分为教育投入质量、教育过程质量和产出质量，也可从横向上分为人才培养质量、科学研究质量和社会服务质量，还可从教育活动上分为教学质量、管理质量和为教学提供服务的质量。❶

综合以上各种定义，本研究认为质量是一个多维的、发展的、主观的概念。不同类型的学校具有不同的质量标准，不同的利益关系人对于质量的要求也不尽相同。质量的内涵并非一成不变，而是随着高等教育的发展而不断演化的。质量可以是卓越、优秀；可以是尽善尽美或持续一致；可以是合乎目的；可以是物有所值；可以是发生的深刻变化等。本文将高等教育质量界定为：高等教育产品或服务满足高等教育不同利益主体需要，实现各利益主体之间利益均衡的能力的特性总和。各个利益主体均具有平等参与高等教育质量标准制定的权利，同时也具有维持和提高高等教育质量的责任和义务。

1.4.3 高等教育质量保障

对于高等教育质量保障，国内外学者也给出了很多不同的定义。英国学者格林认为，高等教育质量保障是指特定的组织根据一套质量标准体系，按照一定程序，对高校的教育质量进行控制、审核和评估，并向学生和社会相关人士保证高等教育的质量，提供有关高等教育质量的信息，其基本理念是对学生和社会负责、保持和提高高校的教育质量水平、促进高等教育整体发展。❷ 澳大利亚学者哈曼（Grant Harman）认为，高等教育质量保障主要是为高等学校以外的人提供担保和证据，使他们确信高等学校有严格的质量管理过程，而不必担心教学质量和毕业生质量。❸ 另一位澳洲学者大卫·李（David Lim）对高等教育质量保障的界定更为简洁：旨在确保高等教育质量得到保持和提高的所有的政策和过程（policies and processes）。❹ 美国高等教育鉴定委员会（CHEA）的定义是：为了确定公认的教育、学术和设施标准得到保持与提高而对高等院

---

❶ 余晓波．高等教育质量保障活动中三个基本概念的辨析［J］．长沙理工大学学报（社会科学版），2005（3）：123.

❷ Diana Green. What is quality in higher education［M］. Bristol：SRHE and Open University Press，1994.

❸ 张应强．高等教育现代化的反思与建构［M］．哈尔滨：黑龙江教育出版社，2000：56.

❹ 潘懋元，王伟廉主编．高等教育学［M］．福州：福建教育出版社，2000：85.

校或专业进行的有计划的、系统的评审（review）过程。❶

我国学者陈玉琨认为，高等教育质量保障就是根据预先制定的一系列质量标准与工作流程，要求高校全体员工发挥每个人的最大潜力与自觉性，认真地实施并不断改进教育教学计划，从而达到或超过预先的教育质量目标，一步步地达到学校总体目标的过程。❷ 李志仁指出，高等教育质量保障活动是以高等教育机构的自我评价为基础，由高等教育质量保障机构组织同行专家对高等教育机构或者专业进行审计和评估的活动。❸ 贾汇亮将高等教育质量保障定义为“为维持和提高高等教育质量而采取的管理过程”，包括两个层面的内容：一是高等院校内部未达到一定的教学质量标准而采取的一系列措施与行动；二是教育行政部门、专业评价委员会、社会评价等对高等教育质量的监督、检查。❹ 余晓波认为，高等教育质量保障是指高等教育质量保障的相关主体（这里主要指政府、社会和高校），通过运用质量管理、质量监督、质量控制、质量审计、质量认证和质量评估等手段，所进行的高等教育质量的持续促进活动。❺

从以上对高等教育质量保障的定义可见，不同国家和地区、不同的学者对高等教育质量保障的理解存在着差异。综合以上定义，本文将高等教育质量保障界定为高等教育质量的利益主体（包括政府、社会、高校、教师、学生等），为维持和提高高等教育质量所实施的有计划、有组织、有系统的质量持续促进活动。这一概念包含了以下几层意思：第一，实施质量保障的主体具有多元性，不仅包括政府的宏观控制、学校的自我保障、社会的外部监督，还包括学生及其他利益相关者的参与。第二，质量保障活动具有连续性。高等教育的质量保障是一个持续提高的过程，这种过程以质量的持续提高为目的，而不是按既定标准进行的质量控制、质量监督，标准达到了，质量活动也就完成了。第三，质量保障是有组织、有计划的系统活动。

---

❶ 王承绪等编译．学术权力——七国高等教育管理体制比较［M］．杭州：浙江教育出版社，1989：43.

❷ 陈玉琨等．高等教育质量保障体系概论［M］．北京：北京师范大学出版社，2004：105.

❸ 李志仁．我国应建立高等教育质量保障体系［J］．高教探索，2001（2）：2－4.

❹ 贾汇亮．高等教育质量保障与评价机制建设［J］．高教探索，2003（1）：18－21.

❺ 余晓波．高等教育质量保障活动中三个基本概念的辨析［J］．长沙理工大学学报（社会科学版），2005（3）：121－124.

1.5 理论基础和研究方法

1.5.1 理论基础

本研究主要以利益相关者理论和高等教育治理理论作为分析和建构学生参与高等教育质量保障的理论工具。

1.5.1.1 利益相关者理论

利益相关者理论（Stakeholder Theory）是20世纪60年代在西方国家逐步发展起来的，进入20世纪80年代以后其影响迅速扩大，开始从私人机构向公共部门渗透，其影响逐渐超出了企业管理的范畴，向经济、政治和社会等领域扩散。安索夫（Ansoff）最早正式提出“利益相关者”一词，他认为“要制定理想的企业目标，必须综合平衡考虑企业的诸多利益相关者之间相互冲突的索取权，他们可能包括管理人员、工人、股东、供应商以及顾客”。传统经济学认为，股东是企业的所有人，企业的全部活动都是为股东服务的，因此，企业是股东实现利润最大化的工具。❶ 而利益相关者理论却主张：所有的受企业影响的利益相关者都有参加企业决策的权利，管理者负有服务于所有利益相关者利益的信托责任，企业的目标应该是促进所有相关者的利益而不仅仅是股东的利益。❷ 利益相关者理论的发展是一个从利益相关者影响到利益相关者参与的过程。经济学家迪尔（Dill，1975）这样描述利益相关者理论的影响：“我们原本只是认为利益相关者的观点会作为外因影响公司的战略决策和管理过程……但变化已经表明我们今天正从利益相关者影响（Stakeholder Influence）迈向利益相关者参与（Stakeholder Participation）”。❸ 现代员工不会只满足于完成自身的工作，他们还有参与管理的要求和愿望。利益相关者管理从某种程度上来说是一种参与激励。国外实证研究发现了利益相关者通过“共同治理”

❶ 胡赤弟．高等教育的利益相关者分析［J］．教育研究，2005（3）：38－45.

❷ John R. Boatright. Contractors as stakeholders: Reconciling Stakeholder Theory with the Nexus－of－contracts Firm［J］. Journal of Banking and Finance，2002（26）.

❸ 转引刘美玉．企业利益相关者共同治理与相互制衡研究［D］．大连：东北财经大学，2007：18.

来改善企业绩效的有力证据。以 Freeman 为代表的一些经济学家和管理学家从企业治理的主体角度研究了利益相关者现象，发现利益相关者治理与企业业绩存在正相关关系。多位学者对荷兰公司的雇员参与制度的案例调查研究表明，员工通过职工持股计划参与公司决策能够提高工人的工作满意度和对所完成工作任务的理解，增强工人的责任感和共担企业风险的意识，避免职工的过度流动，有利于提高企业绩效。[1] 越来越多的经济学家认识到，企业是由管理者、雇员、所有者、供应商、客户等多个利益相关者构成的“契约联合体”，企业的生存和繁荣离不开利益相关者的支持。

高等教育作为非盈利组织，与企业界有明显区别，但是高等院校可以借鉴企业界的一些管理理念和方法。王建华认为，在新公共管理、新自由主义以及经济全球化等交织而成的改革“语境”中，高等教育改革开始逐渐进入另一个“话语系统”，在管理改革的道路上越走越远，在管理技术上与企业管理越走越近。[2] 杰夫·惠迪指出，“如果不考虑他们各自的功能，所有的组织从根本上来讲是相同的，并有追求效率的需要……由此得出的结论是，对公共组织如学校来说，要想更有效就必须变得更‘像企业’——其中一项重要的措施是采用良好的企业管理模式”。[3] 李福华认为，与企业相比，大学是一种更加典型的利益相关者组织，因为大学作为一种非营利性组织，没有严格意义上的股东，没有人能够获得大学的剩余利润，每一个人或每一类人（如教师、学生、管理人员等）都不能对大学行使独立控制权，大学只能由利益相关者共同控制。[4] 洪彩真也认为，从一定意义上来说，高校是利益相关者的联结体，高校治理的本质是“高等教育中利益相关者”的协调机制，利益相关者模式可以运用于高等教育领域。作为消费高等教育服务的顾客，学生是高等教育中的核心利益相关者，高等院校必须践行利益相关者理论，以保护学生的合法权益。[5] 因此，利益相关者理论也将在本文中作为分析学生参与高等教育质量保障的有力工具。

---

❶ 转引夏天. 基于利益相关者的经理人激励机制研究［D］. 武汉：华中科技大学，2006：13.

❷ 王建华. 第三部门视野中的现代大学制度［D］. 厦门：厦门大学，2005：28.

❸ 杰夫·惠迪. 教育中的放权与择校：学校、政府和市场［M］. 北京：教育科学出版社，2003：67.

❹ 李福华. 利益相关者视野中大学的责任［J］. 高等教育研究，2007（1）：51.

❺ 洪彩真. 高等教育服务质量与学生满意度研究［D］. 厦门：厦门大学，2007：65.

1.5.1.2 高等教育治理理论

治理译自英文“Governance”。自从世界银行1989年在讨论非洲发展时首次提出“治理危机”以来，治理这个术语便被人们广泛使用。在关于治理的各种定义中，全球治理委员会的定义具有很大的权威性：治理是各种公共的或私人的个人和机构管理其共同事务的诸多方式的总和。它是使相互冲突的或不同的利益得以调和并且采取联合行动的持续的过程，它既包括有权迫使人们服从的正式制度和规则，也包括各种人们同意或以为符合其利益的非正式的制度安排。[1] 综而观之，治理理论主要具有以下主张：一是公共管理的行动者应由包括政府在内的众多机构和个人组成。政府不应天然垄断公共事物的管理权。事实上，在某些领域，非政府组织和个人甚至比政府拥有更大的优势。二是在实践上，政府并不是公共管理的单一中心，众多机构和个人以自己的方式参与了公共管理。三是所谓公与私、政府与社会、政府与市场的界限实际上相当模糊。现实中存在着一种公共责任从政府转移到非政府组织和个人的趋势，理应将那些由法律和体制所规定的部分政府责任交由非政府组织和个人来承担。四是政府与社会组织、个人之间存在着权力依赖和互动的伙伴关系。政府在治理中的主要责任，不再是直接生产和提供公共物品和服务，而是制定与其他社会单元合作的规则并执行规则，与社会组织和个人之间结成长久的伙伴关系。五是政府要实行分权化改革，将权力充分授予下级、非政府组织乃至企业、个人，以充分发挥其治理的积极性。

治理理论在高等教育领域的运用是教育民主化进程的必然结果。对于高等教育治理的定义，马金森（Marginson）和康西丁（Considine）从“关系”（relationship）的角度出发对其作了界定，认为高等教育治理的范围非常广泛，包括大学内部关系的处理，大学与外部关系的处理，以及这些因素的相互关系，并联系到大学的特征或至少与大学的概念有一定关系。高等教育治理还牵涉到大学自身价值的确定、决策机制、资源配置、大学的使命和目的、权力结构和官僚科层模式、处于不同学术领域内的大学之间的关系以及处于不同政府、商业和社会环境下大学与外部的关系。这里“治理”的概念包括领导

[1] 全球治理委员会. 我们的全球伙伴关系（Our Global Neighborhood）[M]. 香港：牛津大学出版社，1995.

(leadership)、管理(management)、策略(strategy)三方面的含义。[1] 高等教育治理与传统的高等教育行政管理不同，高等教育治理主要通过合作、协商、伙伴关系、确立认同和共同的目标等方式实施对高等教育事务的管理，而不是运用政府的政治权威，通过发号施令，制定政策和实施政策，对高等教育事务实行单一向度的管理。[2] 戴尔(Dale T. Snauwaert)在1993年出版的著作《民主、教育与治理：发展性理解》中提出了发展式民主的教育治理模式，指出："人的发展"是教育治理的最终价值，追求人的发展就要求治理要遵循以下五大原则：参与、沟通、协商、非暴力、社团。以这五大原则为指导设计的教育治理的机制就是一种复合式治理结构(Compound Structure)：以委托、审慎的民意测验、监督性陪审团为基础，提供一种高度参与性的决策制度。在治理的背景下，更多治理主体的参与表明原先被忽视的要求与利益将对大学的治理产生影响，关于高等教育的一些决策将在更加公开透明的环境中运行。教师、学生、家长、社会捐赠者都是高等教育的利益相关者，与高等教育的发展密切相关，过去他们都在高等教育管理活动中被边缘化，现在新的治理模式要求他们从被动排斥到主动参与学校管理。高等教育治理是一个持续互动的过程，在实施过程中将动员相关的一切主体参与管理，并强调主体之间的互相协调、互相影响、互相信任、互相监督，并邀请来自系统之外的监督和主动参与。

在高等教育治理理念下，高等教育质量保障不再只是一种从上而下的行政安排，而是政府、高校、社会、学生及其他相关主体围绕高等教育发展而展开的一种博弈。学生不仅是高等教育数量最多的利益相关者，也是治理结构中不可忽视的重要权利主体，因此，高等教育治理的理论将成为本研究的重要理论基础和分析工具。

1.5.2 研究方法

本研究拟采用理论研究与实证研究相结合、定性分析与定量分析相结合的方法对国内外学生参与高等教育质量保障的体制进行研究。具体研究方法主要有。

第一，文献法。文献分析法是社会科学研究的基本方法，也是最便捷、经

---

[1] Meredith Edwards. University Governance: A Mapping and some issues [EB/OL]. [2019-08-05]. http://www.atem.org.au/pdf/Governance.pdf.

[2] 阎维方. 高等教育运行机制研究 [M]. 北京：人民教育出版社，2002.

济、高效的一种方法。本研究首先对国内外有关倡导学生参与高等教育质量保障的研究进行系统梳理，对高等教育质量保障的发展趋势作深入探析，确立学生参与高等教育质量保障的理论依据，把握国内外学者对学生参与高等教育质量保障的研究状况。此外，本研究中对欧美发达国家学生参与高等教育质量保障的历史、现状、参与方法、参与途径等资料和信息的获取也主要依靠文献法，从相关图书、报纸杂志、各国高等教育保障机构和大学的官方网站收集相关资料，进行整理、分析，获取有价值的信息。

第二，比较法。目前在我国，学生参与高等教育质量保障仍属于待兴之举，无论是实践还是理论研究都处于起步阶段。然而，在一些发达国家有学生参与高等学校管理的传统，在学生参与高等教育质量保障方面做了很多积极的探索和实践，积累了大量的成功经验。因此，借鉴国外已有的成果，是本研究顺利进行的基础，并且为探寻我国高等教育质量保障中学生参与机制的构建提供了宝贵的经验。

第三，问卷调查法。为了全面、客观地了解我国学生参与高等教育质量保障的情况、学生参与的态势和期望，以及学生对高等教育质量的感知，设计调查问卷，采用分层抽样法选取北京几所不同类型高校的在校学生开展问卷调查，为后续的政策建议、机制构想提供现实依据。

1.6 研究思路与框架

大学是由政府、高校、社会、教师、学生、用人单位等利益相关者组成的联合体。目前，各国高等教育质量保障中大多强调政府、高校和社会的主体地位和作用，对于学生这个高等教育数量最多的利益相关者却没有给予足够的关注。随着高等教育成本分担制度改革，学生已不再是被动的教育接受者，作为高等教育的顾客和核心利益相关者有权利对高等教育质量进行审查、监督。西方发达国家具有民主参与的传统，学生参加高等学校的管理由来已久，近年来在高等教育质量保障中除了对政府、高校和社会参与的强调外，也越来越关注学生的参与。对国外高等教育质量保障中的学生参与机制进行深入考察和分析，不仅可以帮助我们进一步了解学生参与的现状、趋势，还可以为完善我国的高等教育质量保障体系提供新的思路。我国的高等教育质量保障主要是以政府行为为主导的纵向约束机制，非政府主体缺乏利益表达的机制和利益实现的途径。随着高等教育的规模扩大，质量问题愈加复杂，高等教育质量保障制度也逐渐从以政府主导的外部控制向以高校自控为主、多元主体参与、内外结合的方向演进。每一项体制的改革和完善都是建立在对现状全面了解和把握的基础上。在对我国学生参与质量保障现状进行审视和反思的基础上，结合已有的国际经验，为我国建立基于学生参与的高等教育质量保障机制提供政策建议和机制构想。

根据以上研究思路，形成了如下研究框架：

第一章：绪论。

第二章：根据利益相关者理论，对高等教育质量保障的主体构成，以及各主体的高等教育价值取向进行分析。对现有的各种高等教育质量保障体制或模式进行审视，分析各主体在其中的地位和作用，在此基础上揭示学生主体的缺位现象。通过分析高等教育质量保障中的各种权力利益关系和各保障主体之间利益目标的矛盾冲突，阐述学生参与高等教育质量保障的必要性。

第三章：从历史的角度对学生参与高等教育质量保障的演进历程进行梳理，找寻其历史渊源，用哲学、政治学、经济学等多学科的理论探讨学生参与高等教育质量保障的合法性，并进一步对学生参与质量保障的合理性可行性进行分析。在此基础上，阐述学生是高等教育质量保障不可或缺的重要主体。

第四章：对国外学生参与高等教育质量保障的政策和实践形式进行分析。根据是否符合法律或制度规定的有关程序，以及是直接参与还是间接参与，将学生参与高等教育质量保障的途径划分为制度性直接参与、制度性间接参与和非制度性参与三种类型，并在各参与类型下对各种具体的学生参与形式进行详尽分析。

第五章：从纵横两个方面对国外学生参与高等教育质量保障的广度和深度进行考察，在横向上主要从参与层面、参与范围对学生参与高等教育质量保障的广度进行探析，在纵向上主要对学生参与高等教育质量保障的权力限度进行分析，在此基础上，对影响学生参与高等教育质量保障的各种可能因素进行综合探讨。

第六章：在前面几章对学生参与高等教育质量保障进行理论研究和国际比较研究的基础上，本章主要对我国大学生参与高等教育质量保障的现状，以及大学生对高等学校教育教学质量的感知进行问卷调查和数据分析，客观反映我国大学生的参与现状，参与态度、意愿、能力和期望等。

第七章：结合问卷调查结果和国际比较经验，拟对我国大学生参与高等教育质量保障的现状进行反思，探析制约我国大学生参与质量保障的政治经济体制、文化传统等影响因素，结合已有的国际经验，对我国大学生参与质量保障提出政策建议和机制构想。

第 2 章　高等教育质量保障的主体构成与价值诉求

高等教育质量保障主体，是指为了实现自身的高等教育利益和质量需求，直接或间接地参与高等教育质量目标的确定和保障活动的团体、组织或个人。在高等教育质量保障活动中，不同的利益主体从各自的利益需求出发，对高等教育质量具有不同的价值诉求与质量保障主张。本章首先从利益相关者理论的视角对高等教育质量保障的利益主体进行分析，确定政府、高校、社会和学生为高等教育质量保障的核心利益主体，在此基础上，对这几个核心利益主体在高等教育质量保障观和质量保障权力上的价值诉求和博弈进行分析，由此提出，为了平衡、协调各利益主体之间的关系，有必要建立一种基于学生参与的高等教育质量保障机制。

2.1　利益相关者视野中高等教育质量保障的多元主体构成

高等教育是一个日益复杂的系统。中世纪诞生之初，大学只是一个教师和学生为了闲逸的好奇探求高深学问的场所。然而，随着大学在社会经济发展和国家竞争力中的作用日益凸显，大学日益从社会的边缘走向了社会的中心，由“象牙塔”变成了“服务站”，与政府、社会、用人单位、投资者、产学研合作者、校友、社会公众的关系日益密切，大学的相关利益主体出现了多元化的趋势。由于不同利益主体对高等教育质量的价值诉求不同，有关质量保障的主张也各异，因此，为了满足多方需求、促进各方协同合作，近年来世界高等教育质量保障出现了多元主体参与的趋势。然而，所谓多元主体应当由哪些主体组成呢？本节将从利益相关者理论的视角对其进行分析。

2.1.1 利益相关者理论

利益相关者理论是一种与股东至上理论相对立的企业治理理论，它是在对股东至上理论的质疑和批判中逐步产生和发展起来的。股东至上理论认为：第一，企业的本质是一系列以物质资本所有者为主体的契约联结体，拥有物质资本所有权的股东对企业拥有控制权和所有权；第二，企业经营活动的目标是实现股东利益的最大化；第三，股东是企业物质资本的所有者，因此，只有股东才是公司治理的主体，负责对管理者的行为进行约束和监督，其他除股东之外的利益相关者都被排除在公司治理主体之外，他们只能对企业经营决策提建议，而不能成为治理主体，参与企业管理。

利益相关者理论则认为：第一，现代企业本质上是一个利益相关者之间相互联结而成的契约体，股东并不是公司唯一的所有者，企业的所有者除了股东之外，还应当包括债权人、管理者、员工等在内的其他利益相关者；第二，企业的经营活动要综合平衡各个利益相关者的利益要求，追求利益相关者的整体利益，而不仅仅是实现股东的利益最大化。“公司不仅是实现股东利益最大化的工具，而且是将不同利益相关者群体的利益寓于其中的组织”；[1] 第三，作为企业共同的所有者，公司治理的主体不能仅局限于股东，还应当包括债权人、管理者、员工等在内的其他利益相关者。“企业是所有相关利益方之间的一系列多边契约”。[2] 相关利益方即是契约的主体，每一种契约参与者都向公司提供了特殊资源，当然享有平等谈判的权利，这样才能确保契约多方主体的利益受到保护。利益相关者理论主张：所有的受企业影响的利益相关者都有参加企业决策的权利，管理者负有服务于所有利益相关者利益的信托责任，企业的目标应该是促进所有相关者的利益而不仅仅是股东的利益。[3]

那么，究竟什么是利益相关者呢？在企业中，利益相关者通常是与“股东”相对应的一个概念，主要指除股东之外的其他与企业有利益关系的个人和团体。弗里曼（Freeman）曾对利益相关者下过经典的定义：“利益相关者

---

[1] 加文·凯利．利害相关者资本主义［M］．欧阳英，译．重庆：重庆出版社，2001：57.

[2] R. E. Freeman, W. M. Evan. Corporate governance: A stakeholder interpretation [J]. Journal of Behavioral Economics, 1990 (19): 337 - 359.

[3] John R. Boatright. Contractors as stakeholders: Reconciling Stakeholder Theory with the Nexus - of - contracts Firm [J]. Journal of Banking and Finance, 2002 (26).

是能够影响一个组织目标的实现或能够被组织实现目标的过程影响的人。”❶实际上，所谓利益相关者就是组织能够通过行动、决策、政策或目标而影响的个人和群体，这些个人和群体也同时能够影响组织行为、决策和目标。

2.1.2 大学是一种典型的利益相关者组织

利益相关者理论虽然是作为一种企业治理理论提出来的，然而，随着其影响的不断扩大，逐渐超出了企业管理的范畴，向经济、政治和社会、教育等领域扩展。大学就其本质来说是一种非营利组织，不以营利为目的，而是以实现社会公共利益最大化为目的，其剩余收入也不能在所有者之间进行分配，这就意味着大学从严格意义上来说并不属于大学组织所有，也不属于捐赠者，大学是一定意义上的“公益或互益财产”，属于整个社会。❷ 因此，大学与企业在运行机制、目标、组织结构等方面都有很大不同，既没有严格意义上的股东，也不存在剩余索取权和控制权的分布问题，没有人能够获得大学的剩余利润，也没有人能对大学行使独立控制权，大学只能由利益相关者共同控制。从这种意义上来说，大学是一种典型的利益相关者组织。

从国内外的相关研究来看，大学是一种典型的利益相关者组织这一观点已经得到国内外学者的广泛支持和认同。罗索夫斯基曾担任哈佛大学文理学院院长 11 年之久，在结束职业生涯之际，他出版了一本名为《美国校园文化——学生、教授、管理》（*The University An Owner's Manual*）的书，在该书中，他采用了利益相关者的分析框架，提出大学“拥有者”的概念，并特别指出这里的“拥有者”不同于企业的所有者，“人们‘拥有’大学就像人民‘拥有’国家一样”。因此，罗索夫斯基在这里提出的“拥有者”的概念并不是经济意义上的拥有者，而是指与大学有切身利害关系的人或群体——大学的利益相关者。并且他还就这些“拥有者”与大学之间的重要性程度划分为最重要群体、重要群体、部分拥有者和次要群体四个层次。巴罗斯（Burrows）将高等教育机构的利益相关者划分为内部利益相关者（学校、管理者、教师、学生）和外部利益相关者（雇主、社区、媒体）。❸ 对于学生利益相关者，卡多佐

---

❶ Freeman，R. E. Strategic Management：A Stakeholder Approach［M］. Boston：Pitman，1984：25.

❷ 王名. 非营利组织管理概论［M］. 北京：中国人民大学出版社，2002：2－13.

❸ Burrows，J. Going Beyongd Labels：A Framework for Profiling Institutional Stakeholders［J］. Contemporary Education，1999，70（4）：5.

（Cardoso）指出，在“学术资本主义”时代，学生的意见反馈作为消费者满意度和市场信息的表达，是教育改革的重要依据。学生不仅是教育组织的重要成员，更是校园事务管理的合法参与者。[1] 此外，格罗斯（Gross）和戈德温（Godwin）认为，大学应该和其利益相关者多沟通，多借鉴企业在利益相关者治理方面存在的经验和教训。[2] 帕特里克（Patrick A. Brecht）将“组织社会义务”（CSR）理论引入到高校管理中，认为大学应该对其利益相关者作出应有的贡献，这是其社会义务。[3]

国内学者对大学利益相关者的研究是近几年才开始出现的。北京大学张维迎教授在《大学的逻辑》一书中明确指出，大学是一个非营利性组织，是一个典型的利益相关者组织，教授、校长、院长、行政人员还有学生以及毕业了的校友，当然也包括我们这个社会本身（纳税人）。[4] 胡赤弟指出，“利益相关者”能够提供一个有效的分析框架，通过它可以重新理解大学制度的本质，即大学制度是高等教育利益相关者之间的“契约网”。并且他还借鉴罗索夫斯基关于大学利益相关者的分析，提出了由三类利益相关者组成的大学模型：教师、学生、出资者、政府等是大学的权威利益相关者；校友、捐赠者和立法机构是潜在的利益相关者；市民、媒体、企业界、银行等是第三层利益相关者。[5] 李福华认为，与企业相比，大学是一个更加典型的利益相关者组织。因为大学作为一种非营利性组织，没有严格意义上的股东，没有人能够获得大学的剩余利润，每一个人或每一类人（如教师、学生、管理人员等）都不能对大学行使独立控制权，大学只能由利益相关者共同控制。他认为大学的利益相关者可以分为以下四个层次：第一层次是教师、学生、管理人员；第二层次是校友和财政拨款者；第三层次是与学校有契约关系的当事人，如科研经费提供者、产学研合作者、贷款提供者等；第四层次是当地社区和社会公众等。[6] 刘恩允提出，不宜对大学的利益相关者做过细的划分，可以根据与大学密切关系

---

[1] Cardoso, S. and Dos Santos, S. M. Students in Higher Education Governance: The Portuguese Case [J]. Tertiary Education and Management, 2011, 17 (3): 233-246.

[2] Gross, K. Godwin, P. Education's many stakeholders [EB/OL]. [2019-08-05]. http://www.universitybusiness.com/ViewArticle.aspx? articleid=174.

[3] Albrecht P. Social Responsibility of Universities Application of Corporate Social Responsibility Concepts on Public Universities [EB/OL]. [2019-08-05]. http://wu-wien.acat/inst/fsnu/manchester/papers/abstracts/albrecht.pdf.

[4] 张维迎. 大学的逻辑 [M]. 北京: 北京大学出版社, 2004: 19.

[5] 胡赤弟. 高等教育中的利益相关者分析 [J]. 教育研究, 2000 (3): 42.

[6] 李福华. 利益相关者视野中大学的责任 [J]. 高等教育研究, 2007 (1): 50-51.

的程度，把大学行政管理人员、教师、学生作为内部利益相关者，即在大学内部、与大学发生直接关系的、不需要任何中介的群体或个人；其他为外部利益相关者，即与大学有利益关系，但必须通过中介环节方能对大学发挥影响作用的校外的群体或个人，如企业、出资者、社会公众、学生家长、媒体等。在这两大类中可以根据问题分析的需要增加重要与次要、确定与潜在、核心与边缘等的二次分类。[1] 刘春花和李宝斌指出，社会主义市场经济的发展，已经使大学组织越来越多地呈现出“作为不同利益相关者的‘利益共同体’”特性，大学作为其内部和外部利益相关者的“利益联盟”的作用或功能也越来越明显。高等教育改革成功与否，归根结底取决于它能在多大程度上体现或反映各相关利益者的需要，或者说能在多大程度上满足各利益主体的诉求。[2]

利益相关者之所以被称为“利益相关者”，是因为一些人或群体与大学存在某种利益交互影响关系。根据弗里曼（Freeman）对利益相关者的经典定义，利益相关者是组织价值创造过程中的利益或关系实体，是能够影响企业目标实现，或者能够被企业实现目标的过程影响的任何个人或群体。[3] 在大学的运行过程中，同样存在着这样一些群体或个人，他们对大学投入物质资本和人力资本，其活动影响大学使命与目标的实现，同时他们也受到大学使命与目标实现过程的影响。在这一点上大学和企业一样，就其本质而言也是一种关系契约的组合，大学的生存与发展有赖于利益相关者的协作和支持。

2.1.3 高等教育质量保障的利益相关者分析

高等教育质量保障是利益主体（包括政府、社会、高校、教师、学生等）为维持和提高高等教育质量所实施的有计划、有组织、有系统的质量持续促进活动。要构建有效的高等教育质量保障机制，必须首先明确高等教育质量保障中的利益主体，即高等教育质量保障的利益相关者是谁？哪些是主要的或是核心的利益相关者？在企业界对利益相关者有多种界定和分类的方式，至今未能

---

❶ 刘恩允. 利益相关者视角下大学管理制度的价值转换及其实现［J］. 教育发展研究，2012（11）：42－46.

❷ 刘春花，李宝斌. 利益相关者视域中的高等教育质量：诉求与路径［J］. 大学教育科学，2015（5）：30－33.

❸ Freeman R. E. Strategic Management：A Stakeholder Approach［M］. Boston：Pitman Publishing 1984：48.

达成统一定论。一些高等教育领域的学者也试着对大学的利益相关者进行界定，也未能形成一致意见。本文认为，高等教育质量保障的利益相关者包括内部利益相关者和外部利益相关者，这是由高等教育质量保障活动的特性决定的。高等教育质量保障根据活动的范围可以分为外部质量保障和内部质量保障两个层次，分别对应了不同的利益相关者。由于外部质量保障主要是从国家、社会的大范围和高等教育机构总体开展的质量保障活动，因此涉及的利益相关者包括政府、社区、产业界、认证和评估机构、基金会、校友、捐赠者、媒体、银行、保险等。而内部质量保障主要是高等教育机构自己开展的质量保障活动，利益相关者包括教师、学生、行政领导、管理人员等。从这些利益相关者与高等教育质量的关系亲疏来看，政府、社会、高校、学生又可以认为是高等教育质量保障的核心利益相关者。

1. 政府。随着大学在国家经济发展和科技进步中的作用日益增大，高等教育已成为一个国家综合国力和国际竞争力的重要体现。各国政府竞相将高等教育置于国家发展的重要战略地位，关注大学为国家服务的效能，希望借助大学的人才优势、科技优势，培养高素质的优秀人才，获得高质量的科技成果，从而推动国家的经济发展和综合国力的提升。因此，不论是“有限政府”还是“无限政府”都以各种各样的方式影响着高等教育，在高等教育外部质量保障上发挥着重要导向作用。同时，大学的生存和发展也离不开政府支持，不仅要依赖政府为其提供适宜的政策环境，还有赖于政府在资金上的支持与帮助。由此可见，政府与大学相互依存，互相依赖，政府是高等教育质量保障的重要利益相关者。

2. 社会。高等教育是社会文化大系统中的一个子系统，其生存与发展受社会资源和环境的限制，离不开社会政治环境、经济条件的支持。社会在为大学提供资金支持和各种有利条件时，也对高等教育质量提出了相应的要求：培养适应社会经济发展需要的高水平人才、取得更多的科研成果，实现更多的知识创新，更好地服务社会经济建设。为了得到社会的认可，高等教育必须满足这些需求，以教学质量、科研质量、服务质量来换取更多的社会支持。另外，现代社会的经济发展越来越有赖于人力资源开发和科学技术进步，高等教育在促进社会经济发展中的作用也日益凸显。大学的人才培养质量直接影响到新一代的劳动者素质，科学研究成果直接影响到社会劳动生产力的提高。因此，社会的支持影响着高等教育质量的提高，高等教育质量又反过来影响着社会的经济发展，高等教育质量保障活动离不开社会的参与。

3. 高校。教育质量是学校生存与发展的生命线，保证和提高教育质量是学校的永恒主题。从这个意义上来说，高等学校是高等教育质量保障最直接的利益相关者。尤其是在投资主体多元化的背景下，高等学校面向市场自主办学，成为具有明确利益意识和独立利益追求的“经济人”，是独立的产权主体和利益主体。为了获得更多的政府、社会、企业界的资助，吸引优秀的生源和师资，赢得良好的声誉和社会认可，高等学校就必须增强质量意识，加强质量管理，以质量求发展。教育质量决定着一所学校的兴衰，高等学校若不能提供高质量的教育、不能取得高水平的科研成果，就无法在激烈的资源竞争中胜出。高等教育是一项昂贵的事业，在经费短缺的现实压力下，投资者更加注重经费的使用效率，加强了对高等学校的质量“问责”，资源的竞争在某种程度上可以说是质量的竞争。因此，高等学校是高等教育质量保障不可回避的核心主体。

4. 学生。高等教育成本分担机制的全面实行使大学与学生的关系发生了深刻的变化。学生不仅仅是受教育者，还是高等教育的主要服务对象；既是高等教育的消费者、出资者与受益者，又是高等教育服务的使用者、参与者和共同生产者。作为高等教育数量最多的利益相关者，学生的利益与高等教育质量休戚相关。学校教育质量的好坏直接影响到他们知识能力水平的提高、将来在就业市场的竞争力及收入高低，甚至未来的发展前景。因此，学生是高等教育质量保障不可忽视的重要利益相关者。

2.2 利益相关者在高等教育质量保障中的冲突与博弈

质量问题是一个政治问题、权力问题。政治与权力分配的根本是利益关系。在高等教育质量保障活动中存在着多个利益相关者，不同的利益相关者从各自的教育价值观出发，对高等教育质量有着不同的价值诉求和质量保证主张。质量可以是卓越、优秀，可以是合乎目的，可以是物有所值等。与此相对应的质量标准则可以有学术标准、能力标准、服务标准、组织标准等。如果从“满意”的视角去理解高等教育质量，那么是否满足不同利益相关者的价值诉求，以及如何协调处理这些价值诉求之间的关系，便决定了高等教育的质量观。高等教育质量观的形成是各利益主体之间价值博弈的结果，它是构建高等教育质量保障体系的基点。质量保障是在高等教育质量观和质量标准指导下的质量持续促进活动。政府、社会、高校、学生等是高等教育质量保障的核心利益相关者，都是追求不同利益的独立主体，他们对高等教育质量有着不同的主体需要，各自从自身需要出发对高等教育质量进行着不同的价值判断和诉求，并且通过不同的方式对高等教育质量保障活动产生影响，在高等教育质量保障中进行着利益与价值的博弈。高等教育质量保障就其本质而言，是政府、高校、社会与学生为了实现其各自的价值需求而进行的价值选择和价值博弈的过程。❶

2.2.1　高等教育质量观的价值冲突与博弈

高等教育质量是一个多层面、多维度的发展性概念，从不同的视角对其进行理解和认识会形成不同的关于高等教育质量的观点。政府作为国家利益和社会利益的代表，是高等教育的主要投资者，对高等教育进行质量保障的利益驱动主要来自于维系国家和社会政治稳定、促进社会经济发展的需要。因此，主要遵循的是“目标适切观”和“绩效观”。强调高等教育要注重办学效益，要求高等教育能够在投入既定的情况下按照标准培养出尽可能多的各级各类高水平人才，充分发挥对政治、经济、文化的巨大促进作用，是一种外适性质量观。高等教育培养的人才最终要走向社会，接受社会的检验。社会或用人单位作为毕业生的最后接收者，更关注的是培养结果，往往把教育质量界定为对毕业生的满意程度，看高等学校培养的人才是否能满足社会经济发展的需要。因此，更多遵循的是“产品质量观”和“社会需求导向观”。这种质量观更多强调的是人才培养的社会价值取向。随着高等教育日益走入社会中心，大学涉及越来越多的社会事务。社会从其政治、经济、文化发展的需要出发，要求高等教育为社会各行各业培养从业人员，满足劳动力市场的需求，促进社会生产的发展和生活水平的提高，关注的是高等教育质量的社会适应性和社会服务性，是一种需求导向观。

除了迎合政府、社会的质量需求外，高等学校也有自己的质量要求和价值标准。如果说政府和社会对高等教育质量的诉求是以社会价值为取向的话，那么高等学校所秉持的质量观则是以学术价值为指向，是一种学术本位的质量观。作为传授知识、探究高深学问的场所，高等学校更多关注的是知识本身的

❶ 田恩舜. 高等教育质量保证模式研究［M］. 青岛：青岛海洋大学出版社，2007：31.

价值，以高深学问的探究和精英人才的培养为要旨，认为质量应体现在学术标准上，用学问的增进、理性的获得、科学的进步来评价高等教育质量，用学术水平的高低来衡量高等教育质量。学生是高等教育服务的对象，对教育质量的诉求主要是希望通过接受教育能获得知识能力的提升和综合素质的提高，促进个人的发展，增强在就业市场的竞争力，为将来的完满生活做准备。并且希望能够借助高等学校的环境和声誉帮助个体积累一定的社会资本和文化资本，促进个体目标的实现。

从以上分析不难看出，政府和社会在认识和理解高等教育质量时所持的是一种社会本位的价值观，高等学校信奉的是学术本位的价值观，而学生坚持的则是个人本位的价值观。这种价值差异是不同利益主体利益冲突的集中体现。

高等教育质量观是一个动态发展的概念，在高等教育的不同发展阶段，高等教育质量观也在不断调整，随着时代的变化而变化。在计划经济体制时期，高等学校是政府的隶属机构，社会本位的高等教育质量观是我国高等教育发展和改革的主导思想，高等学校首先考虑的是为国家培养人才，为社会造就公民，较少关注学生的个人发展和学校办学特色的形成以及学术水平的提升。20世纪 90 年代以来，我国实现了由计划经济体制向市场经济体制的转型，政府进一步下放对高等学校的办学自主权，高等学校与政府从以前的行政隶属关系向行政合同契约关系转变，高等学校成为面向社会、自主办学的独立实体。另外，随着高等教育市场化浪潮和学生缴费上学制度的确立，政府、学校、学生的关系也发生了深刻的变化。学生不再是缺乏独立主体地位的教育被动接受者，而越来越多地被认为是高等教育的顾客，是具有独立主体地位的核心利益相关者。因此，这个时期高等学校和学生在高等教育的管理、价值选择等方面有了更大的发言权，利益主体间有关高等教育质量观的价值冲突也日益凸显，高等教育质量观不再是以政府和社会的质量诉求为准则了，还要权衡和兼顾各利益相关者的利益，满足利益相关者的合理需求和权利。高等教育质量观的变迁是各个利益主体为满足自身主体需要，实现自己利益最大化而进行斗争、协商、妥协直至达到利益均衡的过程。不同利益主体的价值冲突是推动教育质量观转变的直接动力。

2.2.2 高等教育质量保障权力的分化与博弈

质量保障的权力问题，实质上是回答由谁来保障、质量标准由谁来确定的问题。高等教育质量保障中存在着多个利益主体，他们对高等教育质量有着不同的主体需求和价值判断，并从自身利益出发提出了各自的质量保障主张。根据利益相关者理论，企业的目标是实现利益相关者整体利益的最大化，除了股东的利益之外还要关注所有利益相关者的需求和权利，利益相关者有参与企业决策和管理的权利。因此，政府、社会、高校和学生不仅是高等教育质量保障的核心利益相关者，也是高等教育质量保障的四大权力主体。

在计划经济时代，由于社会本位的价值观在整个社会大环境中占据主导地位，强调国家、集体、个人利益的一致性。因此，这个时期政府、社会、高校和学生的利益、宗旨、目标基本上是一致的，都是以政府的利益需求为依归，目标是为国家培养人才，以此促进国家政治、经济和社会的发展。在这样一种境况下，高等教育质量保障利益主体的矛盾冲突并不明显，高等教育质量保障的权力主要集中在政府手中，由政府自上而下组织对高等学校的评估、审查。

随着社会转型和市场经济体制的建立，高等教育利益主体之间出现利益分化的同时管理权力的分化趋势也日益明显。首先，政府职能的转变和行政体制改革使政府与社会的关系发生了调整，逐步形成“小政府、大社会”的新型关系，一些原来由政府履行的职责开始转向社会，高等教育质量保障作为政府对高等学校的一项重要管理活动，也出现了越来越多的社会组织参与。其次，随着改革的深入，高等学校的办学自主权日益扩大，改变了对政府的依附状态，成为“责任主体”，许多原来由政府统管的权力逐步下放给了高校，高校成为高等教育质量自保障的主体。最后，由于教育成本分担制度和自主择业制度的改革，使学生在高等教育系统中的地位发生了深刻的变化，无论是受教育者，抑或是高等教育的消费者与受益者，他们与高等教育的发展密切相关。作为高等教育数量最多的利益相关者，学生也是高等教育质量保障中不可忽视的重要权力主体。

政府职能的变化所引发的教育管理权力结构调整使得高等教育质量保障权力的分化与重组成了一个必然的过程。在权力分化的进程中，各权力主体经历了利益依赖性到利益独立性的转变。恩格斯说过：“政治权力不过是用来实现经济利益的手段。”高等教育质量保障权力作为一种行政权力也是政治权力的一种，各权力主体都有追求自己利益最大化的倾向，权力的分化与博弈也就不可避免。为了实现各自的质量目标，使高等教育质量朝着自己的价值方向发展，政府强调对高等学校的认证与评估，社会呼唤发挥中介组织在教育质量保障中的作用，高校在各种外部力量的监督下要求夯实自主保障的权力，而学生则期待扩大质量标准的选择权和质量保障的参与权。各种权力此消彼长的分类组合就形成了不同的质量保障模式。我国目前的质量保障模式仍然是政府主导型，政府占据绝对权威地位。社会和高校的质量保障权力正日益受到重视，但是仍非常有限。而学生的权力主体地位则一直未得到重视，并没有通过一定的制度安排在高等教育质量保障体制中体现出来，也就是说在高等教育质量保障中处于缺位状态。这样的权力结构就决定了高等教育质量保障权力主体之间的博弈是一种不对等博弈，博弈规则往往是由政府单方面制定，社会、高校和学生缺少应有的参与权。因此，在这种博弈初始条件相差悬殊的情况下，必然导致博弈结果的极端不平等。权力是一种实现利益目标的重要资源，权力博弈的根本动机是利益的驱使，然而，各权力主体之间的利益并不是完全割裂的，存在着交集，是相互依存的。因此，政府的权力过度集中，非但不能使其自身的利益得以最大化，反而可能会因为其他主体的利益受限而一损俱损。

2.3 多元主体参与：一种学生参与高等教育质量保障的观点

基于利益相关者理论的分析，我国的高等教育质量保障还存在着保障主体单一、质量观分化严重、权力博弈非均衡性、学生主体地位缺失等问题，不能适应新形势的发展需要，是高等教育质量保障效力不高的症结所在。大学是一个利益相关者的联结体，高等教育质量保障的多元利益主体构成决定了高等教育质量保障不应由政府单一主体来承担，而应当是政府、社会、高校、学生等利益相关者共同的责任和权利。鉴于我国目前高等教育质量保障主体单一、学生缺位的现象，有必要建立一种基于学生参与的高等教育质量保障机制。

2.3.1 我国高等教育质量保障的现状分析

20 世纪 80 年代以来，随着高等教育在推动社会发展中的作用日益凸显，世界各国在重视高等教育的同时，对高等教育质量问题也给予了极大的关注，质量问题成为世界高等教育改革和发展的一个焦点，很多发达国家先后建立了各具特色的高等教育质量保障体系。在我国，随着精英教育向大众教育的转型、高等教育改革的不断深化，自 20 世纪 90 年代中期以来，社会各界也开始关注高等教育质量问题。1998 年 5 月成立了全国普通高等学校本专科教学工作评估专家委员会。1999 年的《中华人民共和国高等教育法》中以法律形式规定："高等学校的办学水平、教育质量接受教育行政部门的监督和由其组织的评估。"2003 年开始，我国开始开展普通高校本科教学评估，特别是 2004 年，教育部成立了专门组织实施高校教学评估及各项专业评估工作、履行质量监控行政职能的"教育部高等教育教学评估中心"。该中心每 5 年对全国高等学校开展一轮教学评估，并公开发布评估高校的教学基本状况数据。至此，我国已经初步建立了一套高等教育质量保障体系。

由于经济文化、教育传统、教育体制等的差异，不同国家的高等教育质量保障体系也各具特色。根据高等教育质量保障主体在质量保障体系、质量保障过程中的不同地位与作用，可以将各国的高等教育质量保障体系分为政府主导模式、社会中介组织认可模式、大学自我管理模式。政府主导模式以法国、俄罗斯为代表，是一种严格的政府控制的模式，这种模式主要是由政府从高等教育系统外部推行的，政府是质量保障的主体，通过政府组织的对高等院校的评审来保证高等院校的教育质量。社会中介组织认可模式以美国为代表，这种模式的高等教育质量保障主体不是政府，而是社会。由各级专门机构和民间组织发起的具有非官方性、非政府组织的认证、排名和博士点评价等活动来构成高等教育质量保障体系。其中，院校认证和专业认证是最主要的教育质量保障方式。学校自我管理模式主要以英国为代表，大学教育质量主要由大学自己负责，由学术专家来评判，政府和社会对其干预较少，这种模式的质量保障主体在高等学校本身。这三种高等教育质量保障模式是在特定方法论的指导下，由于各国所采用的特定的管理策略和管理手段而形成的，都各有利弊。然而，近年来随着高等教育的发展和高等教育所处的外部政治、社会环境的变化，这三种质量保障模式出现了一种趋同性，都在走向同一种多元主体合作参与的质量保障模式。也就是说，在政府主导模式中，开始越来越多地吸纳中介组织的参与；在社会中介组织认可模式中，政府加强对高等教育质量的控制和干预；在大学自我管理模式中，政府和社会的力量也开始日益加强。

从我国高等教育质量保障的现状来看，中央集权的国家政权组织形式决定了我国的高等教育质量保障是一种政府主导模式。政府在高等教育质量保障中居于主导地位，发挥着主要作用，学校是被评价和监督的对象，社会中介组织和用人单位较少参与高等教育的评估和质量保障活动。高等教育质量保障主要是由政府从高等教育系统外部推动的带有政府意志和价值取向的外部评估。虽然政府以外的社会、高校近年来也开始逐渐参与到高等教育质量保障中来，但是，政府在高等教育质量保障中居于绝对权威，把握着对高等教育质量保障的绝对影响力。应该说，这种政府主导的高等教育质量保障模式适应了我国在计划经济体制下的国情，有利于政府对高等学校的管理和控制，促进了高等教育体制改革的顺利进行，保证了高等教育在那个时期的快速平稳发展。然而，由于评估主体的单一，不能充分调动社会、学校等评估主体的积极性，不能全面反映各种力量对高等教育质量的要求评估标准统一化，影响了评估的科学性，也不利于高等学校多样化发展。[1] 并且，随着经济体制改革和高等教育的发展，单一主体的高等教育质量保障模式越来越不能适应社会对高等教育日益多样化的要求，社会、高校越来越多地要求参与到高等教育质量保障体系中来。现阶段我国高等教育质量保障也和世界高等教育质量保障的趋势一样，开始逐渐出现由政府、社会、高校等多元主体共同参与的模式。

2.3.2　学生在高等教育质量保障活动中的缺位

从以上对我国高等教育质量保障现状的分析中不难发现，我国高等教育质量保障的主体主要由政府、社会和高校组成，其中政府占据主导地位，社会和高校的参与虽然有限，但其主体地位和作用也在日渐提升。然而，作为高等教育质量保障重要利益相关者的学生，却在质量保障活动中缺位了。

根据利益相关者理论，利益相关者在企业中注入了一定专用性投资后，他们或是分担了一定的企业经营风险，或是为企业的经营活动付出了代价，因此，所有的受企业影响的利益相关者都有参与企业决策的权利，管理者负有服务于所有利益相关者利益的信托责任，企业的目标应该是促进所有利益相关者利益的增长。将利益相关者理论应用于大学，提出大学利益相关者的概念，是与“教授治校”“政府集权”“董事会托管”等大学传统的管理模式相对应的。大学作为一种由利益相关者组成的社会机构，其管理制度的安排必须考虑利益相关者的期望和要求，并在相互作用的过程中，既兼顾各方利益又保持自身的相对独立性。[2] 正如有学者所说的，我国高等教育正处于利益相关者时代，中国高等教育管理范式将从中央集权管理范式向地方化管理范式过渡，最终将走

---

[1] 刘尧. 西方高等教育质量评估模式与发展趋势［J］. 中国电子教育，2006（1）：3.

[2] 刘恩允. 利益相关者视角下大学管理制度的价值转换及其实现［J］. 教育发展研究，2012（11）：42－46.

向“利益相关者管理”范式。❶

学生是教育活动的主要参加者，没有学生就没有大学，学生是大学的存在理由，其对大学的影响以及被大学影响的程度决定了他们是高等教育的重要利益相关者，有权参与大学的各项管理和决策。高等教育质量保障作为高等教育的一项重要管理活动，也应当重视学生的主体地位，实现学生的积极参与。

自 20 世纪 70 年代以来，大学生参与高等教育质量评估即为世界许多国家所重视。❷ 在欧洲“博洛尼亚”进程中，学生参与被确定为博洛尼亚进程讨论的一个重要议题，并明确提出学生参与评价是高等教育质量保障过程中的重要因素之一。从冰岛、丹麦、芬兰、挪威与瑞典北欧五国的高等教育质量评估来看，都非常重视学生的参与，并产生了良好的效果。❸

从我国高等教育质量保障来看，目前学生也开始逐渐被纳入高等教育质量保障体系之中。在内部质量保障中，许多高校都开展了“学生评教”，并且一些高校还建立学生评估组织，如北京大学和中央民族大学均成立了学生教育评估委员会。❹ 从外部质量保障来看，在教育部组织的全国普通高等学校本科教学工作水平评估中也对学生的参与做了规定：教育部专家组要组织学生进行访谈、专题研讨、问卷调查、技能测试等。然而，大学生在这些活动中基本上都是被动参与，未能在高等教育质量评估的计划、组织、审查、反馈、整改，以及评估指标的确定等活动中实现有效参与。总的来看，我国学生在高等教育质量保障中的参与十分有限，基本上还是徘徊在质量保障活动的边缘。潘懋元先生曾说过：“现在我们的教学工作评估还有一个问题，就是作为最重要的利益相关者的学生，并没有参与，而是由政府规定的指标来衡量。”

---

❶ 张婕．高等学校战略管理的若干基本问题［J］．教育研究，2006（11）：35－40.

❷ Clare Chow－Chua & Raj Komaran. Managing service quality by combing voice of the service provider and voice of their customers［J］. Managing Service Quality，2002，12（2）：77－86.

D. Larry Crumbley & Eugene Fliedner. Accounting administrators' perceptions of student evaluation of teaching information［J］. Quality Assurance in Education，2002，10（4）：213－222.

Janet G. Donald & D. Brian Denison. Quality Assessment of University Students：Student Perceptions of Quality Criteria［J］. Journal of Higher Education，2001，72（4）：478－502.

❸ W. Froestad & P. Bakken（ed）. Student Involvement in Quality Assessments of Higher Education in the Nordic Countries［EB/OL］.［2019－08－06］. http：//www.nokut.no/Documents/NOQA/Reports/Student%20Involvement%20in%20Quality%20Assessments%20of%20Higher%20Education%20in%20the%20Nordic%20Countries.pdf.

❹ 杨小慧，魏红．北京高等学校教学质量监控与评价现状分析［J］．高等理科教育，2005（1）：34－38.

学生在高等教育质量保障活动中的缺位，究其原因，一是因为我国高校管理长期以来都是行政权力占据主导地位，管理制度主要参照政府行政机关的科层模式，学生权力一直处于权力结构的最底层，其权力没有得到应有的重视和关注，学生也因此成为学校的弱势利益相关者。二是大学生作为高等教育消费者的权益未能得到足够重视。随着缴费上学制度的确立，政府、高校、学生之间的利益格局发生了明显的变化，学生越来越被认为是高等教育的“消费者”，是教育服务的对象，在学校管理、相关政策制定和价值选择等方面应具有更多的话语权。然而，政府和大学对这种利益格局的变化并没有足够的认识，仍固守过去的观念和管理体制，从而导致学生主体地位的缺失和空位。正如杨东平先生所揭示的：“时至今日，学生对学校的管理、教师和教学几乎没有什么管理的权力和参与的渠道。缴费上学的学生仍被习惯地视为计划体制下只需服从的感恩者，而不是自主的个体，积极的学习主体和学校的真正主人。”❶ 三是因为学生参与机制的缺失。学生在高等教育质量保障中的缺位很大程度上是由于学生参与机制的不健全所致。由于缺乏通畅的参与渠道和利益表达机制，使得学生在高等教育质量保障中的主体性不断萎缩。

2.3.3 保障主体多元化：学生参与机制的生成

在高等教育质量保障中，存在着多个利益主体，他们各自从自身利益出发对高等教育质量有不同的价值判断和质量保障主张。根据利益相关者理论：所有对组织有投入或从组织的行为中获利或受损害的人，都应有权参与组织的治理，组织在其治理中也应考虑所有这些利益相关者的利益。从前文对各国高等教育质量保障模式的分析可以看出，无论是政府主导模式、社会中介组织认可模式，还是大学自我管理模式，都是偏重某个单一的利益主体，并以其利益诉求作为高等教育质量保障的价值标准。然而，近年来，随着高等教育在社会经济发展中的作用日益凸显，各国纷纷将发展高等教育上升为国家战略，政府、社会、高校等都对高等教育质量问题非常重视。再加上高等教育规模的迅速扩大，学校类型和层次的多样化，高等教育质量保障变得日益复杂，保障难度在不断加大。在这种情况下，单凭某一保障主体已经难以对各级各类高校的教育质量进行全方位、多层面的有效监管和保障。因此，为了更加有效地确保高等

❶ 吴苾雯．“逃离”大学（序）[M]．南宁：接力出版社，2002：4.

学校的教育质量，各国的高等教育质量保障都相继出现了一种保障主体多元化的发展趋势。

所谓保障主体多元化，就是一改以往由政府、社会或高校某个单一主体为主导的模式，实行政府、社会、高校、市场、学生等多个主体同时介入的质量保障模式。在保障主体多元化的趋势下，高等教育质量保障的权力开始逐步分化，政府、社会、高校、学生等质量保障主体共同承担质量保障的任务，共享质量保障的权力。高等教育质量保障的权力在不同的保障主体之间出现权力相互博弈、相互制衡的局面。各个主体彼此依赖，相互配合，在尊重各方利益的基础上，通过合作来实现保证高等教育持续提高这一共同愿景。例如，英国的高等教育质量保障主要实行的是大学自我管理模式，高等教育质量由各高校自己监控，各负其责。然而，随着高等教育在国家社会、政治、经济发展中的作用日益凸显，政府和社会对高等教育也开始日渐关注，加强了对高等教育的控制。英国政府 1997 年成立了高等教育质量保证署（QAA），试图为英国的高等院校建立一种统一的学术标准和质量要求，提供整体性的质量保证。另外，英国高等教育基金委员会为了促使各高校按照全英标准保持和改进教育质量，更加有效地分配办学经费，也开始对各高校的教育质量进行外部评估。[1] 而美国的高等教育质量保障长期以来主要采取认证的方式，各地区都有各类高等教育机构认证团体，通过审查和评估大学、学院和专业来保证和提高高等教育质量，并没有全国性的质量评估或保障机构。然而，近年来美国政府开始逐渐通过对各种认证团体的评估来加强对高等教育质量的间接调控。并且通过对学生进行全国规模的调查，例如 NSSE（National Survey of Student Engagement）、CSS（College Student Survey），问询学生有关在学校的教育、学习经历，来收集高等学校教学质量的信息，建立高等教育质量的基准（benchmark），以此取代以往以高等学校知名度及威信为衡量指标的大学排行榜。

在我国，现阶段虽然除政府以外，社会、高校、市场已逐渐参与到高等教育质量保障中来，但是，从总体上看，高等教育质量保障的权力重心仍把持在政府手中，社会中介组织、高校和学生等利益主体未能实现真正有效的参与，保障权力有限，仍处于从属地位。大学是一个利益相关者的联结体，高等教育质量保障的多元利益主体构成决定了高等教育质量保障不应由政府单一主体来

---

[1] 高桂娟，冯建明．高等教育质量保障运动的发展态势：比较的视野［J］．高教发展与评估，2007（11）：11.

承担，而应当是政府、社会、高校、学生等利益相关者共同的责任和权利。

学生作为高等教育质量保障的重要利益相关者，不仅具有参与高等教育质量保障的权利，也有参与高等教育质量保障的动力。学校教育质量的好坏是学生获得高质量的教育、高价值的文凭、良好的就业前景和未来收益的重要前提。学生对高等教育的投资，不仅包括学费和生活费等求学费用，而且还包括难以用价值来估量的时间和机会成本。因此，基于对教育投资的回报，为了获得预期的知识、技能、素质、就业竞争力、广阔的发展前景等投资收益，学生具有在高等教育质量保障中表达利益诉求、伸张质量主张的驱动力。此外，大学生在心智上已渐趋成熟，具有了一定的知识和能力储备，能够胜任各种评估、审查、反馈的任务，具有参与高等教育质量保障的能力。因此，鉴于学生参与高等教育质量保障的权力、动力和能力，有必要将其纳入到高等教育质量保障的主体中来。正如谢维和先生所指出的，“高等教育是否把学生作为主体，在教育中如何体现学生的主体性，是当前高等学校内部体制管理改革和教学改革的一个核心问题。它涉及对整个高等学校管理、建设以及不断提高教学质量的认识”。

第3章　学生参与高等教育质量保障的法理性

所谓法理性，即合法性、合理性，也就是回答学生是否应该、是否有权参与高等教育质量保障的问题。随着高等教育质量保障多元主体参与趋势的日渐明朗，学生作为高等教育质量保障的重要利益相关者，在高等教育质量保障中的作用和影响开始日益受到关注，许多国家正通过多种方式积极探索如何促进学生在高等教育质量保障中的参与。然而，学生在高等教育质量保障中的参与是否具有法理性依据，本章在对学生参与高校管理的历史进行回顾的基础上，拟对学生参与高等教育质量保障的合法性、合理性和可行性进行分析。

3.1　学生参与高校管理的历史回溯

学生参与管理虽然是近年来世界高等教育改革和发展的一个新趋势，然而，究其历史，最早可以溯源到诞生之初的欧洲中世纪大学。在长达几百年的历史流变中，学生参与管理的权力几经沉浮，兴衰更迭，通过对其进行历史考察，可以帮助我们了解学生参与管理的历史，深化对学生参与的认识。高等教育质量保障作为高等教育管理的一个重要组成部分，从学生管理权力的历史流变中，也能寻觅到高等教育质量保障学生参与的历史脉络。

3.1.1　国外学生参与高校管理的历史回溯

西方发达国家学生参与高校管理具有悠久的历史，历经了一个跌宕起伏的发展变化过程。根据不同时期学生参与管理的变化，可以将其划分为以下几个阶段：

1. 学生参与高校管理的鼎盛期——中世纪后期的“学生大学”

欧洲中世纪大学是现代高等教育之滥觞，最初产生于12世纪的意大利、法国和英国，其中具有代表性且影响较大的是意大利的博洛尼亚大学、法国的巴黎大学。根据管理体制的不同，这两所大学又分别被称为“学生大学”和“先生大学”。所谓“先生大学”，主要是由教师掌管校务，而“学生大学”的校务管理权则掌握在学生手中。

中世纪的大学是教师和学生组成的“联合体”。博洛尼亚大学是由全国各地来这里学习法律的学生自行组织起来的，他们自聘教师，自出办学经费，和教师一起组成大学。在博洛尼亚大学中，学校的管理权掌握在学生组织手中，他们不仅对大学的财政和学术事务进行普遍的监督，而且“大学和地方当局进行交涉，都由学生代表出面。教授的聘请和薪金的支付，都由学生负责。甚至教授上课迟到或讲课过于拖拉，他们还向教授追索罚金”。[1] 这个时期的大学校长通常都是由学生来担任，有时甚至不足25岁。例如，博洛尼亚大学规定其校长候选人必须是学生，而且年满25岁。在蒙彼利埃大学也有相同的规定，帕多亚大学则要求年满22岁。[2] 大学的最高管理机构是由全体学生参加的大学全体会议，负责制定有关大学的重大的规章制度。[3] 此外，同乡会也是中世纪大学的一个重要管理组织，其会长一般从普通学生中选出，负责处理公共事务。博洛尼亚大学一直到16世纪仍旧由学生校长主持和管理校务。13世纪欧洲南部的西班牙大学、法国的蒙特佩尔大学，14世纪神圣罗马帝国的布拉格大学，以及此后苏格兰的部分大学等都受到博洛尼亚大学的影响。

这个时期是学生参与高校管理最鼎盛的时期，“以后再也没有被超越过，当大学迁入永久校址，由市提供经费，教授不再依赖学生支付费用时，这种权力实际上被取消”。[4] 事实上，以博洛尼亚大学为典范的“学生大学”作为学生团体，其管理早已超出了学生参与的范畴，是完全意义上的由学生管理学校了。这是由当时特定的社会政治环境决定的，是特定历史时期的衍生物。

2. 学生参与高校管理的式微期——17世纪末至20世纪上半叶

从17世纪末开始，随着世俗王权势力的加强和大学内部分工的日益明确，教会、政府、教师在学校内部事务管理上表现出更加强大和直接的影响，学生在高等学校管理中的声音日渐削弱，“学生大学”的时代一去不复返了，大学

---

[1] 阿什比著，腾大春译．科技发达时代的大学教育［M］．北京：人民教育出版社，1983.

[2] 石广盛．欧洲中世纪大学研究［D］．上海：复旦大学，2007：59.

[3] 黄福涛．外国高等教育史［M］．上海：上海教育出版社，2003：76－87.

[4] 伯顿·R. 克拉克，王承绪等译．高等教育系统——学术组织的跨国研究［M］．杭州：杭州大学出版社，1994.

的管理主要由教会、政府、教师和校外人士负责。从此学生参与高校管理开始进入漫长的式微期。

学生在高校管理中的式微最初始于“教师大学”兴起，在 17 世纪末期，高校教师的学术权威在高校管理事务中扮演了越来越重要的角色，大学的管理权逐渐由教师组织——教授会控制，“学生大学”逐渐为“教师大学”所取代。这个时期，大学已不再是“学生的团体”，而是“学者的王国”，是“探究高深学问的场所”。教师作为一个自治的团体，广泛控制着大学内的管理和学术活动。

19 世纪以来，大学在国家政治、经济生活中的作用日益凸显，国家加强了对大学的控制，大学日益成为政府的附属机构。例如，当时的德国大学和法国大学都实行的是中央集权的大学管理体制，大学直接受国家和政府的控制。此外，随着大学规模的不断扩大，高校内部事务和行政管理的逐渐增多，科层制和官僚主义的结构特征日益明显，由此形成了大学的“二元权力结构”，即，大学的权力由“行政权力”和“学术权力”构成。这种权力结构的一个直接影响就是使得大学中的一个重要群体——学生被忽视了。例如，在德国、法国等欧洲大陆国家，由于政府对大学内部事务的直接介入，大学内部的行政权力被大大削弱，主要由学术权力占主导，教授占据了决策机构的主要职位，各级决策机构的负责人都由教授担任。然而在美国，大学内部的管理权力结构却具有明显的等级性，按照官僚体系的方式在运作，主要以行政权力为主导。校长由董事会任命，而董事会成员则由校外人士担任，各学院的院长也大多是任命而非选举产生的，并且拥有独立于教授团体的权力。这种行政权力正如布鲁贝克所指出的：“大学和学院从包含校长和院长在内的教授组成的学者团体中抽调查校长和院长，是学院或大学的日常事务方面职能的专门化需要的结果。”[1] 可见，不管是以何种权力为主导的大学权力结构，都是在学术权力和行政权力之间进行权力的分配，学生权力在大学权力结构中缺位了。

此外，在 19 世纪的大学里，校外人士在董事会、校务委员会、理事会中占绝大多数，掌握了大部分学校管理的权力，教授的自治权力受到削弱，分权给学生的就更少，学生在高校管理中的权力很小。

从 17 世纪末到 20 世纪五六十年代，这个漫长的时期都是学生参与学校管理的式微期，或者说是萧条期，学生参与学校管理不论在范围和力度上都较上

---

[1] 约翰·S. 布鲁贝克. 高等教育哲学［M］. 王承绪译. 杭州：浙江教育出版社，2001：37.

一个时期有了大大减小，取而代之的是教师、政府、校外人士等越来越多的利益主体参与到高等学校的管理之中。

3. 学生参与高校管理的制度化时期——20 世纪 60 年代至 90 年代

“二战”后，西方各国尤其是美国的高等教育获得了长足的发展，教育规模不断扩大，学生数量急剧增加。然而，在这一片繁荣的后面却孕育着危机，到 20 世纪 60 年代，西方各国的大学生几乎同时行动起来，掀起了一场此起彼伏的学生运动，抗议对大学的不满，呼吁民主化改革，要求享有更大程度的参与权。在这场学生运动的推动下，各国相继出现了一股学生参与高校管理的高潮。

法国在 20 世纪六七十年代依然沿用拿破仑式的大学管理模式，这种管理模式无力应对来自工业和技术发展，以及入学人数的压力。1968 年 5 月爆发的“五月学潮”，几乎使大学处于瘫痪状态，改革犹如箭在弦上。这次改革的重点是大学“管理体制”，参与和自治成为改革的主导思想。1968 年 10 月 10 日颁布的《高等教育方向法》（也称福尔法案）确定了三个改革目标：多学科性、扩大参与和加强大学自治，并规定大学各级管理机构都要有学生代表的参加。1986 年 10 月 29 日的《德瓦凯高等教育法案》规定，每个公共高等教育机构的行政管理委员会最多由 60 人组成，学生占 15%；科学委员会中第三阶段学生占 10%；大学生参与所在机构的管理，他们享有信息与言论的自由。[1]这次改革使法国高等教育从拿破仑时代的传统中破茧而出，给予了大学生参与学校管理的权利。

在德国，由于高等教育规模的扩大和高校社会服务功能的滞后，传统高校管理模式受到社会广泛批评，大学生们也组织起来要求享有更大程度的参与权。1967 年大多数大学生组织要求在高校的所有决策机构中，教授、助教和大学生代表各占三分之一。在学生运动的影响下，高校中以教授为主的管理决策机制逐渐转向民主参与。到 1971 年，联邦德国有 9 个州立法强调大学应享有更大程度的自主权，学生和初级教员能在更大程度上参与学校事务的管理和决策。1976 年《高等教育总刚法》第 37 条规定“群体共治大学”这一原则，即高等学校的所有人员被分为教授、学术中层人员、大学生和行政人员四个群体。由各群体选举产生的代表共同进行决策活动。[2] 根据 1978 年州议会所通过

---

[1] 郑文．西方发达国家高校学生管理权力探讨［J］．中国高教研究，2004（9）：88．

[2] 陈学飞．美国德国法国日本当代高等教育思想研究［M］．上海：上海教育出版社，1998：170．

的高校法，德国的哥廷根大学管理委员会由选举产生的委员所组成，其中，教授、学生、科教辅助人员和从事技术与管理工作的人员的比例是7∶2∶2∶2。❶

20世纪60年代的美国也爆发了大规模的学生运动，学校教育理念的保守性、学校管理体制的官僚化和非人性化使大学生们为权力而奋起斗争。他们要求教育注重人性，在课程设置、教师选择等问题上拥有更大的发言权，在学校生活安排上拥有更多的自主权等。此外，60年代末70年代初形成的“学生消费者”的理念，使得学生成为真正的主体，在教学计划的制订和目标规划等方面强调学生的参与，一些大学甚至还设立了“学生院长”的职位，用来鼓励学生参与校园的各项管理。在学生运动和“学生消费者”理念的双重作用下，美国大学的内部管理机制出现了重要的变化，学生参与管理逐渐被越来越多的人所接受和认同。据1969年对875所高校的一项调查发现，88.3%的院校允许学生代表至少参加学校的一个管理决策机构的工作。其中2.7%的院校给予学生在学校董事会议上的表决权，41%的院校允许学生作为处理诸如教师的选用、提升、任期的委员会的观察员。1971年美国教育理事会的调查发现，全国14%的高校董事会中有学生代表，还有一些学校打算这样做。❷

这个时期，由于各国学生运动的推动，高等学校加强了校内决策民主，学生参与高校管理由低迷期进入了高涨期，绝大多数高校都允许学生通过各种委员会，例如评议会、理事会和各种常规委员会来参与学校的管理。并且，这个时期各国纷纷通过法律的形式确立学生参与高校管理的权利，使学生参与逐渐走上了制度化、规范化的道路。然而，继这股学潮之后，学生参与又开始渐入低潮，直到20世纪90年代末，随着高等教育成本分担制度的实施和学生消费者权益的强调，学生作为高等学校重要利益相关者的地位受到关注，学生参与又重新获得关注。1998年，联合国教科文组织的《21世纪的高等教育：展望与行动世界宣言》中明确指出：“把学生视为高等教育关注的焦点和主要力量之一，应当在现有的制度范围内通过适当的组织结构，让学生参与教育革新和决策。”❸ 之后，欧洲博洛尼亚进程对学生参与的强调进一步推动了学生参与高等教育管理的步伐。在2001年布拉格会议中，学生参与被确定为博洛尼亚进程讨论的一个重要议题。2007年的《伦敦盘点报告》明确指出，学生是博

❶ 张永庆．大学生自治的理念与实践［D］．武汉：华中师范大学，2005：42-44．

❷ 陈学飞．美国高等教育发展史［M］．成都：四川大学出版社，1989：201．

❸ 赵中建选编．全球教育发展的研究热点——90年代来自联合国教科文组织的报告［M］．北京：教育科学出版社，2003：417．

洛尼亚进程实施的合作伙伴，博洛尼亚进程促进了学生和教师参与高校的治理。

3.1.2 我国学生参与高校管理的历史回溯

与西方发达国家相比，我国高等教育有着更为悠久的历史，从夏商时期的高等教育雏形、周代的辟雍，到汉朝的太学、清朝的国子监，一直到现代大学，蹒跚走过了几千年，然而，如果就大学生参与学校管理的历史而言，明显比西方国家更短。总的来看，大致经历了一个从无到有，由弱渐强的变化过程。

早在夏商周时期，我国就已经出现了大学的雏形，然而，当时大学并不是纯粹的教育机构，学校大多由官办，教师也由官吏充当。在这种“学在官府”的教育体制下，学校的管理权牢牢控制在官府手中，学生在学校管理活动中只是被管理的对象，谈不上任何管理权力。汉朝太学的兴起标志着中国封建高等教育制度的正式确立，从那时一直到清朝的国子监这一阶段，高等学校的管理权也都是集中在统治者及代表其利益的官吏手中，并且与当时的等级社会相适应，这个时期的学校非常强调师道尊严，学生在教师选聘、教材指定、课程安排、学制、考试等学校管理活动中都没有发言权。不过，宋代的书院却是一个例外，它是一种独立于官学系统的教育机构和学术研究机构，为贫穷学生聚集读书而设，在教学管理上实行以书院管理者为主导、学生参与的开放式管理制度。这与欧洲中世纪的博洛尼亚大学、牛津大学等相似，然而却比其要早三四百年。总的来看，我国古代中央集权的管理体制和师道尊严的传统，决定了高等学校的管理权主要由政府把持，教师在学生面前享有绝对的权威，学生基本上处于失语的状态。

我国近代真正意义上的大学始于京师大学堂，它是对汉朝太学和清朝国子监的承继，在学校管理上仍然采用上级委任、等级隶属、封建衙门式的管理模式。1912 年京师大学堂改名为北京大学，而后 1917 年蔡元培任校长，开始引入西方资产阶级民主管理的思想对其进行大规模的改革。他提出了学术自由和教授治校的办学思想，同时强调学生独立自主开放进步的思想和精神，组织学生会参与学校的管理。这是对我国长期以来大学内部管理模式的重大变革，开创了我国学生参与高等学校管理的先河。自此，我国大学才开始抛弃保守的封建衙门式的管理方式，在学校管理、课程设置、教学安排等方面强调更多的民主参与。除了北京大学之外，复旦大学这个时期也开展了学生参与管理的实践。马相伯在 1903—1913 年主持复旦大学期间，建立了校长监督下的学生管理校内事务的制度，完善了各项学生自治政策，使其成为“教授治校”的有益补充。[1] 综而观之，这个时期只有一部分高校开展了学生参与管理的实践，且大多持续时间不长。然而，不管怎样，学生参与的幼芽已经开始萌发并在封建文化的夹缝中艰难成长。

中华人民共和国成立以后，学生参与高校管理的积极性进一步得到提高。“文革”之前，大学的校务委员会中设有大学生代表，学生曾在高校管理中发挥过积极作用。“文革”时期，在政治运动的驱使下，大学生的参与热情高涨，曾一度提出“上大学、管大学、改造大学”的口号，“工农兵学员”则一跃成为学校的管理者。这个时期学生参与学校管理属于一种非理性的参与，破坏了大学的正常教学秩序，给高校的管理工作带来了极大的混乱。这是由当时动荡的政治气候所致，也是我国特定历史时期的特殊产物。

近年来，随着我国社会转型的加速和教育管理体制改革的深化，民主管理的思想逐渐深入人心，人们日益意识到学生参与高校管理的重要意义。尤其是缴费上学制度的确立使学生的主体地位日益上升，大学生越来越被认为是高等教育的消费者或顾客，是高校内部权力机构中的一个不可忽视的权力主体。大学生参与高校管理得到广泛认可并在一些高校中得到践行，从各个高校制定的《学生管理条例》《学生管理规定》等文本来看，几乎毫无例外地都能找到有关学生参与学校管理的内容和条文。1998 年颁布的《中华人民共和国高等教育法》、2005 年颁布的《普通高等学校学生管理规定》（第 50 条规定：“鼓励学生对学校工作提出批评和建议，支持学生参加学校民主管理。”）等法律法规也为保障大学生的权利和权益提供了法律依据。学生参与高校管理不论在参与途径还是范围上都在不断拓展，一些高校甚至让学生代表参与学校的决策管理，参与制定有关教学和学生管理的制度，参与学校后勤管理，以及学校内部的教学质量保障等。越来越多的高校开始重视以学生的视角来审视现实的教育问题，通过多种方法和途径收集学生的意见和建议，以改进教学和管理。然而，由于传统教育思想以及长期的中央集权管理体制的影响，我国学生在高校的管理活动中一直还处于被管理者的地位。虽然许多高校在认识上和实践上都对学生参与管理予以了重视，学生参与的趋势也日渐明朗，但总体而言，学生

[1] 转引自吴慧平．高校管理过程中学生参与角色的变迁［J］．大学教育科学，2003（2）：75．

在高校内部权力结构中仍处于缺位状态，没有太多的话语权。学生参与管理的机制尚未形成，有关法律条文对学生参与高校管理的规定也较为笼统，不够具体。因此，学生参与高校管理作为高校民主管理的方向和世界高等教育管理体制改革的一大趋势，既是学界面临的一个重要课题，也是高等学校管理体制改革的一个重要突破口。

3.2 学生参与高等教育质量保障的合法性

合法性是一个被广泛使用的政治概念。在政治学中通常用来指政府与法律的权威为民众所认可的程度。哈贝马斯曾指出，“合法性意味着某种政治秩序被认可的价值以及事实上的被承认”。[1] 我们这里所说的合法性是指：秩序或制度因其制定者行为或其自身的规范、有效性而获得的大众或成员认可和服从的状态属性。[2] 为了论证学生参与高等教育质量保障的合法性，本节拟从哲学、经济学、政治学等多学科的视角对其进行分析。

3.2.1 学生主体性的应有之义——哲学的视角

大学生作为高等学校的主要成员和高等教育活动的主要参与者，是高等教育的重要主体。近年来，随着我国经济体制转型，以及高等教育管理体制、收费和就业制度等的改革，大学生的主体性日益凸显。

所谓主体性，是指作为主体应具有的基本属性，是主体之所以成为主体的质的规定性，主要指作为主体的人在思想和行动中表现出来的“能动性、自主性和自为性”。[3] 其中，能动性指主体在对象性活动中，自觉、主动、积极地认识客体和改造客体，而不是被动、消极地进行认识和实践。能动性是在主体对现实的主动选择、适应的基础上对现实的超越。能动性包括自觉性、选择性和创造性三个方面的基本含义，而创造性则是主体能动性的最高表现。自主性是人的主体性的另一个重要内在规定性。在马克思看来，真正的主体必然是具有自主性的主体，这种主体既有能力又有权利“作为支配一切自然力的那

---

[1] 哈贝马斯著，张博树译．交往与社会进化［M］．重庆：重庆出版社，1989：184.

[2] 陆俊杰．论大学章程的形式合法性［J］．现代教育管理，2009（9）：39.

[3] 袁贵仁．马克思的人学思想［M］．北京：北京师范大学出版社，1999：103.

种活动出现在生产过程中”。[1] 自主性亦指根据客观条件和实际需要独立行使支配自己权利的能力。除了能动性和自主性之外，自为性也是人的主体性的一个重要构成。人的实践活动总是把自己的存在和发展当作不言自明的前提，自觉或不自觉地从自己出发去理解事物、从事活动、进行价值判断和评价。能动性、自主性和自为性相互联系，共同构成完整的人的主体性。能动性强调主体能力，表现为主体活动的自觉选择和创造；自主性强调主体权利，表现为主体对活动诸因素的占有和支配；自为性侧重于主体目的，表现为主体活动的内在尺度和根据。

大学生不论在年龄、心理，还是思维上，都已经是具有自主行为能力的个体，其人生观和价值观也日趋成熟、稳定。与其他教育阶段的学生相比，大学生的主体性处于主体性发展的高级阶段。经过多年的教育和历练，他们已经掌握了一定的知识和技能，对自身的需要和目标有较为明确的认识，对社会生活、事物发展、社会关系等都有自己的判断和理解。因此，大学生的主体性已基本成熟，渐趋理性，大学生是具有较完整主体性的教育主体，和其他社会主体一样，都具有能动性、自主性和自为性。

大学生的能动性决定了他们不是被动的受教育者，能够根据社会需要、学校要求，自觉、主动、积极地参与学校的各项教学和管理活动；能够在主动适应大学学习和生活的同时，发挥其主观能动性和创造性，对学校的教学、管理体制进行加工和改造。他们的知识结构、认知结构和价值体系都已基本形成，具有参与学校管理的能力和潜质。通过将自身的知识、能力、价值、情感、态度等作用于学校的教育影响，大学生能够在学校教学管理中占据一席之地，发挥应有的主体作用。

学生的自主性就是学生在学校教育中能够依据自身条件和需要，有计划有目的地合理安排自己的教育活动，寻求更好、更有效的发展机会和条件。[2] 大学生的自主性主要表现为独立的主体意识、自由的价值选择、独立判断和决策的能力，以及自主行为的权利。作为独立、自由的个体，在高等教育质量保障活动中，大学生能够根据自身的教育体验，对学校教育质量做出独立的评价和判断；有权表达自己的质量诉求、选择接受什么样的教育；有权参与相关事宜的讨论、审议和决策。我的教育我做主，大学生的自主性决定了他们有能力、

---

[1] 詹艾斌. 论人的主体性——一种马克思哲学视点的考察［J］. 社会科学研究，2007（2）：116.

[2] 李福华. 高等学校学生主体性研究［D］. 上海：华东师范大学，2003：17.

有权利参与高等教育质量保障。

自为性决定了主体能动性和自主性作用的方向。根据马克思的观点，所有人类历史活动，无不同对利益的追求有关。“个人总是并且也不可能不是从自己本身出发的”。大学生亦如此，和其他所有社会人一样，其行为都从自身利益出发，具有一定的目的旨归。高等教育质量保障与大学生的切身利益息息相关，直接关系到他们能够接受到什么样的教育，甚至影响他们将来的就业前景和未来的生活。基于自身利益的考虑，大学生具有参与高等教育质量保障的意愿和动机。为确保教育服务的水平和质量，他们要求在高等教育质量保障中有更多的参与。

从以上对大学生主体性的分析来看，其内含的能动性、自主性、自为性决定了他们有参与高等教育质量保障的权利、能力和动力。此外，大学生在教学和管理活动中的积极参与也是其主体性发展的根本途径。人作为主体的发展是自己通过交往参与社会实践的结果，这同动物对环境自发的、受动的适应有着本质的区别。[1] 人的主体性的发展必须通过与周围环境的相互作用来完成和实现。高等学校的教育观念、制度环境、学习环境都影响着大学生主体性的发展。在高等教育质量保障活动中吸收大学生的参与，可以激发他们的主体能动性和创新意识，促进他们主体意识的觉醒和主体能力的提升。事实上，参与本身就是主体性发挥作用的一种表现。因而，参与高等教育质量保障也是大学生主体性发展的内在要求。

3.2.2　学生权力的内在要求——政治学的视角

权力是政治学的核心，也是管理活动的一个关键要素，任何社会组织、机构或团体都存在着一定的权力关系。权力就其本质而言是一种社会关系，是个人或群体从事或者影响某些事物的能力。马克斯·韦伯认为，“权力是一个人或一些人在社会行动中，甚至是在不顾其他参与这种行动的人进行抵抗的情况下实现自己意志的可能性”。[2] 高等学校作为一种非营利性社会组织也存在着一定的权力关系，这种权力关系在制度和运行层面影响和制约着学校的管理活动。正如著名的英国教育家埃里克·阿什比所说的，“大学的兴旺与否取决于

---

[1] 项贤明. 泛教育论［M］. 太原：山西教育出版社，2002：21.

[2] 马克斯·韦伯. 社会和经济组织理论［M］. 北京：生活·读书·新知三联书店，1987：152.

其内部由谁控制”。

在大学中，主要有三大活动主体：教师、管理人员和学生，相应地，大学的权力结构也主要由这三大主体派生出来的三种权力构成，即学术权力、行政权力和学生权力。学术权力是学术人员和学术组织对大学学术事务所拥有和控制的权力。在《学术权力——七国高等教育管理体制比较》一书中，伯顿·克拉克罗列了十种学术权力，包括：个人统治（教授统治）、集团统治（教授统治）、行会权力、专业权力、魅力权威、董事权力（院校权力）、官僚权力（院校权力）、官僚权力（政府权力）、政治权力，以及高教系统的学术寡头权力。[1] 行政权力则是高校中的行政管理人员在大学所拥有和控制的权力，包括对非学术性事物和部分学术性事物进行管理的权力。而学生权力则是学生或学生组织处理高等学校教学和管理事务的权力。这三种权力各有侧重，相互作用共同构成高等学校的内部权力体系。从组织行为学“权力的结构来源”来看，教师权力主要是“知识性的权力”，学生权力主要是“资源性权力”，而行政人员权力主要是“决策性权力”。[2]

从这三种权力在大学权力结构中的分配来看，学术权力和行政权力占据着主导地位，甚至曾经一度被认为是大学权力的主要构成，即所谓的“二元权力结构”。在这种大学权力架构下，“高等学校内部的决策管理模式有两种基本类型：以行政权力为中心的决策管理模式和以学术权力为中心的决策管理模式”，[3] 学生在高等学校的管理活动中处于失语状态，其权力被遮蔽和掩藏了。尤其是在我国，由于“官本位”思想的影响、行政权力的泛化，以及中央集权的高等学校管理体制，学生在高等学校中缺乏足够的话语权、行政权、学术权，其权力主体的地位和作用都未能得以彰显。

然而，学生是高等学校不可回避的权力主体，学生权力是大学权力的重要构成，自大学诞生之初就一直存在着。早在欧洲中世纪大学时期，以博洛尼亚为代表的“学生大学”就是一种学生学习的行会组织，学生行会在大学里拥有很大的权力。20 世纪 60 年代的学生运动使学生权力进一步凸显，学生权力自此开始走上法制化的道路，各国纷纷以法律的形式确定学生参与学校事务管

---

[1] 约翰·范德格拉夫．学术权力——七国高等教育管理体制比较［M］．张维平，译．杭州：浙江教育出版社，1992：186－198．

[2] D. 赫尔雷格尔等．组织行为学（第九版）［M］．俞文钊等，译．上海：华东师范大学出版社，2001：424－427．

[3] 张德祥．高等学校的学术权力与行政权力［M］．南京：南京师范大学出版社，2002：12－24．

理的权力。20 世纪 90 年代以来，随着高等教育规模的扩大、学生人数的激增、政治民主化的推进，以及高等学校收费制度的全面实行，学生的主体意识逐步觉醒，越来越多地要求在学校事务管理以及重要政策的制定上享有更多的权力。学生权力在世界各国开始日益受到重视，一些欧美发达国家，从校长的选拔到学生事务管理，学生都有广泛的参与权力。例如，美国一些州的大学选拔校长的委员会有学生代表的参加，日本大学的学生自治会和研究生自治会在涉及学生利益的学部事务上不仅有参与权，而且有相当的影响力。

高等教育质量保障是高等学校管理的一项重要内容，从学生权力的内在规定性来看，当属学生权力管辖的范畴。学生权力除了受教育权之外，主要就是指参与高校内部教学和管理事务的权力。我国 2005 年颁布的《普通高等学校学生管理规定》第 4 章第 41 条规定：要“建立和完善学生参与民主管理的组织形式，支持和保障学生依法参与学校民主管理”。因此，根据学生权力在大学权力结构中的应有之义，学生理应具有参与高等教育质量保障的权力。另外，赋予学生参与高等教育质量保障的权力也是为了维护学生利益的需要。权力是为了维护和保障特定的利益而存在的。学生权力作为高等学校三角权力结构中的一角，是学生实现其在学校中的主体地位，保证其在学校教学和管理事务中主体作用，维护其自身利益的不可或缺的要素。高等教育质量保障直接关系到学生的切身利益，出于保护学生利益的考虑，学生应当有权参与其中，在质量保障活动的组织、监督、评价、决策中发挥应有的主体作用。

3.2.3　学生消费者权益的伸张——经济学的视角

学生消费者的观念最初产生于 20 世纪 70 年代的美国。战后美国高等教育财政拨款制度的改变——从以学校为单位到以学生为单位，以及学生市场的激烈竞争带来的学校与学生之间关系的重大变化，引发了学生消费者观念的产生。此后，各国在高等教育市场化浪潮下相继实施的高等教育成本分担制度使这种观念进一步推广开来。“在荷兰、波兰、俄罗斯和英国，学费逐渐成为高等学校收入的一个重要来源，并且对学生的资助也逐渐被各种各样的学生贷款取代。奥地利、法国等国家正在讨论把学费引入公立高等教育中或增加学费”。[1] 我国自 20 世纪末以来，在高等教育大规模扩张的背景下相继实施了

[1] 李盛兵．高等教育市场化：欧洲观点［J］．高等教育研究，2000（4）：110.

“缴费上学”制度和大学生“自主择业”制度的改革，学生与高等学校之间的关系发生了深刻的改变，大学生不再是被动的受教育者，而越来越被看作高等教育的“消费者”。

“消费者”是经济学的一个术语，根据《现代汉语词典》的界定，消费者是“为了生产或生活需要而消耗物质财富的人”。《牛津法律辞典》将消费者定义为“那些购买、获得、使用各种商品和服务的人”。[1] 那么，学生究竟是不是高等教育的消费者呢？高等教育成本分担制度的全面实施使学校的经费构成发生了明显的变化，学费收入成为高等教育、高等学校经费来源的重要组成部分。在“谁受益谁投资”原则的指导下，学生为了从高等教育中获得一定的收益和回报，例如人力资本的提升、综合能力的提高等，向学校支付一定数额的学费，以换取学校提供的教育服务。缴费上学实际上是学生的一种购买行为，购买的产品是学校的教育服务。从这个意义上来说，学生是高等教育名副其实的“消费者”。

从国内外学者的研究来看，许多学者都肯定了教育的消费属性和学生的消费者地位。西奥多·W. 舒尔茨说过：“人们从学校教育得到的满足系属消费部分。”“就把学校教育当作消费品而言，它们首先要具有耐久性成分，其耐久程度甚至比耐用的消费品更加耐久。”[2] 约翰·希恩也认为：“教育本身既是消费又是投资。”[3] 对于学生是否是高等教育的消费者，国外学者做了广泛探讨，例如莱斯利·维德维奇认为，政府、商业、工厂和学生是大学教学、研究和社会服务产品的主要消费者。[4] 马杜等学者将不同的消费者分为输入消费者、转换消费者与输出消费者，其中父母与学生是输入消费者，教师是转换消费者，公司与社会是输出消费者。[5] 拉亚妮·奈杜和乔安娜·威廉斯提出，不同国家依据市场准则对高等教育进行调整，这些调整导致了新的社会阶层——学生消费者的产生，从而影响了高等教育的性质、目的和价值观。[6] 此外，我

---

[1] 转引自王利民. 关于消费者的概念［J］. 中国工商管理研究，2003（3）：39.

[2] 西奥多·W. 舒尔茨. 教育的经济价值［M］. 长春：吉林人民出版社，1982：21.

[3] 约翰·希恩. 教育经济学［M］. 郑伊雍，译. 河北：河北教育出版社，1999：75.

[4] 黄启兵. 学生是高等教育的消费者吗——来自国外的相关讨论［J］. 比较教育研究，2003（1）：25－29.

[5] Sangeeta Sahney and D. K. Banwet and S. Karunes. Customer Requirement Constructs：the Premiese for TQM in Education［J］. International Journal of Productivity and Performance Management，2004，53（6）：501.

[6] 拉亚妮·奈杜，乔安娜·威廉斯. 学生合约与学生消费者：学习的市场化与高等教育公共产品性质的侵蚀［J］. 北京大学教育评论，2014（1）：36－52.

国学者在此问题上也开展了深入的探讨。著名经济学家董辅礽认为:“从经济学角度看,教育是一种劳务,它既是消费的教育又是投资的教育。”[1] 此外,靳希斌、范先佐等教育经济学家在此问题上也都持认同观点。对于学生的消费者地位,不少学者也指出,成本分担制度的实施“促使学生与高校之间客观上形成了一种经济关系:高校为学生提供教育服务,学生是购买高等教育服务的消费者”。[2]

从各国的教育实践来看,大部分国家都认可了教育的消费属性和学生的消费者身份,甚至以法律的形式来确保学生的消费者权益,例如澳大利亚、新西兰、新加坡等国。[3] 2003 年 OECD 发布了一份名为《加强跨境高等教育中的消费者权益保护》的报告。在报告中,OECD 宣布将加强与 UNESCO 的合作,来发展跨境高等教育的质量保证体系,保护教育服务中的消费者权益。2011 年 6 月,英国发布了白皮书《将学生置于系统中心》,强调学生不仅仅是知识的消费者,更重要的是学生能够充分学习学校所能提供的知识。[4] 可见,学生的高等教育消费者身份已经成为各国教育界的一种共识。

学生作为高等教育的消费者究竟应该享有哪些权益呢?《中华人民共和国消费者权益保护法》规定,消费者具有安全权、知情权、选择权、公平交易权、获赔权、结社权、获取知识权、被尊重权与监督权。高等教育消费者虽然相对于其他产品的消费者而言有其特殊性,然而,这些法律规定的权利在其身上同样适用。学生购买高等教育服务就是高等教育的消费者,应当享有知悉其购买的教育服务的真实情况的权利;享有自主选择教育服务的权利、享有公平交易的权利、享有依法获得赔偿的权利,以及对教育服务质量进行监督的权利,等等。

法律赋予学生消费者的这些权利为学生参与高等教育质量保障提供了合法性基础。学生缴费上学,购买的是高等学校提供的教育服务,作为消费者理应具有知悉学校教育质量现状、参与学校教育质量评价和监督的权利。他们对高等教育质量的价值诉求也理应得到学校和相关教育部门的尊重和重视。产品质量是影响消费者权益的最主要因素,高等教育质量直接影响着学生消费者的利

---

[1] 董辅礽. 发展教育产业能拉动消费需求和投资需求 [J]. 教育发展研究,1999 (7).

[2] 周世厚,高贺. 多学科视角:高校学生的校政参与何以必须 [J]. 高教发展与评估,2015 (7):14-19.

[3] 吕杰昕. 高等权益多元化与学生权益保护 [D]. 上海:华东师范大学,2008:99.

[4] 陶美重,骆秋成. 学生消费主义功用与高等教育发展反思 [J]. 教育与经济,2017 (3):77-82.

益，学生消费者有权对其进行监督、检查、评价。作为消费者的大学生只有参与到高等教育质量保障中来，才能使其知情权、获赔权、监督权等消费者权利得以保障，才能使其作为高等教育消费者的地位得以实现，才能保证其购买的教育服务“物有所值”。

3.3　学生参与高等教育质量保障的合理性和可行性

学生参与高等教育质量保障，不论是从哲学、政治学还是从经济学的视角来看，都有其存在的合法性。然而，合法性分析只是从学理上的建构，高等教育质量保障作为高校教学管理的一个重要组成部分，是一项实践性很强的活动。学生参与高等教育质量保障在现实实践中是否具有合理性和可行性呢？这些是本节欲解决的问题。

3.3.1　学生参与高等教育质量保障的合理性

学生参与高等教育质量保障，不论从人本管理的理念来看，还是从质量保障的效力和对现代大学制度的建设来看都有其存在的合理性和必要性。

1. 学生参与高等教育质量保障是“以人为本”教育理念的体现

教育就其本质而言是培养人的社会活动，因此在教育活动中贯彻“以人为本”的理念既是教育本质特征的体现，也是教育的应有之义。“以人为本”就是把人看作一切活动的主体、前提和动力，强调一切活动都是为人服务的，应该以人为核心，追求人的全面发展，充分调动人的积极性和创造性。高等学校“以人为本”的核心就是以学生的发展为本，这不仅体现在教育教学中要以学生为主体，而且体现在学生对学校管理、改革发展、重要决策等的参与。

学生是高等学校中数量最多、思维最活跃的群体，他们既是高等学校管理的对象，又是管理的主体。正如西班牙教育家奥尔加特·加塞特所说的，“高等教育机构以及大学的建设都必须以学生为基础，而不是以教师或知识为基础”。[1] 作为高等学校人数最多的利益相关者，高等教育质量的优劣与学生的

---

[1] 奥尔加特·加塞特. 大学的使命［M］. 徐小洲，译. 杭州：浙江教育出版社，2001：70.

利益息息相关，他们有权参与高等教育质量保障的相关活动和决策。在高等教育质量保障中充分发挥学生的积极性、主动性和能动性，使其参与对学校教育质量的监督、审查、评价、质量指标的确定，以及相关决策的制定，是高等学校“以人为本”管理理念的充分体现。此外，积极鼓励和倡导学生参与高等教育质量保障也是高等学校实施主体性教育的一个重要途径。主体性教育着重培养的是学生的自主性、能动性和创造性，学生参与高等教育质量保障对于他们主体意识的增强、创新能力的锻炼、主体性的提升都大有裨益。这在某种程度上也是“以人为本”教育管理的旨意所在。

2. 学生参与高等教育质量保障是提升质量保障效力的有效途径

高等教育质量保障是一项复杂的系统工程，牵涉高等学校教学、管理、后勤保障等多个方面。事实上，高等教育质量也正是由各个与教育教学相关的环节决定的，从教师、课程、教材到后勤管理、校园环境、校风、学风等，涉及学校运行的方方面面。对于这么一个庞大的系统工程，管理人员和教师只能在有限的范围内实施监管和检查，无法对其进行全面质量管理。从高等学校的人员构成来看，大学生是大学的主要活动群体，人数最多，他们不论在情感、态度、心智上都已渐趋成熟，作为高等学校人数最多的利益相关者，完全可以成为高等学校教育质量的监督者、管理者和评价者。他们的参与就像一个不断延伸的网络系统，可以到达各个原本难以触及的质量监管的细节和角落，大大提升高等教育质量保障的效力。

并且，学生作为高等教育的接受者和体验者，对高等学校在教育教学中的质量问题洞察最深，他们的参与将给我们提供一个了解和评价高等学校教育质量的新的视角，帮助高等学校诊断教育质量问题，有的放矢地改进教学、提高质量。此外，以往的高等教育质量保障主要是政府、高校自上而下开展的质量评价和质量监管活动，缺乏自下而上的意见反馈和保障行动，学生的参与无疑将弥补这种不足，实现对高等教育质量的全面管理，促进高等教育质量保障效力的提升。

3. 学生参与高等教育质量保障是现代大学制度建设之一隅

建立现代大学制度是新时期高等教育改革的方向和发展的必然要求，而大学治理结构则是现代大学制度建设的基石。从大学的运行来看，大学治理主要包括大学与政府、社会等外部自治实体之间的权益划分，以及大学内部行政管理人员、教师、学生和学校之间的权责关系。所谓大学治理结构就是给定大学利益相关者关系框架的一套制度安排，目标是实现管理效率的最优化。各个利益相关者的利益诉求是大学治理必须重点考虑和权衡的问题，“一个有效的大学治理结构，应该根据利益相关者组织属性并区分战略利益相关者和一般利益相关者，将决策控制权按照实际需要，合理地分布于不同的治理主体手里，并使不同主体之间产生权力依赖和制约关系。”❶

学生是大学中的主要成员，其利益与大学紧密相关，是大学无可置疑的重要利益相关者，或者说是战略利益相关者。他们理应在大学治理结构中占据一席之地，拥有一定程度的控制权和决策权。参与大学事务的管理，尤其是与其切身利益相关事务的管理是大学生这种权力主体地位和作用得以实现的前提。作为高等教育质量保障的主要利益主体，学生的参与是实现高等教育质量保障主体多元化，扭转单一主体局面，建立“共治体系”，充分利用各利益相关者的资源，提高高等教育质量保障有效性的重要途径，也是构建有效的大学治理结构的内在要求，是现代大学制度建设的重要一隅。

3.3.2　学生参与高等教育质量保障的可行性

在论及学生参与高等教育质量保障时，合法性、合理性是其前提，同时也还要考虑其现实可行性。学生参与高等教育质量保障的可行性主要取决于三个主要方面：一是学生是否具有参与的意愿和能力。二是学生是否具备民主管理的环境。三是学生是否有相应的制度和组织保障。从我国目前大学生的基本素质和高等学校管理的总体情况来看，这几个方面的条件都已具备，大学生参与高等教育质量保障在实践中具有可行性。

1. 大学生自主意识和基本素质的提高

从大学生自身来看，制约大学生参与高等教育质量保障的一个重要因素是他们的参与意愿、动机和参与能力。意愿和动机是大学生参与高等教育质量保障的前提条件，具体表现为参与的积极性、主动性和自觉性。而能力则是大学生参与高等教育质量保障的素质保证，有了意愿、动机，还要具备一定的能力和基本素质，才能实现真正的参与。

与中小学生相比，大学生的自主意识有明显的提高。大学生正处于主体性发展的高级阶段，其主体性已基本成熟，渐趋理性化，主要表现在他们对自身的主体地位、主体价值有自觉的认识，有能力成为自己行为的主人，能够对自

❶ 龚怡祖．大学治理结构：现代大学制度的基石［J］．教育研究．2009（6）：24.

己的行动做出选择和决定。这种明确的自主意识在实践活动中可以支配他们的行为，使他们对自己的地位、角色、责任和义务有清楚正确的认识，自主控制和调节行为，并帮助树立整体大局意识、参与意识、责任意识和创新意识。在自主意识的支配下，大学生能够充分认识到教育质量对学校生存发展、对自己个人教育收益的重要影响，从而自觉、主动地投身于高等教育质量保障活动。

从年龄上来看，大学生大多已属于成人，在生理和心理上都趋于成熟，已经具备参与高等教育质量保障所需要的批判性思维能力、民主参与的能力，以及自主创新的能力。并且，大学生经过多年的学校教育，具有良好的文化基础，他们眼界开阔，思维活跃，精力充沛，渴望得到公众的认可，希望有更多的社会实践机会。因此，不论是从参与意愿、动机上来讲，还是从能力、素质上来讲，大学生都已具备参与高等教育质量保障的条件。如果组织引导得当的话，他们完全可以成为高等教育质量可靠的管理者、监督者和评价者。

2. 大学管理日趋民主化，权力结构日渐均衡

大学自产生之初就有着民主管理的传统，不论是以博洛尼亚大学为代表的“学生大学”，还是以巴黎大学为代表的“先生大学”都是高等学校民主管理的先驱和典范。民主管理是学术自由、学术自治大学理念的内在规定性，不仅有利于理顺各种利益关系，而且有利于调动各方积极性，促进大学办学目标的实现。当前各国的高等教育管理体制改革无一不体现了民主管理的趋势，从大学治理理论的提出到现代大学制度的建设，都将民主管理作为大学管理体制改革的重点。大学民主管理的趋势日益明显，教师、学生、社会中介组织、企事业单位、民间团体等越来越多地参与大学的管理事务。因此，就大学生参与高等教育质量保障而言，已经具备了民主管理的氛围和大环境，学生参与是高等学校民主管理的大势所趋。

行政权力、学术权力和学生权力是大学内部的“三元”权力构成。从这三种权力结构的演化来看，出现了权力结构日益均衡化的趋势，以往行政权力泛化、学术权力式微、学生权力缺失的现象开始有所扭转，学术权力和学生权力日益受到重视，尤其是学生作为大学权力主体的地位和作用得到了广泛认可，学生权力也被看作是大学权力结构的重要一级。这为学生参与高等教育质量保障，实现其对高等教育质量的价值诉求，奠定了基础。学生参与高等教育质量保障因为有了权力的依托，在实践中进一步增进了其实现的可能性。

3. 学生参与高校管理的制度在逐步健全

学生参与高等学校管理自 20 世纪 60 年代以来开始逐步走上了制度化的道

路，各国尤其是西方发达国家纷纷以法律的形式确定和保障学生参与学校管理的权力。例如，“七十年代中期，有的国家（比利时 1974 年、意大利 1974 年、法国 1975 年）第一次通过了旨在确保教育管理民主化和保证教师、学生及其家长和其他社会各界通过专门性机构广泛参与学校管理的法律文件”。[1] 到 20 世纪 70 年代末，欧洲大部分国家几乎都颁布了有关学生参与学校管理的法律。

除了通过法律来确保学生参与学校管理的权力之外，一些国家还逐渐形成了较为完善的学生参与学校管理的组织架构。通过在学校董事会和校务委员会等管理机构中广泛吸收学生的参与，以及通过各种形式的学生组织和学生团体来实现大学生对学校管理的广泛参与。根据美国高等学校董事会联合会的调查，在四年制大学中，40% 的董事会中学生代表拥有表决权，但他们一般只在学生事务委员会、学术事务委员会、基建和土地管理委员会中拥有表决权。[2] 此外，学生组织是学生参与学校管理的重要形式，许多国家还通过建立名目繁多的学生组织，确保了学生能有效地参与学校的管理。

从我国的情况来看，学生参与高等学校管理也正在逐步走上制度化的道路。1995 年和 1998 年相继颁布的《中华人民共和国教育法》和《中华人民共和国高等教育法》虽然没有对学生参与高校管理的权利做出明确的规定，但是在一些内容上已经有所涉及。而 2005 年 9 月教育部颁布了新的《普通高等学校学生管理规定》，对学生参与高校管理做出了明确、具体的规定，“学校应当建立和完善学生参与民主管理的组织形式，支持和保障学生依法参与学校民主管理”，“学生在校期间依法参加学校教育教学计划安排的各项活动”。新规定的实施意味着学生参与高校管理的制度化进程正在逐步加速，学生参与高校管理的权利已经在法律、法规上得到认可和确认。制度和法制的健全是一个渐进的过程。近年来，政府对高校管理自主权的下放、高校内部治理结构的调整，以及对学生权益的日益重视都证明了学生参与高校管理的制度正在一步步完善，这为学生参与高等教育质量保障提供了日益坚实的制度保障。

---

[1] 刘振天. 欧美发达国家教育管理体制中的社会参与［J］. 比较教育研究，1996（3）：10.

[2] 刘宝存. 美国公立高等学校董事会制度评析［J］. 高教探索，2002（1）：68－69.

第4章　国外学生参与高等教育质量保障的政策与途径

近年来，随着学生作为高等教育重要利益相关者地位的确立，尤其是博洛尼亚进程“学生参与”政策的推动，许多国家都出台了有关学生参与质量保障的法规和政策，并通过多种途径和形式积极促进学生在高等教育质量保障中的有效参与。本章拟就各国学生参与质量保障的政策法规、途径、形式进行全面分析，以对国外学生参与高等教育质量保障的现状有一个较为全面的了解和把握。

4.1　国外学生参与高等教育质量保障的政策

随着世界高等教育的快速发展以及各国高等教育规模的持续扩大，高等教育质量问题日益凸显，并越来越复杂化。虽然自20世纪80年代以来许多国家相继建立了质量保障体系，但效力依然有限，如何更好地确保高等学校的教育质量仍是各国在不断探索的问题。同时，高等教育成本分担制度的实施以及高等学校经费结构的变化，使得高等教育利益相关者的权益和作用日渐被重视，利益相关者治理成为一些国家高校内部治理的一个重要原则。学生作为高等教育系统中人数最多的利益相关者和高等教育的“消费者”，在高等教育质量保障中的地位和作用日渐受到关注。在此背景下，为了提升高等教育质量保障的效力，吸纳更多的力量对高等教育质量进行全方位、多环节的保障，近年来许多国家尤其是参与博洛尼亚进程的欧洲国家，都非常重视学生在质量保障活动中的参与，纷纷将学生纳入高等教育质量保障体系，并通过立法和政策的形式将学生参与作为一项制度确定下来。

4.1.1　国外学生参与高等教育质量保障的政策背景

欧洲学生参与高等教育管理具有悠久的历史，最早可以溯源到大学诞生之初的中世纪大学。然而，明确提出将学生纳入高等教育质量保障体系，并以法规和政策的形式予以保障却是 21 世纪以来的事情。在利益相关者治理理论、“多元价值”教育评价思想，以及博洛尼亚进程“学生参与”政策的影响和推动下，许多国家都出台了学生参与质量保障的政策。

4.1.1.1　国际社会对大学利益相关者治理的广泛关注

高等教育成本分担制度的实施使其利益相关者的权益和作用日渐受到重视，并引起了国际社会对大学利益相关者治理的广泛关注。1998 年世界高等教育大会《宣言》指出，“当今这个日新月异的世界上，高等教育显然需要有以学生为中心的新的视角和新的模式”；同年，联合国教科文组织指出：“加强高等教育的重大改革和发展、提高质量及增强其针对性所面临的挑战，不仅需要政府和高等院校，而且需要所有利益相关者，如学生及其家庭、教师、工商界、公共和私营经济部门、地区、专业协会等的积极参与。”2003 年，世界经济合作与发展组织也指出：“质量应由利益相关者决定，而不仅仅是高等教育部门。”大学是一种典型的利益相关者组织，学生作为高等教育系统中人数最多的利益相关者和高等教育的“消费者”，在高等教育质量保障中应发挥其应有的地位和作用。欧洲国家的学生参与质量保障政策正是基于这种认同。

4.1.1.2　教育评价的“多元价值”与评价范式的转变

近年来，西方教育评价理论界开始日益重视教育评价的多元价值取向，出现了一种以“多元价值”“共同建构”“全面参与”为关键词的新的发展趋势。1989 年美国教育评价专家库巴（Egon G. Guba）和林肯（Yvonna S. Lincoln）提出，教育评价的发展历程可以划分为三个阶段：“测量时代”“描述时代”和“判断时代”，并认为这三个时期的教育评价都存在以评价者的价值观作为评价的唯一标准，忽视评价中的价值差异问题。[1] 因此，他们在反思、批判传

---

[1] Egon G. Guba, Yvonna S. Lincoln. Fourth generation evaluation [M]. Newbury Park: Sage Publications, 1989.

统评价理论的基础上提出了“第四代评价理论”。该理论从建构主义出发，指出评价的核心是价值判断，应体现个人需要的多元取向，尤其要重视利益相关者的价值观，强调利益相关者参与其中的重要性。该理论一经提出即在世界教育评价领域产生巨大震动，并获得广泛认同。在其影响下，教育评价的价值、技术、模式也发生了相应的转变，不再局限于一元价值和单一主体，更加强调评价价值和主体的多元化。由于高等教育质量保障很大程度上是建构在教育评价的基础之上，因此教育评价范式的这种转变，也促使高等教育质量保障出现了主体多元化的发展趋势。

4.1.1.3 博洛尼亚进程“学生参与”政策的推动

质量保障是博洛尼亚进程的核心要素。自1999年博洛尼亚进程开启以来，历次教育部长会议都对“学生参与”进行了强调。2003年柏林会议首次直接提出了学生参与质量保障，并指出，“学生是高等教育治理的全面合作伙伴”，“要把质量保障体系的建立放在优先地位，要将学生纳入国家质量保障体系”。[1] 2005年卑尔根会议呼吁“在质量保障中要进一步促进学生的参与”。[2] 2007年伦敦会议重申了利益相关者参与对博洛尼亚进程成功的重要性，并指出，“学生是博洛尼亚进程实施的合作伙伴”。2009年鲁汶会议提出，“高等教育政策与制度方面的改革将继续坚持欧洲大学自治、学术自由、社会平等的理念，同时也需要学生和教师的广泛参与”。[3] 2010年布达佩斯会议对“博洛尼亚进程”的十年进程进行了总结评估，并提出，“我们承诺在欧洲高等教育区的实施和进一步发展中更加有效地吸纳教师和学生。我们全力支持教师和学生参与欧洲、国家和院校层面的决策制定机构”。[4] 之后，2012年在布加勒斯部

---

[1] Realising the European Higher Education Area ［R］. Berlin：Communiqué of the Conference of Ministers for Higher Education，2003：2.

[2] The European Higher Education Area—Achieving the Goals ［R］. Bergen：Communiqué of the Conference of European Ministers Responsible for Higher Education，2005：3.

[3] The Bologna Process 2020—The European Higher Education Area in the new decade ［R］. Leuven and Louvain – la – Neuve：Communiqué of the Conference of European Ministers Responsible for Higher Education，2009：1.

[4] Budapest – Vienna. Declaration on the European Higher Education Area ［EB/OL］. ［2019 – 08 – 06］. http：//www. ond. vlaanderen. be/hogeronderwijs/Bologna/2010_conference/documents/Budapest – Vienna_Declaration. pdf.

长会议上，各国部长再次强调支持学生和教师在各个层面参与高等教育治理。❶ 2015 年在亚美尼亚首都埃里温举办的教育部长会议上，部长们提出“与其他利益相关者一样，学生将作为学术共同体的正式成员积极参与课程设计和质量保障”。这是对 2003 年提出的“学生参与质量保障”政策的重要强化，并保证了在接下来几年中，学生将继续在欧洲高等教育区（EHEA）的质量保障活动中发挥重要作用。❷

从以上一系列会议和公报有关“学生参与”的规定可以看出，博洛尼亚进程有关学生参与的政策是连续性的和逐步推进的，从“高等教育共同体的正式成员”到“高等教育治理的全面合作伙伴”再到“博洛尼亚进程的合作伙伴”，一步步将学生推向了欧洲高等教育改革的中心。根据这些对学生地位和角色的界定，学生在学术共同体及其治理、在欧洲高等教育区的建设，以及在高等教育质量保障中的参与，既是一种权利也是一种责任。博洛尼亚进程是一项超越民族国家的在整个欧洲范围内的教育改革运动，其政策的覆盖面和辐射力涉及了欧洲四十多个国家，在其“学生参与”政策的指导下，欧洲的学生正在日益成为欧洲高等教育改革进程的平等的合作伙伴，以及质量保障的重要参与者。

4.1.2　国外学生参与高等教育质量保障的相关政策

4.1.2.1　英国的学生参与政策

1. 赋权给学习者。英国高等教育质量保证署（QAA）是负责教育质量评估的政府机构。该机构每年都要对全英上百所高校做严格的审核，审核结果是对高校教育质量的权威评价。在 2003—2005 年战略计划中，QAA 提出了一个赋权给学习者的声明：“学生有权享受反映国家期望的、达到公开规定的学位标准，并在学生学习的所有方面都能对其予以公平、公正对待的高等教育，

❶ Bucharest Communiqué. Making the Most of Our Potential：Consolidating the European Higher Education Are [EB/OL]. [2019 - 08 - 06]. http：//www. ehea. info/Upload/document/ministerial_declarations/Bucharest_Communique_2012_610673. pdf.

❷ ESU. Comparative study on students involvement in quality assurance [EB/OL]. [2019 - 08 - 06]. https：//www. esu - online. org/wp - content/uploads/2019/01/2016 - 01 - 27 - Deliverable2_1 - v2 - en - 2. pdf.

QAA 重视学生在学术标准和质量保障中的参与。”❶ QAA 认为学生在保障学术标准，以及质量管理的持续改进中有重要的利益关系，并表示：“我们相信，英国高等教育的一个重要特点就是，学生是自己教育的积极参与者，并且他们应该和能够直接参与高等学校的质量保障与提升活动。”❷ 在 2011—2014 年战略计划中，QAA 对学生的赋权进行了重申，并进一步提出：“在质量保障中学生是我们的合作伙伴，他们不仅是自己学习的专家，也是有关治理、政策和实践议题的专家。我们力图将其专家意见应用于我们工作的所有方面。”❸ 在最新的 2017—2020 年战略计划中，QAA 将“合作”作为其五项行动价值之一，并提出“与学生和学生组织合作，以促进学生参与和提升学生求学体验”。❹

2. 制定具体的学生参与目标和措施。QAA 针对学生参与质量保障制定了四个目标：一是为学生提供有关质量和学术标准的更加清晰的信息；二是与高校、学生、高等教育基金委员会等建立伙伴关系，以促进学生在质量保障与提升中的参与；三是与高校一起共同发挥学生在高等学校质量管理中的作用；四是支持学生在 QAA 质量保障与提升过程中的更多参与。❺ 为了这些目标的达成，QAA 还制定了具体的行动措施。例如，为了促进学生在 QAA 工作中的参与，QAA 表示要：一是鼓励学生在 QAA 工作，以及在建立和推进学术框架中的更多直接参与；二是走向直接将学生纳入所有院校层面的评估；三是给予学生在 QAA 理事会和委员会层面的发言权；四是与专业的、法定的监管机构合作，以促进和交流好的学生参与实践。❻ 从这些目标和举措来看，QAA 已经将学生参与高等教育质量保障的详细议程纳入其集体执行计划之中。

---

❶ QAA. QAA Strategic plan 2003 - 2005：report on achievements [EB/OL]. [2019 - 08 - 06]. https：//www. qaa. ac. uk/aboutus/strategicPlan/2003/final Report/2003 - 5report. pdf.

❷ QAA. QAA approaches to student engagement [EB/OL]. [2019 - 08 - 06]. http：//www. qaa. ac. uk/students/student Engagement/student Engagement. pdf.

❸ QAA. Strategy 2011 - 2014 [EB/OL]. [2019 - 08 - 06]. http：//www. qaa. ac. uk/About Us/strategy11 - 14/Pages/default. aspx.

❹ QAA. Strategy 2017 - 2020 [EB/OL]. [2019 - 08 - 06]. https：//www. qaa. ac. uk/docs/qaa/news/qaa - strategy - 2017 - 20. pdf? sfvrsn = 746ef681_10.

❺ QAA. QAA approaches to student engagement [EB/OL]. [2019 - 08 - 06]. http：//www. qaa. ac. uk/students/student Engagement/student Engagement. pdf.

❻ QAA. Strategic Plan 2006 - 2011 [EB/OL]. [2019 - 08 - 06]. http：//www. qaa. ac. uk/aboutus/strategicPlan/2006/Strategicplan06 - 11. pdf.

4.1.2.2　德国的学生参与政策

1. 建立高等教育质量评估和认证制度，吸纳学生参与评估和认证机构。在“独立”和“卓越”理念的倡导下，德国高等教育一直对外部的质量评估和认证不太重视。然而，20 世纪 90 年代中期以来德国高等教育出现的公共教育经费短缺和教育质量不尽如人意的问题引起了政府和公众的关注，对高等学校的评估和认证也开始相继出现。1998 年，德国联邦政府对《高等教育框架法》进行了第四次修订，目标之一就是建立对高等学校绩效的评估制度。此后，该法案又于 2005 年做了新一轮修订，其中第 6 款明确提出：“高等学校在研究与教学、在促进科学后备人才以及促进男女平等等方面的工作应定期评估。大学生应参与教学质量评估，评估结果应公布于众。”❶同样是在 1998 年，德国各州文教部长例行会议（KMK）决议建立高等教育质量认证体系。根据规定，每个认证机构都要有 1 名学生代表参加。❷ 2004 年 KMK 通过了一项建立认证基金会的法案，并对认证委员会的成员做了明确规定，要求包括 4 名来自国家层面的代表、4 名州的代表、5 名专业人士、2 名学生和 2 名具有认证经验的国际代表。❸ 此后，2009 年发布的《学程认证和系统认证条例》与《认证委员会院校认证条例》也规定：认证机构要任命一个专家小组，作为规则，专家小组成员要包括学生、专业人士等相关利益群体。❹

2. 建立独立的学生组织，确保学生的有效参与。德国对学生参与的立法和政策支持不仅止于国家层面，各州的高等教育法规也都明确规定了学生作为高等学校治理机构成员的参与权利。并且，大部分州都成立了一个法律保障的

---

❶ Framework act for higher education [EB/OL]. [2019 - 08 - 06]. http://bmbf.de/pubRD/hrg_20050126_e.pdf.

❷ EHEA. Bologna Process National Reports 2007 - 2009: Germany [EB/OL]. [2019 - 08 - 06]. http://www.ond.vlaanderen.be/hogeronderwijs/bologna/links/National - reports - 2009/National_Report_Germany_2009.pdf.

❸ Foundation Law: Establishment of a Foundation for the Accreditation of Study Courses in Germany [EB/OL]. [2019 - 08 - 06]. http://www.akkreditierungsrat.de/fileadmin/Seiteninhalte/Stiftung/recht.Grundlagen/Foundation_Law.pdf.

❹ Rules for the Accreditation of Study Programmes and for System Accreditation [EB/OL]. [2019 - 08 - 06]. http://www.akkreditierungsrat.de/fileadmin/Seiteninhalte/Beschluesse_AR/englisch/2009_12_Rules_Study_Programmes_System_Accreditation.pdf. Rules of the Accreditation Council for the Accreditation of Agencies [EB/OL]. [2019 - 08 - 06]. http://www.akkreditierungsrat.de/fileadmin/Seiteninhalte/Beschluesse_AR/englisch/2009_12_Rules_Agencies.pdf.

学生组织，这些组织采用准公共实体的形式，具有独立的经费和不依赖于学校管理系统的机构。在国家层面，则由德国学生联盟总局（FZS）代表学生的利益，它是一个由86个学生组织组成的自愿团体，代表了德国大约120万学生。为了促进学生参与认证体系，FZS在认证委员会的支持下与各学科和各州的学生代表一起建立了一个“学生认证小组”，为学生提供参与认证过程的机会。[1]该小组定期为其成员提供培训，目的是向评审专家小组和认证委员会输送合格的学生成员。

4.1.2.3 法国的学生参与政策

1. 扩大高等学校的自治权，将学生纳入学校的最高管理机构。法国高等教育具有中央集权的传统，高等教育质量曾经一度由国家负责保障。然而，自20世纪60年代，尤其是进入21世纪以来，大学迈向自治的步伐越来越大，三次重要的立法不仅一步步扩大了高等学校的自治权，也将学生纳入了学校内部管理体系。1968年法国教育部推出的《高等教育方向指导法》确定了大学自治、参与和多学科的原则。[2]之后，法国政府又于1984年发布了《高等教育法》。该法案对1968年法案的基本原则进行了重申，规定在大学内设置校务委员会、科学审议会和教学与大学生活委员会，并对学生在这些委员会中的代表席位做了明确规定。其中，在校务委员会中学生代表的席位占20%～25%，在科学审议会中占7.5%～12.5%，在教学与大学生活委员会中学生与教学科研人员占有同等的席位。[3]这三个机构是法国大学的最高管理机构，也是大学内部质量保障体系的最高决策层，因而，学生派代表参加这几个机构可以有效行使其管理权力，对学校内部的质量保障施加影响。此外，2007年通过的《综合大学自由与责任法》强调校长和校务委员会在大学的核心地位，并将校务委员会人数由30～60人缩减到20～30人，规定其成员应包括8～14名学生代表。[4]法国通过立法的形式规定学生在高校决策管理机构中的席位，为学生参与高校管理提供了法律依据。事实上，法国大学生作为大学内部各种委员会

---

[1] EHEA. Bologna Process National Reports 2005－2007：Germany［EB/OL］.［2019－08－06］. http：//www.ehea.info/Uploads/Documents/National_Report_Germany 2007.pdf.

[2] 王晓晖. 20世纪法国高等教育发展回眸［J］. 高等教育研究，2000（2）：91.

[3] EHEA. Bologna Process National Reports 2004－2005：France［EB/OL］.［2019－08－06］. http：//www.ehea.info/Uploads/Documents/National_Report_France_2005.pdf.

[4] 胡佳，严同辉. 2007年法国综合大学改革述评［J］. 高等教育研究，2008（3）：96.

的成员，充分参与了高校的决策制定。并且，近年来由一名学生担任副主任的大学生学习与生活委员会（CEVU）进一步加强了学生在高校运行中的参与。❶

2. 吸纳学生参与国家质量保障机构。与中央集权的高等教育管理体制相适应，法国采用的是“国家控制型”质量保障模式，设有国家层面的高等教育质量评估机构，早在 1984 年法国就建立了专门负责对高等学校进行外部质量评估的国家机构——国家大学评估委员会（CNE）。自 2004 年以来该委员会越来越多地将学生纳入院校评估之中，在其 30% 的院校评估中都有学生的参与。❷ 2006 年法国成立研究与高等教育评估署（AERES），整合 CNE 和其他一些评估机构的职能，负责对法国高等学校和研究机构进行评估。同样，AERES 在其评估程序中也规定，在对院校进行评估时专家委员会由 6 ~ 10 人组成，其中要包括一名学生代表。❸ 2013 年，法国又成立研究与高等教育评估高等委员会（HCERES），取代了 AERES。HCERES 由 30 名委员组成，由法令任命，任期四年，包括 17 名教师、工程师、研究员代表，9 名法国和外国知名人士代表，1 名国民议会议员，1 名参议院议员，以及 2 名由学生联盟推荐的学生代表。❹

4.1.2.4　意大利的学生参与政策

1. 保障学生的参与权利，将学生纳入高等教育管理的最高决策机构。在意大利，学生参与高等学校管理的权利是受到法律保障的，不少法令都对高等教育决策管理机构的学生成员数做了明确规定。大学与研究部（MIUR）是意大利负责高等教育管理的国家机构，也是负责统筹规划和审查各类高等教育质量评估和认证工作的最高决策机构。它的主要实体与咨询组织包括全国大学委员会（CUN）、国家评估署（ANVUR），以及全国大学生委员会（CNSU）。这三个机构都参与对高等学校的质量评估和认证，并且都包括相当数量的学生代

---

❶ EHEA. National Report regarding the Bologna Process implementation 2009 - 2012：France［EB/OL］.［2019 - 08 - 06］. http：//www.ehea.info/media.ehea.info/file/France/71/7/National_Report_France_2012_566717.pdf.

❷ EHEA. Bologna Process National Reports 2005 - 2007：France［EB/OL］.［2019 - 08 - 06］. http：//www.ehea.info/Uploads/Documents/National_Report_France2007.pdf.

❸ AERES. Selection of the AERES experts［EB/OL］.［2019 - 08 - 06］. http：//www.aeres - evaluation.com/Publications/Evaluation - methodology/General - reference - documents.

❹ 汪小会，孙伟，俞洪亮. 法国高校的国家评估及对我国的启示［J］. 上海评估研究，2016（6）：37 - 41.

表。其中，CNSU 是根据 1997 年的 L59 和 491 这两部法令建立的全国大学生代表组织，而 CUN 成员近一半都是学生代表。1997 年颁布的 278 号法令规定，CUN 的 14 名成员中必须包括由 CNSU 选举的 5 名学生代表。之后 2006 年颁布的第 18 号法令对 CUN 的人员构成和权限作了调整，将其学生代表人数从 5 人增至 8 人。❶

2. 建立两级高等教育评估体制，实现学生在内外部质量保障中的全面参与。意大利的高等教育质量保障体系由两级评估机制构成，即在国家层面建立中央一级的评估机构，在院校层面建立大学内部评估机构。为了使学生全面参与质量保障，意大利将学生纳入了这两个层面的质量评估机构。2007 年之前意大利在国家层面有两个负责高等教育质量评估的机构：全国大学评估委员会（CNVSU）和科研评估指导委员会（CIVR），在这两个机构中都没有学生代表。然而，2006 年意大利建立了一个新的评估机构——全国高等教育与研究评价局（ANVUR），以代替 CNVSU 和 CIVR 的职能建立一个一元评估结构。大学与研究部表示将在该机构中纳入学生代表。❷ 并且，全国大学生委员会也被赋予了在高等教育系统外部评估中的一个制度化角色。在院校层面，1993 年意大利颁布的 537 号法令规定在各大学内部建立评估小组（Nuclei di Valutazione - NVs），学生代表是该评估小组的成员，参与评估小组在大学开展的内部评估活动。❸

4.1.2.5 北欧国家的学生参与政策

1. 赋予学生参与高校民主管理的权力

北欧国家的大学具有民主管理的传统，在其相关教育法规中几乎都对学生参与高校民主管理做了赋权。根据芬兰的《大学法》和《技术学院法》，“学生要参与高校的管理，大学和技术学院的理事会、评议会等管理机构中应有学

---

❶ EHEA. Bologna Process National Reports 2005 - 2007: Italy [EB/OL]. [2019 - 08 - 06]. http://www.ehea.info/Uploads/Documents/National_Report_Italy2007.pdf.

❷ EHEA. Bologna Process National Reports 2007 - 2009: Italy [EB/OL]. [2019 - 08 - 06]. http://www.ehea.info/Uploads/Documents/National_Report_Italy_2009.pdf.

❸ EHEA. National Report regarding the Bologna Process implementation 2009 - 2012: Italy [EB/OL]. [2019 - 08 - 06]. http://www.ehea.info/Upload/document/members/italy/National_Report_Italy_2012_567842.pdf.

生代表参加”。[1]挪威的《高等教育法》（Act of Higher Edcuation）和《大学与大学院法》（The Act onUniversities and University Colleges）都对学生参与高等教育管理的权力进行了强调，要求高等学校的理事会中必须包括 2 名学生代表。2005 年，挪威国会通过了一部新的《高等教育法》（The Higher Education Act）。该法案提出“学生代表在所有大学决策机构中应至少占 20% 的席位，如果按此比例算下来学生代表不超过一名时，学生有权要求再增加一名学生代表”。[2]瑞典的《高等教育法》也规定，“学生有权对高等教育施加影响，高等学校应致力于使学生在课程和学习项目的持续发展中发挥积极作用”，“高等学校的教师和学生有权派代表参加学校的管理理事会”。此外，在瑞典《高等教育条例》中，对学生参与做了进一步规定，“学生有权派代表参加高校所有的决策制定和咨询机构，这对教育和学生的境遇是重要的”。[3]

2. 赋予学生参与教育质量保障的权力

北欧五国是学生参与的典范，大多国家都对学生参与高等教育质量保障的权力给予了立法保障。例如，丹麦现行的《大学法》规定，“学生有权利和责任在教师 - 学生委员会中参与各种评估”。[4]芬兰的《大学法》和《技术学院法》规定，“各高校对自己的教育质量负责并开展外部评估，学生应参与评估”。[5]瑞典的《高等教育法》指出“质量努力是高校教师和学生的共同责

---

[1] EHEA. Bologna Process National Reports 2007 – 2009：Finland［EB/OL］.［2019 – 08 – 06］. http：//www. ehea. info/Upload/Document/members/finland/National_Report_Finland_2009_566649. pdf.

[2] EHEA. National Report regarding the Bologna Process implementation 2009 – 2012：Norway［EB/OL］.［2019 – 08 – 06］. http：//www. ehea. info/media. ehea. info/file/Norway/85/5/National_Report_Norway_2012_571855. pdf.

[3] Swedish Council for Higher Education. Higher Education Ordinance（1993：100）［EB/OL］.［1019 – 08 – 06］. https：//www. uhr. se/en/start/laws – and – regulations/Laws – and – regulations/The – Higher – Education – Ordinance/.

[4] W. Froestad，P. Bakken. Student involvement in quality assessments of higher education in the Nordic Countries［EB/OL］.［2019 – 08 – 06］. http：//www. nokut. no/Documents/NOQA/Reports/Student%20Involvement%20in%20Quality%20Assessments%20of%20Higher%20Education%20in%20the%20Nordic%20Countries. pdf.

[5] W. Froestad，P. Bakken. Student involvement in quality assessments of higher education in the Nordic Countries.［EB/OL］.［2019 – 08 – 06］. http：//www. nokut. no/Documents/NOQA/Reports/Student%20Involvement%20in%20Quality%20Assessments%20of%20Higher%20Education%20in%20the%20Nordic%20Countries. pdf.

任”，“所有高校都必须开展学生对课程的评价”。❶此外冰岛的《高等学校法》（第63/2006号法令）也提出，“学生和其他利益相关者要参与高等教育机构的管理”，并进一步规定“学生必须作为正式成员参加所有层面的质量保障活动”。❷

3. 规定学生在外部质量保障机构中的席位

2007年，丹麦建立了全国高等教育认证体系（ACE），替代和改进了以前的高等教育质量保障体系。根据法令，新成立的认证委员会由8名成员组成，其中有一名成员是学生代表。芬兰高等教育评估委员会（FINHEEC）是负责对芬兰所有高校的质量保障体系进行定期审查的国家质量保障机构。根据规定该委员会由12名教育部任命的成员组成，包括4名大学代表、4名技术学院代表、2名学生代表和2名雇主代表。在所有的评估小组或不同的工作小组中，例如评估项目规划小组，该委员会代表都要作为正式成员参加。❸挪威《高等教育法》规定，“挪威教育质量保证署（NOKUT）由理事会管理，理事会应由国王任命并由8名成员构成，其中1名成员应当是学生”，并且“在NOKUT任命的评估专家小组中，必须要有1名学生成员”。❹冰岛虽然没有独立的国家质量保障机构，但是根据《高等教育法》，“教育、科学和文化部可以授权委员会、高校、公司或其他相关机构开展教学和科研的外部评估。外部评估的实施应委托独立的代理机构。评估程序应有国内和国外的专家的参与，以及学生的参与”。❺

4. 规定学生在高校内部质量保障组织中的席位

丹麦评估研究所（EVA）规定，自评是评估项目中不可缺少的一部分，

---

❶ Swedish Council for Higher Education. The Swedish Higher Education Act [EB/OL]. [2019 - 08 - 06]. https://www.uhr.se/en/start/laws-and-regulations/Laws-and-regulations/The-Swedish-Higher-Education-Act/.

❷ EHEA. Bologna Process National Reports 2005 - 2007: Iceland [EB/OL]. [2019 - 08 - 06]. http://www.ehea.info/Upload/document/members/iceland/National_Report_Iceland_2007_567743.pdf.

❸ EHEA. National Report regarding the Bologna Process implementation 2009 - 2012: Finland [EB/OL]. [2019 - 08 - 06]. http://ehea.info/media.ehea.info/file/Finland/65/4/National_Report_Finland_2012_566654.pdf.

❹ EHEA. National Report regarding the Bologna Process implementation 2009 - 2012: Norway [EB/OL]. [2019 - 08 - 06]. http://www.ehea.info/media.ehea.info/file/Norway/85/5/National_Report_Norway_2012_571855.pdf.

❺ EHEA. Bologna Process National Reports 2007 - 2009: Iceland [EB/OL]. [2019 - 08 - 06]. http://www.ehea.info/media.ehea.info/file/Iceland/74/5/National_Report_Iceland_2009_567745.pdf.

学生必须参与自评过程。芬兰高等教育评估委员会（FINHEEC）对高校的质量保障体系提出了7个审计目标，其中第4个目标是："教职员工、学生和质量保障外部利益相关者的参与"。各高校要通过审计的话，这7个审计目标中任何一项都不能缺失。❶ 这条规定有效确保了学生在内部质量保障中的参与。冰岛1999年颁布了有关大学教学质量控制的法规，对高等学校的内外部评估程序作了详尽的规定。该法规提出，在院校内部评估中，学生可以参与课程评估；在外部评估中，学生要成为高校自评小组的成员。❷

4.1.3 国外学生参与政策的主要特点及成效

国外的学生参与政策都是基于本国高等教育管理体制和质量保障体系制定的，虽然在内容和策略上各有侧重，但是都具有以下几个共同特点：

1. 以立法的形式保障学生的参与权。从欧洲国家的学生参与政策来看，各国几乎都颁布了有关授权学生参与高等教育管理和质量保障的法律法规，以法律的"强制力"来确保学生在质量保障中的参与。这主要是由于在高等教育管理权力结构中，学生处于相对弱势地位，容易受政府教育部门、学校行政管理人员、教师等权力的挤压而处于"失语"状态。立法是一种有强制执行力的手段，也是保护学生权力的有效方法，尤其是学生权力在高等教育权力结构中处于弱势地位的情况下，这种强制性手段显得尤为必要和迫切。欧洲国家通过立法的方式有效保障了学生的参与权，使学生参与成为质量保障不可绕开的重要一环。这不仅是欧洲国家学生参与政策的一个重要特点，也是其成功经验所在。

2. 将学生纳入教育管理与质量保障机构，使学生参与制度化。欧洲国家不仅对学生参与权给予了保障，还纷纷将学生纳入教育管理机构和质量保障机构，为学生参与提供了多种制度框架内的路径和方法。教育管理机构包括各级教育行政机构和高校内部管理机构，它们分别在高等教育外部和内部质量保障

---

❶ EHEA. Bologna Process National Reports 2005－2007：Finland［EB/OL］.［2019－08－06］. http：//www.ehea.info/Upload/document/members/finland/National_Report_Finland_2007_566649.pdf.

❷ W. Froestad，P. Bakken. Student involvement in Quality Assessments of Higher Education in the Nordic Countries［EB/OL］.［2019－08－06］. http：//www.nokut.no/Documents/NOQA/Reports/Student%20Involvement%20in%20Quality%20Assessments%20of%20Higher%20Education%20in%20the%20Nordic%20Countries.pdf.

中发挥着统筹指导作用。而质量保障机构则是质量保障活动的组织、实施机构，负责各项评估和认证活动的策划、组织和鉴定。这两类机构都是高等教育质量管理的决策机构，也是常设机构，学生只有在这些机构中占据一席之地，才能在质量保障活动中真正实现充分、有效的决策参与。因而，欧洲国家将学生纳入高等教育管理和质量保障机构的做法，大大推进了学生在质量保障中的参与，并使学生参与作为质量保障的一项长期制度确立下来。

3. 重视学生在质量保障各个层面的参与。高等教育质量保障根据其评估主体和范围的不同可以划分为两个层面：由国家发起的外部质量保障和高校自己开展的内部质量保障。其中，学生在外部质量保障中的参与主要包括参与国家质量保障系统的治理、参与院校外部评估、参与外部评估专家小组，在内部质量保障中的参与主要指参加院校内部的质量评估和自评报告的准备。从欧洲国家的学生参与政策来看，各国对这两个层面的学生参与都非常重视，通过将学生纳入国家层面的高等教育管理机构、高等教育质量保障机构，以及外部评估专家小组使学生全面参与外部质量保障活动，通过吸纳学生参与高等学校的最高决策机构和质量管理机构实现学生在内部质量保障中的充分参与。

在各国学生参与政策的推动下，国外学生参与高等教育质量保障的程度有了显著提高，学生参与的机制也日臻成熟。根据 2018 年欧洲学生联盟（The European Students' Union，ESU）对欧洲高等教育区成员国的国家学生联盟（National Union of students，NUS）的调查结果，参与调查的 38 个国家学生联盟中有 37 个表示学生参与了内部质量保障，并且有 60% 表示是高校内部评估机构的正式成员；79% 表示学生被纳入了外部质量保障程序，其中有 71% 是外部评审小组的正式成员。[1] 另外，许多欧洲国家的实践也证明了，在评估机构中的学生成员能给整个评估工作带来很大的增益，可以从学生的视角评定学校的教育质量，使评估机构对学生的质量观点给予更多的关注。

4.2 学生参与高等教育质量保障的途径

学生参与高等教育质量保障有多种实现途径，根据其在高等教育质量保障

---

[1] ESU. Bologna with student eyes 2018［EB/OL］.［2019 - 08 - 07］. http：//www. ehea. info/media. ehea. info/file/2018_Paris/06/0/BWSE - 2018_web_lowres_952060. pdf.

活动中的合法性，可以将其分为制度性参与和非制度性参与。其中，制度性参与是学生参与高等教育质量保障的主要途径，是指学生在制度规定下正式参与高等教育质量保障的机制内的参与活动，其参与的原则、方法和程序等已得到相关机构或组织的认可，是一种在现有质量保障体系框架内的参与活动。所谓非制度性参与则是学生在现有质量保障体系框架之外的参与活动，是一种溢出现有规范和制度的参与。制度性参与是学生参与高等教育质量保障的主要途径，也是本书主要讨论的学生参与途径。因参与的形式不同，学生的制度性参与又可以进一步分为制度性直接参与和制度性间接参与。这两种参与途径互为补充，共同确保了学生在高等教育质量保障各个层面和领域的广泛充分参与。

4.2.1　制度性直接参与

根据学生参与质量保障的不同作用机制，可以将学生参与高等教育质量保障的途径分为制度性直接参与和制度性间接参与。其中，制度性直接参与主要是指学生按照相关制度规定的原则、方法和程序直接参与高等教育质量保障的一种方式。就参与的效力而言，制度性直接参与是学生参与高等教育质量保障的最有效、最直接的路径，也是博洛尼亚进程成员国“学生参与”政策的主要着力点。从学生在高等教育质量保障中的制度性直接参与途径来看，主要包括：参与各级质量保障机构、参与外部评估或认证小组、参与高校内部的决策机构、口头反馈质量信息、提交书面质量报告或意见书。

4.2.1.1　参与质量保障机构

质量保障机构是质量保障政策的执行机构，也是质量保障活动的组织和实施机构，在高等教育质量保障活动中发挥着重要的作用，负责质量标准和指标的制定、评估计划的拟订、评估专家的遴选与培训、评估的组织实施，以及评估报告的发布等。同时，质量保障机构还是质量保障活动的最高决策机构，只有在质量保障机构中占据一席之地，学生才能在质量保障活动中真正实现决策参与，并且学生参与对质量保障机构的管理也是其在高等教育质量保障中实现决策参与的一个重要标志。目前，许多国家和地区、高等学校，甚至一些国际组织中都设有专门的质量保障机构，学生派代表参与这些质量保障机构的委员会或理事会是其参与质量保障的一条重要的制度性直接参与途径。

2015 年欧洲学生联盟（European Students’ Union，ESU）对欧洲高等教育

区成员国的38个国家学生联盟进行了调查，发现大部分欧洲高等教育区的成员国都建立了国家层面的质量保障机构，只有白俄罗斯、保加利亚、拉脱维亚和卢森堡四个国家没有质量保障机构，其余34个国家学生联盟均反映所在国家已建立了质量保障机构。这34个国家学生联盟中，有28个表示在质量保障机构的治理中发挥了积极作用，还有6个国家学生联盟表示没有参与质量保障机构的治理。另外，在这28个发挥积极作用的国家学生联盟中，又有22个表示学生在质量保障机构的治理或决策机构中担任正式成员，11个表示是咨询机构的成员，还有5个表示在评估/认证项目的规划中发挥作用。❶ 2018年欧洲学生联盟的调查发现，除了白俄罗斯和乌克兰之外，其他欧洲高等教育区的成员国都建立了质量保障机构，有70%的国家学生联盟表示学生参与了所在国家质量保障机构的治理。❷

德国认证委员会（German Accreditation Council，GAC）成立于1998年，是德国国家层面的质量保障机构，其主要任务是保障和提升德国高等学校的教育质量，以及德国教育在德国和海外的声誉。该委员会的成员由4名高等教育代表、4名各州代表、5名专业人士、2名学生代表和2名国际成员构成。并且，德国教育部门还规定，作为开展认证活动的一项原则，每个认证机构都至少要有1名学生代表参加。❸ 在此原则的指导下，德国学生渗透到了认证系统的各个层面。

芬兰高等教育评估委员会（FINHEEC）是负责高等教育质量保障的主要机构，建立于1996年，主要通过评估和认证来促进高等学校质量的提高。该委员会是一个具有独立性的专家组织，由教育部任命的12名专家代表组成，其中5名大学代表、3名技术学院代表、2名贸易工业界代表和2名学生代表。学生代表作为平等成员参与对FINHEEC活动的规划，以及它的决策程序。以学生对FINHEEC未来项目规划的影响为例，在芬兰多科技术学院学生联盟的

❶ ESU. Bologna with student eyes 2015 [EB/OL]. [2019-08-07]. http://www.ehea.info/media.ehea.info/file/ESU/32/8/Bologna-With-Student-Eyes_2015_565328.pdf.

❷ ESU. Bologna with student eyes 2018 [EB/OL]. [2019-08-07]. http://www.ehea.info/media.ehea.info/file/2018_Paris/06/0/BWSE-2018_web_lowres_952060.pdf.

❸ EHEA. Bologna Process National Reports 2007-2009: Germany [EB/OL]. [2019-08-07]. http://www.ond.vlaanderen.be/hogeronderwijs/bologna/links/National-reports-2009/National_Report_Germany_2009.pdf.

发起下，推出了一个评估学生在高等学校中参与指导和咨询情况的项目。[1] 此外，FINHEEC 秘书处也与两个全国性学生组织建立了良好的正式与非正式合作关系。

在丹麦，几乎所有高等学校的管理机构中都有学生代表参加。不过，大多数学生代表及其影响主要是在课程层面，而不是在大学理事会层面或院系层面。丹麦评估研究所（EVA）是官方的质量保障机构，隶属于丹麦教育部，负责对包括高等教育在内的整个教育体系进行评估，其中包括对高等学校的认证。评估研究所理事会负责制订每年的评估计划，该理事会中虽然没有学生代表参加，但是学生可以通过他们在评估研究所代表委员会（EVA's Committee of Representatives）的代表提出评估项目。丹麦代表委员会，包括学生代表，可以对 EVA 的年度行动计划进行评述，然而却没有决策制定权。

挪威高等教育质量评估和质量保障工作在 2002 年之前主要由挪威网络委员会（Network Norway Council）负责。该机构是教育部的高等教育咨询机构，除了负责开展各种形式的高校评估之外，还具有向教育部提出建议和提供政策咨询的职能。挪威网络委员会设有一定的学生代表席位，学生可以通过在委员会中的学生代表影响委员会的决策制定和评估计划的拟订。例如，该委员会要定期为下一年的评估活动制订计划方案，而学生代表则有权对评估计划进行提议或否决。2002 年挪威教育质量保证局（The Norwegian Agency for Quality Assurance in Education，NOKUT）成立，其目的旨在通过对质量保障体系的评估、对院校、课程的评估和认证来监督、提高挪威的高等教育质量。学生在该机构的理事会中占据了 1/5 的席位。但是学生会员只有发表意见的权利，却没有表决权。该理事会负责决定所有的评估规则和战略、外部专家组的遴选标准以及给专家组指令的基本原则。

智利国家认证委员会（National Commission for Accreditation，CNAP）成立于 1998 年，负责所有的政策制定和决策，包括认证程序的设计、院校认证，以及质量保障机构的认证、注册和监督。该委员会由 14 名教育部长任命的成员，以及 1 名负责统筹和管理认证过程的技术人员组成。其中，学生组织要根据法律规定的标准指派 2 名学生作为委员会成员。所有委员会成员的任期都为

---

[1] W. Froestad，P. Bakken. Student involvement in quality assessments of higher education in the Nordic Countries [EB/OL]. [2019 - 08 - 07]. http://www.nokut.no/Documents/NOQA/Reports/Student%20Involvement%20in%20Quality%20Assessments%20of%20Higher%20Education%20in%20the%20Nordic%20Countries.pdf.

四年，不论其任职机构或职位的改变。[1]

除了参与国家层面的质量保障机构外，学生还是一些国际质量保障机构的成员。例如，欧洲高等教育质量保障注册局（European Quality Assurance Register，EQAR）不仅包括高等学校的代表、社会人士、政府代表，而且还包括了学生代表。[2]《欧洲高等教育区质量保障标准和准则》（European Standards and Guidelines for Quality Assurance，ESG）和欧洲高等教育质量保障联合会（European Association for Quality Assurance in Higher Education，ENQA）《成员机构国家评审指南》提出，对质量保障机构进行审查的评估小组应该有一名学生成员，并且在 ENQA 的协调评审中也要有一名学生代表参加，这名学生代表应由欧洲学生联盟（ESU）提名。

4.2.1.2 参与评估专家小组

在许多国家的高等教育质量保障体系中，不论是对高等学校的外部评估/认证活动，还是高等学校内部的质量评审活动，通常在启动之前都要成立一个评估专家小组，负责对高等学校、专业或各个院系的教育质量进行评估和审查。评估专家小组的成员一般由质量保障机构直接任命，主要包括一些资深的学者、相关学科领域的专家、评估专家等，其具体职责包括对自评报告和相关文件的审阅、实地考察、评估报告的起草和评估结论的判定等。随着学生参与高等教育质量保障的逐步推进，越来越多的国家和高校将学生纳入评估专家小组，并将其视为正式成员。由于评估专家小组是具体实施各项质量保障活动的组织，因此，学生能否成为评估专家小组成员，直接影响着他们在质量保障活动中的切实、有效参与。

在 2005 年博洛尼亚进程第三次部长级会议——卑尔根会议上通过的《欧洲高等教育区质量保障标准和准则》（ESG）对学生在外部评估专家组中的参与做了明确规定：外部质量保障机构的保障程序应包括由专家组开展的外部评估和由保障机构决定的实地考察，专家组成员应视情况包括一个或几个学生成

[1] Michaela Martin，Antony Stella. External quality assurance in higher education：making choices. UNESCO：International Institute for Educational Planning，Paris，2007：84 - 85.

[2] ESIB，Berlin Declaration [EB/OL]. [2019 - 08 - 07]. http：//www. diplomatie. gouv. fr/fr/IMG/pdf/Berlin_Declaration. pdf.

员。[1] 此外，2015年新修订的《欧洲高等教育区质量保障标准和准则》（ESG）也强调了“学生成为同行评议专家组成员的要求”。欧洲高等教育质量保障联合会（ENQA）在2006年对其成员机构进行了调查，将近有一半机构表明，学生参与了开展实地评估的评估/认证小组。[2] 根据欧洲学生联盟发布的《学生眼中的博洛尼亚进程2015》报告，在38个被调查的国家学生联盟中，有34个表示所在国家的外部质量保障程序中有学生参与，且其中有29个表示学生以正式成员的身份参与外部评估小组，而立陶宛、联合王国和亚美尼亚这三个国家的学生还有可能担任外部评估小组的评审主席或秘书。另外，《学生眼中的博洛尼亚进程2018》也显示，有79%的国家学生联盟表示学生被纳入了外部质量保障，其中又有71%表示学生是外部评估小组的正式成员。

德国高等教育质量保障体系由认证和评估工作组成，其中认证主要由1998年成立的德国认证委员会（GAC）负责。该委员会并不直接对高校的专业进行认证，而是制定认证标准和批准各认证机构，直接认证某些认证机构，由后者判定具体高校的新设学士和硕士学位的质量，以此来调控对德国高校新学位制学科资质的审核评定，规范高校的学位体制。[3] 2005年该委员会更名为德国高校专业认证基金会，并规定在认证过程中，认证机构组建的专家组除了高校代表和专业代表外，还要求有学生代表的参加。[4]

芬兰和挪威都是博洛尼亚进程的成员国，在外部评估小组中都较好地吸收了学生成员的参与。从其成功经验来看，一个关键因素是学生在学校和学院层面的参与。例如，NOKUT专家组中的学生通常都具有在学校不同层面的管理机构担任理事会成员的广泛经验，因此他们对质量保障程序、准则和术语都已经非常熟悉。此外，NOKUT还设有一个所有评估小组成员（包括学生、学术人员和其他人士）都要参加的联合研讨会，以便对他们进行相关的培训。NOKUT认为，所有评估小组成员一起对评估委员会的工作进行集体准备是重要的。此外，苏格兰质量保证署（QAA Scotland）也在学生培训项目上积累了很多经验，使学生能够更好地胜任评审专家小组成员的角色。

---

[1] ENQA. Standards and Guidelines for Quality Assurance in the European Higher Education Area [EB/OL]. [2019-08-07]. http://www.bologna-bergen2005.no/Docs/00-Main_doc/050221_ENQA_report.pdf.

[2] ESIB. Bologna with student eyes 2007 [EB/OL]. [2019-08-07]. http://www.ond.vlaanderen.be/hogeronderwijs/bologna/documents/Bolognastudenteyes2007.pdf.

[3] 宋健飞，孙瑜．德国高校学制改革综述［J］．高等教育研究，2007（2）：103-109.

[4] 孙传春．博洛尼亚进程中的欧洲高等教育政策调整［D］．上海：上海交通大学，2008：60.

当然，作为一群羽翼尚未丰满、经验尚不丰富、知识结构有待健全的学生，与那些年长的、资深的专家一起并肩共事，对高等学校的教育质量进行评估、认证和审查，不可避免会受到多方的质疑。有批评指出："学生可能不具有作为专家委员会正式成员所需的足够的学术经验或对组织的洞察力。在一些情况下，学生可能对一个机构的组织构架缺乏充分的理解。"❶ 然而，许多国家的实践也证明了，在评审小组中的学生成员能够给整个评估工作带来很大的增益：使评估小组对学生的质量观点给予更多的关注；可以从学生的视角评定学校的自评报告；学生是教育教学过程的主要参与者，他们的观点不能被其他任何专业人士所取代；评估小组中的学生成员可以提升实地评估期间与学生的访谈效果；可以增加评估小组对被评学校学生所下结论的合理性；实现与其他小组专家成员的能力互补；使评估更加全面等。

4.2.1.3　参与高校内部的决策机构

西方国家的高等学校具有民主管理的传统，在管理机构，甚至最高决策层中通常都有学生代表的参加，一些国家甚至还以立法的形式来确保学生在学校管理决策机构中的参与。例如，德国大学的内部领导体制是委员会制，其中校务委员会是学校的最高权力机构，其成员包括经选举产生的教授、助教、职员和学生代表。英国高校的最高权力机构、最高行政管理机构是董事会，"根据法律规定，英国校董会都必须由地方教育当局代表、学生、家长代表与教师代表参加",❷ 学生可以通过校董会行使各项管理权力。美国高校内部的最高权力机构也是董事会，通常也设有一定的学生代表席位。美国伊利诺斯大学董事会的 12 名董事中，州长为当然董事，9 名董事在全州范围内由州民选举产生，另外两名为学生董事。❸ 根据欧洲学生联盟的调查，大部分欧洲高等教育区成员国的高等学校在其内部最高管理层中都有学生代表参加。❹ 并且，在 2018 年的调查中还发现，参与调查的 38 个国家学生联盟中有 15 个表示学生占高等学校决策机构 20% 以上的席位。作为高等学校最高管理机构和决策机构的正式

---

❶ Hannna Alaniska etc. Student involvement in the processes of quality assurance [EB/OL]. [2019 - 08 - 07]. http://www.enqa.eu/files/Student%20involvement.pdf.

❷ 金含芬. 学校教育管理系统分析 [M]. 西安：陕西人民教育出版社，1993：204.

❸ 刘恬. 欧美发达国家大学生参与学校管理初探 [D]. 广州：华南师范大学，2003：25.

❹ ESIB. Bologna with student eyes 2007 [EB/OL]. [2019 - 08 - 07]. http://www.ond.vlaanderen.be/hogeronderwijs/bologna/documents/Bolognastudenteyes2007.pdf.

成员，学生代表有权出席各种校务会议，参与学校各项事务的商议和决定，当然也包括质量保障事宜。

质量保障属于高等学校管理的范畴，也是高校决策管理机构的一项重要工作职能。通过选派学生代表参加学校决策管理机构，学生可以直接就教育质量问题发表意见或建议，从而对学校内外部的质量保障活动施加影响。以外部质量保障过程中的院校自评为例，在欧洲一些国家的院校评估中，学生往往通过两种途径对学校自评施加影响：一是通过学校决策机构中的学生代表参与自评过程，挪威和瑞典采用的就是这种方式；二是让学校指导小组承担自评的责任，由于这些指导小组中通常都有学生代表参加，因而确保了学生影响自评过程的可能性，挪威的院校评估、丹麦、冰岛都是这种情况。[1] 除外部质量保障活动之外，学生通过在学校决策机构中的学生代表也能深入高校内部质量保障活动之中，参与程度甚至比外部质量保障更加广泛和深入。学校决策机构在高校内部具有很大的权限和执行力，管辖范围涉及学校运行的方方面面。因此，在高等学校的内部质量保障活动中，从质量保障体系的构建、院系和专业评估的策划、评估标准的制定，到评估结果的反馈和应用等各个环节都有决策机构的介入和管理。学生参与学校决策机构能确保他们在内部质量保障中实现有意义的参与。由此可见，参与学校内部决策机构是学生在内外部质量保障中实现有效参与的现实路径。

4.2.1.4　口头反馈质量信息

学生是学校各项教育活动的接受者，对于学校教育教学的情况最了解，也最有发言权。近年来，国外的高等教育质量保障活动，不论是外部的院校、专业评估和认证，还是校内的评估和检查，都有一个与学生交流听取意见的环节。评估小组的专家们通过座谈会、访谈、小组讨论等多种形式听取学生对学校教学的意见、建议，以及他们对学习和生活的切身体验。同时，学生也可以利用这个机会直接向评估人员口头反馈质量信息，表达对学校教育的期望和要求。

在外部质量评估/认证过程中，通常都有一个专家小组进校实地考察的程

[1] W. Froestad, P. Bakken. Student involvement in quality assessments of higher education in the Nordic Countries. [EB/OL]. [2019－08－07]. http://www.nokut.no/Documents/NOQA/Reports/Student%20Involvement%20in%20Quality%20Assessments%20of%20Higher%20Education%20in%20the%20Nordic%20Countries.pdf.

序，目的是使评估人员能够对学校自评报告中的陈述进行核实、收集学校或专业教育质量的一手信息，以便在此基础上对被评院校或专业的质量形成一个集体意见。实地考察通常都是在评估专家与学校领导、教师和学生的对话与合作中推进的。在实地考察期间，评估小组主要通过以下几个途径对自评报告中的信息进行验证和增补：（1）通过相关文件和资料的审查，对自评报告中的陈述进行验证、核实；（2）通过与学校领导、教学科研人员及其他教职员工、学生和雇主代表的会谈；（3）通过收集教育供给、教学方法和教材、毕业论文，考评和学习生活环境的一手资料。与学生的会谈是实地考察的一个重要环节，通常安排在与学校领导、学院领导及教师和其他教职员工的会谈之后。在一些院校评估中，国际评估小组甚至以学生会谈作为评估的开始。

为了保证学生能够如实地反馈学校教育质量的信息，评估专家小组与学生的会谈通常都是单独组织。在一些情况下，教师可以以“沉默听众”的身份留下来，但通常这也是不允许的，因为这有可能妨碍学生畅所欲言地表达他们的意见和观点。此外，评估专家小组中的学生成员在会谈中扮演着重要角色，是与学生会谈的主要提问者。在芬兰的一项评估中，评估专家小组的学生成员甚至充当了学生座谈会的主席。这有助于拉近评估专家小组与学生之间的距离，使学生与评估人员轻松交流。当参与会谈的学生意识到其同伴在评估专家小组中的地位和受重视程度时，他们的紧张情绪很快就会消除。

学生在会谈中的口头反馈是评估人员获取被评学校教育质量一手信息的重要渠道，使评估人员能够听到“学生的声音”，其反馈信息直接影响着评估人员最终的评估结论。因此，向评估人员口头反馈质量信息是学生表达利益诉求、直接介入高等教育质量保障的一条有效途径。

4.2.1.5 提交书面的报告或意见书

除了以上提及的几种学生在制度框架之内直接参与质量保障的途径之外，还有一条有效的学生参与途径——直接向外部质量保障机构提交有关学校教育质量状况和自身学习体验的报告书或意见书。这种参与途径能够将学生的意见、看法和感受系统完整地呈献给相关部门，作为了解和评判学校教育质量的重要依据，同时高等学校也能够从中了解学生对学校教育教学的感知。

在英国的院校审查过程中，学生和学生代表都要求参与学校自评材料的准备。其中，在苏格兰地区，高等学校在评审人员进校实地考察之前要向其提交一份反思性分析报告（Reflective Analysis），而被评学校的学生代表组织要和学校一起参与这份反思性分析报告的撰写。更有甚之，在英格兰、威尔士和北爱尔兰地区，学生代表不只是参与自评报告的撰写，而是要求单独起草一份学生意见书（Student Written Submission，SWS），并和学校的自评报告一起提交给外部评审小组，作为评估的重要材料。❶

从这些反思性分析报告和学生意见书中获取的“学生声音”是外部评审小组对被评院校教育质量做出判断的重要信息，“学生的声音”为评审人员提供了有关学生体验的有价值的洞悉。QAA 在 2006 年向高等教育基金委员会提交的一份年度报告中提到：“评估小组认可学生参与院校审查过程的价值和重要性。”❷ 2005 年英国高等教育基金委员会（HEFCE）在一份质量保障框架评估报告中也指出，“在院校审查中的学生参与是十分成功和有价值的，应该继续对其进行促进和支持”。❸ 可见，这种学生参与质量保障的途径在实践中得到了广泛认可。在英格兰、威尔士和北爱尔兰，学生意见书被证实是一种成功地使学生代表组织积极参与院校审查的方法，甚至超越了实地考察期间评审人员亲自与学生小组的会谈。将学生意见书纳入院校评审，意味着高校的所有学生都有机会参与外部质量保障。这种学生参与途径也被认为是最有效地吸纳学生意见的一种方法。

4.2.1.6　学生评教

学生评教，即学生对教师或课程进行评价，是学生对其任课教师及课程教学的有效性进行的一种价值判断。作为高等学校内部质量保障的一个有效手段，学生评教是学生参与高等教育质量保障的一个重要途径。

学生评教肇始于 20 世纪初的美国，进入 80 年代后，随着高等教育质量保障运动的兴起，各国对高等教育质量给予了日益广泛的关注，自此学生评教作为一种高等学校的内部质量保障手段开始在越来越多的国家得到日益广泛的运用和推广。据调查，日本开展“学生评教”的大学 1992 年为 38 所（占当年大学总数的 7.3%），1995 年为 222 所（占 38.5%），1998 年为 334 所（占

---

❶ Hannna Alaniska etc. Student involvement in the processes of quality assurance [EB/OL]. [2019－08－07]. http://www.enqa.eu/files/Student%20involvement.pdf.

❷ QAA. Annual QAA report to the Higher Education Funding Council for England，2006 [EB/OL]. [2019－08－07]. www.qaa.ac.uk/aboutus/AnnualReports/default.asp.

❸ HEFCE. Review of the Quality Assurance Framework：Phase one outcomes [EB/OL]. [2019－08－07]. www.hefce.ac.uk.

55.2%），2002年为574所（占83.7%），2005年为633所（占91%）。[1] 可见，学生评教发展态势之迅猛。目前，学生评教凭借其便捷、经济、有效等优势，已经在世界许多国家的高等学校中被作为一项内部质量保障制度确定下来。例如，在意大利，对教师的评价是各大学内部评估小组（NVA）的一项任务，一方面学生代表作为NVA的成员直接参与对教师的评价，另一方面学生群体要通过填写问卷的方式对教师进行评价，问卷调查结果要在院校层面发布，并由NVA提交给国家评估署（ANVUR）。[2]

学生评教出现距今已经有近百年的历史，其目的也在不断演化，从最初的单纯以判定教师教学效果优劣，到改进教学、监控教学质量、为人事决策提供依据、帮助学生选择课程和促进教师的专业发展等集多种目的于一身。例如，斯坦福大学在学生评教政策中明确提出了三个主要目标：为教师提供教学在促进学生学习方面的有关信息，并帮助他们改进教学；为学生提供相关信息，帮助他们选择课程；为管理者提供总的课程质量信息，作为将来教师薪资设定、晋升和课程发展的依据。[3]

从“学生评教”对保障高等教育质量的作用机制来看，一方面，通过学生对教师和课程教学质量的评价使学校领导和管理人员能够了解学校教育教学的现状，哪些教师和课程的教学效果较好，哪些教学效果欠佳，需要帮扶和改进。并且通过将评价结果反馈给任课教师，使任课教师能够了解自己教学中的不足，从而有的放矢地改进教学。另一方面，将评价结果应用于教师的聘用、晋升、职称评审和薪资等人事决策和绩效评价，从而激励教师更多地重视、投入教学，尊重学生的质量诉求，提高教学效果。例如，在匹兹堡大学，教师的聘用、晋升、终身教授职位和工资的决策直接受到学生评价记录的影响。教师要取得终身教授职位的话，在本科教学方面必须要有令人满意的记录。在佐治亚大学，学生的评价分数在教学评估中占极大的比重，一个教授要想获得终身教授职位必须在教学或科研上拿到一个优秀，若想要在教学上拿到优秀，学生评价分数将起到至关重要的作用。

---

[1] 转引自李昕，田张霞. 国外“学生评教”的成功经验——以澳大利亚的CEQ和日本KUSFC的SFC-SFS为例［J］. 外国教育研究，2009（8）：56-59.

[2] EHEA. National Report regarding the Bologna Process implementation 2009-2012：Italy［EB/OL］.［2019-08-06］. http：//www.ehea.info/Upload/document/members/italy/National_Report_Italy_2012_567842.pdf.

[3] Stanford University. Policies on Student Evaluation of Teaching［EB/OL］.［2019-08-06］. http：//studentaffairs.stanford.edu/registrar/faculty/courseevalspolicies.

近年来，随着网络技术的迅速发展和普及，许多高校摒弃了纸质问卷调查的传统评价方式，开始采用网上在线评价的方法。这种评价技术上的改进，使得学生评教在质量保障中的优势更为凸显，不仅更加便捷、经济，而且信息反馈更为迅速，可以对教学质量进行实时监控，有效确保高等学校的教学质量。

作为学生参与高等学校内部教育质量保障的一种直接、有效的途径，学生评教的广泛实施是学生主体性的彰显，也是学生作为高等教育核心利益相关者的权利。学生作为学校教育的直接感受者，对教育质量最有发言权。通过学生评教，高等学校可以了解学校的整体教学状况，诊断质量问题，并有针对性地改进。

4.2.2　制度性间接参与

制度性间接参与是指学生通过参与其他一些制度框架之内的活动，间接向政府、高校或有关部门反馈高等教育质量信息，进而促进高等教育质量改进和提升的一种学生参与途径。制度性间接参与是对学生制度性直接参与的有益补充，也是学生参与高等教育质量保障的重要方式。满意度调查、学习经历调查、选课、选教师等都属于学生制度性间接参与的途径。

4.2.2.1　学生满意度调查

学生是高等教育公认的消费者，尤其是随着高等教育市场化浪潮和学生缴费上学制度的确立，学生的消费者地位和顾客身份日益凸显。高等学校能否满足学生的需求成为评价其教育质量高低的一项重要标准。大学生满意度调查在此背景下应运而生，目的在于从学生的视角考察高等教育满足主体需求的程度，其调查结果直接反映了学生对学校及其教育服务的感知判断。目前，各种形式的学生满意度调查已经在许多国家广泛开展，并被证明是学生间接参与高等教育质量保障的一种有效方式。

美国是最早开展大规模学生满意度调查的国家。在美国许多不同形式的学生满意度调查，其中最为突出、规模最大的是《全国大学生满意度调查》（National Student Satisfaction Study，NSSS）。该调查最早于 1994 年由 Noel - Levitz 公司开展，之后每年举行一次，调查工具采用的是《大学生满意度量表》（the Student Satisfaction Inventory TM）。调查目的主要是测评学生对大学各方面经历的重要性看法及各种期望的满意程度，并由此发现一些学生所关心的切实影响他们学术成就的关键因素。由于调查的范围广、覆盖面大、参与人数多，其调查结果在某种程度上代表了美国大学学生满意度的基本情况。如2017年度的调查报告涉及了970所高校的683000名学生，涵盖了四年制公立高校、四年制私立高校、两年制公立高校、两年制职业与私立高校、成人学习、在线学习，时间从2014—2015学年到2016—2017学年历时三年。[1] 该调查可以为政府、高校和公众提供学生视角的高等教育质量信息，帮助高校调整规划、改进教学和管理工作，并有助于政府和公众对高校进行问责，促进高校关照学生需求，提升教育质量。

英国大学生满意度调查最早始于1999年利莫瑞克大学（University of Limerick）在校内全面开展的学生满意度调查。此后，各大学纷纷效仿，开展满意度调查的院校日渐增多，规模不断扩大，满意度调查的影响也开始逐渐受到政府、教育界和各级各类高校的广泛重视。到2005年，开始出现了全国范围的大学生满意度调查（National Student Survey，NSS）。NSS与美国的全国大学生满意度调查不同，它是政府发起的，由英国高等教育拨款委员会（HEF-CE）负责组织实施。其调查对象主要是大学的应届本科毕业生，目的是通过收集学生对其课程质量的意见帮助潜在学生选择大学和课程、为高校改进学生求学体验提供数据支持、支持公众问责。调查结果在英国教育质量信息网上（Teaching Quality Information Website）公开发布，以此为大学自身研究及大学之间的横向比较提供依据。2019年，全英共有403所高等教育机构的330035名学生参与了满意度调查，有84%的学生对课程质量表示总体满意。[2] 除了参与NSS外，一些高校为了更有针对性地了解本校学生的满意状况，为学校的管理决策提供依据，还自己设计调查问卷组织学生参与满意度测评，例如英国的Kent大学和Limerick大学等近年来每年都组织校内的学生参与满意度测评。

不管是美国的学生满意度测评还是英国的学生满意度测评，都是高等教育市场化的产物。自20世纪末高等教育成本分担机制实施以来，欧美等国政府对高等教育的投资逐渐减少，学费在办学经费中的比例日渐上升，学生由此成

---

[1] Ruffalo Noel Levitz. 2017 National Student Satisfaction and Prikorities Report [EB/OL]. [2019 - 08 - 06]. https://learn. ruffalonl. com/rs/395 - EOG - 977/images/2017_National_Student_Satisfaction_Report_1. 0. pdf.

[2] Office for Students. National Student Survey - NSS [EB/OL]. [2019 - 08 - 06]. https://www. officeforstudents. org. uk/advice - and - guidance/student - information - and - data/national - student - survey - nss/.

为高等教育名副其实的“消费者”。提供“消费者”满意的教育也因此成为各个高校在竞争中求生存和发展的普遍策略。高等学校为了吸引生源、保持学生及校友捐赠、提高学校声誉，必须对学生“消费者”的满意度给予更多的关注，并与学生和社会公众保持良好的关系。此外，满意度调查也给政府和高等学校提供了一个从学生满意的角度系统地观测、保障教育质量的途径。高等教育质量保障不再只是政府和高校自上而下的行为，学生完全可以成为高等教育质量的监护者。

4.2.2.2　大学生学习经历调查

从不同的视角出发，对教育质量可以有不同的评价标准和评价方式。现行的高等教育质量评价，如美国的院校认证、英国的院校审核、挪威和芬兰等国的外部质量评估，都强调以既定的标准和评价指标作为参照系来进行评价。这是一种自上而下的符合标准的评估，只能证明高等学校是否拥有的“丰富的资源”，包括丰富的图书馆藏、良好的教学设施、丰硕的科研成果、较多的专业、一定数量的杰出毕业生等，却无法验证教学的真实效果。然而，高等教育质量就其本义而言应该是指对学生的培养质量，即学生在其整个学习过程中的习得——所知、所能及其态度。学生在认知、技能、态度等方面的收益是衡量高等教育质量的核心标准。[1] 因此，如果从学生的视角出发，高等教育质量评价应该关注的是大学是如何影响学生发展的。大学生学习经历调查正是这样一种从学生的真实学习体验出发来考察高等学校教学效果的评价方式。自 20 世纪 90 年代以来，美国、澳大利亚等国相继开展了各种形式的学生学习经历调查，并取得了良好的效果。

美国自 2000 年开始实行全国学生学习投入调查（National Survey of Student Engagement，NSSE）。这是一种以学生为主体的新的评价范式，调查对象为学士学位授予高校的大一新生和高年级学生，主要通过“学生参与程度”与“高校如何吸引学生更好地参与”来评价学生的学习效度和高等学校的质量。大学生学习投入情况可以反映大学教育质量的两个重要特征：一是学生在学习和其他教育活动上投入的时间和精力。二是高校的资源、课程和其他学习机会是如何促进学生参与学习相关活动。该调查自从在全美正式推行以来，其影响力逐步上升，参加者不断递增，目前已成为美国同类调查中规范最大、范围最

[1] 陈玉琨. 高等教育质量保障体系概论［M］. 北京：北京师范大学出版社，2004：59.

广、资讯最丰富的一项调查。截至目前，美国和加拿大有 1600 多所四年制大学参与了 NSSE 的调查，其中 2018 年就有 511 所高校参与了调查。[1] 从调查结果的应用来看，在调查结束之后 NSSE 要向参与调查的高校提交一份调查报告，其中不仅包括了该校的调查情况，同时还包括了其他同类院校的平均分和所有参与高校的平均分。这使参与高校能获悉自己在竞争中所处的位置，寻找不足，有的放矢地改进。同时，高校还可以根据调查结果，对各院系、各专业学生的学习状况有一个整体的了解和比照，对教学质量进行有效的监控。

在澳大利亚，影响较大的学生学习经历调查是“课程学习经历问卷调查”（Course Experience Questionnaire，CEQ），该调查每年在全国开展一次，主要以毕业生为调查对象，目的旨在通过收集和分析毕业生教育及学习经历的相关数据资料，为高校的教学质量提高、学生选择学校、高校完善自身管理提供相关信息，实现社会对高校的问责。其调查结果不仅是衡量高等学校教学质量的重要依据，也是高校教学质量改善成效的重要指标。[2] CEQ 是大学质量保障机构（QUQA）强化高等教育质量监控的一个重要手段，同时也是提高教学的一个重要工具，目前已在澳大利亚各级各类高校中推广实施。

学生作为高等教育的重要利益相关者，在高等教育质量保障中的地位和作用已经得到广泛认可。他们在学校期间的学习经历正在成为评价高等学校教育质量的一个重要依据和标准。作为一种新的评价范式，大学生学习经历调查真正从学生的学习体验和高校的教学能力出发来评价高等学校的教育质量，为评价高等教育质量提供了新的视角，同时也为学生参与高等教育质量保障提供了一种新的路径。

4.2.2.3 择校、选课、选教师

高等教育成本分担和缴费上学制度的确立使学生越来越多地被看作是高等教育的“消费者”，具有选择自己满意教育的权利。然而，学生的选择直接关系到学费的流向，以及政府拨款的流向，因此，通过经济和资源的杠杆，学生的选择间接地成为一股保障高等教育质量的力量。正如伯顿·克拉克所说的：“消费者掌握着平衡杠杆，而计划者却没有；消费者不仅可以选择进入哪所院

---

[1] NSSE. Annual Results 2018 [EB/OL]. [2019-08-06]. http://nsse.indiana.edu/NSSE_2018_Results/pdf/NSSE_2018_Annual_Results.pdf#page=4.

[2] 鲍威. 学生眼中的高等院校教学质量——高校学生教学评估的分析 [J]. 现代大学教育，2007 (4): 16-22.

校，而且可以随意退出，从一所院校转到另一所院校。由于存在着如此广泛的入学选择权和以后的退学权、转学权，因此，各学院和大学的生存，或者依赖于满足用户的需要，或者依赖于以自己大学的优秀质量来吸引用户。”❶

美国是一个崇尚自由和竞争的国家，学生在选择学校时具有很大的自由空间，正如人们所说的“选票在学生的脚上”。从 1944 年的美国《退伍军人权利法》中就可窥豹一斑，该法案规定，符合条件的退伍军人有权接受联邦政府提供的教育资助，并有权选择一所得到批准的教育机构接受教育或训练，或复习或在训练，联邦政府向军人所选择的教育或训练机构支付学费。学生自主选择学校带来的直接影响是，高等学校为了吸引更多的生源，进而从政府手中获取更多的经费，竞相提高教育质量。因此，这种自由择校的权利不仅使学生能够选择合适的学校，同时也通过“市场”的调节，在高等教育系统中形成竞争的氛围，促进高等学校竞相提高教育质量。

除了择校之外，西方国家的大学生在选择教师和课程上也同样具有很大的自由权。例如，在美国、德国、英国等国的大学中选课制十分盛行，学生可以根据自己的喜好选择课程、教师，构建自己的课程体系。许多大学在一个学期结束之前，就为学生提供下学期的课程目录，供学生选择任课教师和课程。一些大学为了帮助学生更好地选课，甚至还实行试听制度，即在一学期开学的前两周让学生试听课程，如果学生觉得不合适可另选课程。学生这种充分自由的选择权，对于高等学校的教师来说，犹如一股沉重的压力。为了避免无人选课，甚至因此丢工作，教师必须在教学中投入更多的精力，精心设计课程，提高教学效率。

市场是一只看不见的手，哪儿有市场哪儿就有竞争，以竞争来提升质量是市场经济体制的独门秘笈。学生对学校、专业、教师和课程的自由选择在高等学校之间以及高等学校内部营造了一种竞争的氛围，激励高等学校和教师更多地关注教学质量，通过提高教学质量来吸引学生，以求生存和发展。因此，通过择校、选课、选教师，学生间接保障了高等教育的质量。

4.2.3　非制度性参与

非制度性参与是学生在制度性框架之外参与高等教育质量保障中的另辟之

---

❶ 范德格拉夫. 学术权力——七国高等教育管理体制比较［M］. 王承绪译. 杭州：浙江教育出版社，2001：125.

径，指在不符合现有制度规定的质量保障相关活动中的参与，是一种不具备“合法性”的参与途径。非制度性参与往往是由于制度内的参与途径难以满足学生表达质量诉求的需要，从而导致学生以各种非常态的形式来表达利益诉求，以影响政府和高等学校质量保障政策的制定和实施。从学生在高等教育质量保障中的非制度性参与来看，主要表现为学生辩论、抗议或对抗活动、罢课、请愿行为、非理性的网络参与等。

与制度性参与途径相比，非制度性参与具有很大程度的随机性和不可预见性，因此有可能会对高等学校产生较大的冲击。一般来说，如果高等学校能够为学生提供畅通的利益诉求和意见表达渠道的话，学生一般不会、不愿采用这些非正规的，带有情绪宣泄性质的参与方式。然而，学生参与高等教育质量保障是近年来才开始在一些国家倡导和实践的，由于历时不长，这些国家在学生参与制度上还存在很多不完善的地方。并且，目前还有许多国家没有对学生参与给予足够的重视，未将学生纳入高等教育质量保障体系。学生是高等教育的主要服务对象，高等教育质量的优劣直接影响到他们所接受的教育的质量、知识、能力的养成，甚至将来的就业前景。他们对高等教育投入了大量的学费和人生中最宝贵的时间，希望能从中获取预期的收益。因此，当高等学校提供的教育不能满足他们的需求，在主观利益的驱使下，他们会寻找各种途径向高等学校或相关教育部门反映教育质量问题、寻求改进办法。这时如果缺乏畅通的利益表达渠道，或者通过正常的渠道效力过低时，在无法通过正常渠道解决矛盾的情况下，势必导致他们寻求制度外部的利益表达空间。

当然，学生在高等教育质量保障中的参与，应该是一种广泛意义上的参与，除了制度性的参与途径之外，政府和高校也应当允许更多非制度性参与渠道的存在。非制度性参与并不一定都是不好的，通过正确的引导，完全可以成为制度性参与的有益补充。例如，萨拉热窝大学（Sarajevo University）就提出，应该实行学生非正式参与高等教育事务的机制，学生参与教育和认证工作的更广泛的机制应该包括，学生辩论、学生焦点团体（Student focus - groups），以及定期开展的调查。此外，印度罗耀拉学院（Loyola College）实行学校领导对学生的开放日制度；印度希瓦吉大学在大学校园里建立了在线学生反馈系统。这些都是拓宽学生非制度性参与渠道的好的实践。

在当今信息社会，各种利益表达的渠道非常多。高等学校可以通过开设校长信箱、校务长信箱，以及设定校长或教务长接待日等方式为学生开辟意见反馈和质量申诉的渠道，同时这也是学校领导深入了解学校教育教学状况的便捷途径。并且，通过现代网络技术，例如校园 BBS、一些校内网站，也可以为学生搭建一个相互交流、表达利益诉求、发泄不满的网络平台，使学生的正当利益诉求有处申张。虽然个人进行利益表达时有许多的局限性，非常零散，有时甚至带有情绪发泄的性质，但是通过一定的凝聚和提炼，各种分散的利益诉求可以逐步接近决策层面。

4.3　学生在制度框架内参与高等教育质量保障的典型案例

4.3.1　英国学生在高等教育质量保障中的制度性参与

1. 英国高等教育质量保障概况

英国学位不需要政府认证授予，都是由高等学校自己授予学位，并负责保持学位的标准和质量。大部分高校都要对其教学项目进行常规检查和定期审查，并采用一个外部评估体系来强化其内部质量保障程序，目的旨在保持其学位的标准和质量。外审的成员来自其他大学或相关行业的独立的学术专家。在与全国其他同类学位进行比较的基础上，他们向学校领导反映有关学校学位授予标准和质量的信息。由于高等学校要为自己授予的学位负责，因此，重点是高等学校自己对质量保障程序的管理。不过，通过外部的质量保障程序也可以对内部质量保障实行监督。

英国的高等教育质量保障主要指向以下目标：提高质量、为公众提供信息、确保最低质量标准、回应公众的问责、保护和提高英国高等教育的声誉。为此，高等学校要接受大量的外部质量保障，包括：

（1）对学位授予权及学校名称的规定。

（2）资助委员会对院校的监督，以及通过科研评估对科研质量进行评审。

（3）政府部门和公共机构的评审和监督。

（4）由专业和法定行业协会开展的学术质量评审，对大部分高校来说最重要的是接受英国高等教育质量保证署（QAA）的评审。

QAA 旨在通过制定好的高等教育资格标准，以及鼓励高等教育质量管理的持续改进来保护公众的利益。为了达到这个目标，QAA 采取了一系列行动，包括英格兰和北爱尔兰院校审查的同行评审、威尔士的院校评审，以及苏格兰的以质量提升为导向的院校评审（ELIR）。在英格兰和北爱尔兰，院校审查主要包括：

（1）QAA 的院校审查。

（2）合作教育项目审查，旨在对那些具有大型或复杂合作教育项目的高校的院校审查进行补充。

（3）通过教学质量信息（TQI）网站发布有关质量和标准的信息，该网站包含全国学生调查（NSS）的结果。

2. 学生在质量保障中的参与

在英格兰和北爱尔兰的院校审查、威尔士的院校评审和苏格兰的以质量提升为导向的院校评审中，学生和学生代表是这些评估活动的重要构成。所有评审方法都包括评审人员与学生小组或学生代表组织的会谈。此外，学生还通过提交书面意见书、参与全国学生调查和参与高校决策机构，在高等教育质量保障中实现较充分的参与。

（1）学生意见书

在外部质量评估开展现场考察之前，提供给评审人员的学校自评文件在苏格兰和英国其他地区之间是不同的。在苏格兰，学生代表组织要与学校一起准备反思性分析（RA），而英格兰、威尔士和北爱尔兰除了学校提交的自评报告之外，学生代表组织还受邀单独提交一份学生意见书（SWS）。学生可以要求对学生意见书保密，不过 QAA 鼓励学生代表组织和学校分享各自的报告。在一些情况下，学生意见书只不过是高等学校自评文件的附件而已，在学校自评文件中这几个地区的学生联盟所发挥的作用与苏格兰学生参与撰写反思性分析的模式相似。

另外，苏格兰和其他地区在自评方法上也有差异，在苏格兰的 ELIR 中，全国性的学生代表是 ELIR 评审小组中的正式成员。然而，在英格兰、威尔士和北爱尔兰，评审小组中却没有学生代表成员。

英格兰和北爱尔兰的院校审查，以及威尔士的院校评审，是对高等学校自我质量保障的一种监督。对高等学校教育质量的判定是在同行评议的基础之上。通过与学生和学生代表组织的会谈，以及学生提交的意见书，评估小组可以收集到各个学校的“学生的声音”。这些“学生的声音”是评估小组对学校教育质量做出判断时的重要信息。

英国最近对质量保障框架的评审报告显示，英格兰和北爱尔兰所使用的院校审查方法是与目的适切的。该报告还指出，学生参与院校审查具有很大价值，学生在院校评估中的持续参与可以促进高校更加关注保障和提升学生感知教育质量。该评审报告的“建议 8”提出：“学生参与院校评估是成功的和有价值的，应该继续促进和支持”“‘学生的声音’”为审查和评审人员提供有关学生感知的有价值的意见”“评估小组已认识到学生参与评估的价值和重要性”。

此外，这份年度报告还指出，“对于学生意见书的质量和用处，评估小组有各种不同的感受，所有人都赞同为学生提供反馈其学习体验的机会是重要的。考虑到学生作为消费者的概念，以及弹性学费政策的引入，一个主题变得越来越重要……一些参与者认为学生意见书作为院校审查的一部分尚未充分发挥其潜能。尽管该文件本义是想对学生学习体验给予有用的洞察，然而，它的有效性通常因证据基础是基于大量的事实而受到质疑”。

在英格兰、威尔士和北爱尔兰，学生意见书被证实是一种在评估过程中使学生代表组织积极参与的有效方法，甚至超过了实地评审期间评审人员与几组学生的会谈。将学生意见书纳入院校评审所提供的机会，意味着所有院校的所有学生代表组织都受邀参与外部质量保障。这种外部评估方法被认为最大可能地吸纳了学生的观点。

（2）全国学生调查

质量保障框架认为，向学生和其他利益相关者提供有关学校教育质量的公共信息是重要的。继 2002 年英国高等教育拨款委员会发布的“关于高等教育质量和标准的信息”报告之后，英国于 2004 年 9 月建立了教学质量信息（TQI）网站（www. tqi. ac. uk）。该网站汇集了英国大学高等教育质量官方信息的主要来源，并包括了“全国学生调查”的数据。该网站的设计是为了让潜在的学生、潜在学生的家长以及其他咨询者和利益相关者能够对不同院校的类似学科进行比较。信息包括院校背景、有关招生、学业进展和学位完成情况的信息以及对学术质量和标准的内部保障信息。这些信息由各个大学提供，并且下一轮 QAA 院校审查将对 TQI 所报道的“院校的完成度、准确性和坦诚性”予以正式考虑。

“全国学生调查”的结果对 TQI 网站上提供的院校信息给予了肯定。2005 年第一次开展“全国学生调查”时，对英格兰、威尔士和北爱尔兰的临近毕业的学生进行问卷调查，询问他们对所接受的教育质量的看法。将近有 170000 名学生对调查做了回复，回复率超过 60%，所有院校和学科组的调查数据都公之于众。之后开展的“全国学生调查”数据也都在网站上公开发布。

学生参与外部质量保障以成为英国国家质量框架中不可分割的一部分。另外，高等学校自己要对授予的学术学位和教育项目的质量与标准负责，这也是为什么学生作为内部质量保障的一部分是重要的。“高等学校已意识到使学生参与教学、学习和学习环境管理的重要性，以及对学生代表安排进行定期审查的必要性……评估报告发现各高校普遍认可学生代表是高等教育质量保障的一个重要组成部分，倾听和回应学生个体提出的或通过学生代表提出的意见直接关系到各个高校的利益”。

（3）参与高校内部决策机构

学生通过在学校“关键的”或“适当的”委员会中的学生代表参与高等学校的决策制定过程。这里所谓“适当的”委员会通常是指管理机构，一般包括与教学、质量保障和学生体验相关的评议会或委员会。“总的来说，对于学生应该派代表参加的评议会或咨议会的委员会类型，几乎已经达成了普遍共识”。

在一些高校，将被选出的学生代表纳入决策制定程序是《学生宪章》或《学生权利框架》中的一部分。在另外的一些高校，学生通过《学生手册》和《新生指南》来了解他们担任代表的权利。总的来看，在英国许多高校学生代表可能会受邀参加适当的工作小组、咨询活动或讨论小组。在课程或院系层面，学生代表可以有多重形式：教学或课程委员会中的成员，在系或学院委员会中的代表，教师学生联络委员会、协商或咨询委员会。

然而，尽管对学生在学校管理机构中的参与给予了授权和规定，但有时学生代表在这些会议中的参与率和出席率很低。苏格兰报道：“在出席率和参与率上，调查发现大约有三分之一的高校具有学生代表不出席会议的问题，还有三分之一的高校有学生出席，但是学生不参与决议过程，剩下三分之一的高校，学生代表出席会议并参与各项决策过程。显然，吸纳学生参与的困难不仅在于学生代表个人，也有高等学校自身特点和做法的原因。”

与苏格兰不同，英格兰、威尔士和北爱尔兰都没有对学生参与质量保障进行正式的全面调查。据有关证据显示，以上报道的苏格兰模式在所有英国的高校中基本上都是雷同的。“一些机构发现很难招募学生代表，并克服他们不愿定期参加会议的问题。”这在很大程度上取决于高等学校提供的支持。当高等学校与学生代表组织一起以合作的方式提供支持时，这种支持是最有效的。一些高等学校通过提供服务证书、一定量的学分甚至是小金额的报酬或礼物来提供激励。全国学生联盟（NUS）通过他们每年的全国性培训项目对此提供了一个支持计划。

3. 学生参与质量保障的好处

以上指出了一些吸纳学生参与质量保障的困难，但是，并不只是高等学校的实践造成了学生参与的困难。2006 年发布的学生生活联合报告提出，学生比以前承受了更大的压力，有超过 58% 的学生表示他们在一边学习一边工作，有 71% 的学生说他们需要工作来支付生活开销。此外，英国国家学生联盟在一次会议报告中也指出（2006 年 6 月 20 日在伦敦召开的学生申诉会议），随着就业市场日益激烈的竞争压力，对债务的恐惧日渐增加，以及由于孤独和疏离的普遍感受，4 个学生中就有 1 个有心理健康问题。高等学校和诸如 QAA 之类的外部机构通过在学术研究之外强调学生参与质量保障而对学生施加不必要的压力是不公平的。目前，英国一些高校支持为当选的学生联盟代表设立带公休假的职位，且一些高校为雇用学生联盟的工作人员提供了资金支持，所有这些举措都有助于支持学生参与。

据学生代表组织和全国学生联盟报道，学生参与质量保障也有一些非常重要的收益。其中，学生代表组织认为益处主要在于给学生话语权以及为他们提供对质量、标准和学生体验进行评论的机会。“学生意见书”被认为是有用的和有价值的文件，在某些情况下，它可以给学生联盟提供证据基础并推动整个高等学校的改革。在最近与英格兰和威尔士学生联盟的代表进行讨论时，不止一个学生联盟报道，“学生意见书”的撰写带来了高等学校与学生联盟之间对话的变化，减少了不信任和促进了更为积极的关系。有几个高等学校还举例说明所报道的“快速修复”，例如因为学生撰写“学生意见书”和参与院校审查而更改图书馆的开放时间。当进一步问及时，这些报道的“快速修复”已经永远保持下来了。

学生联盟为他们撰写的“学生意见书”而感到自豪，并指出，他们可以确信这份由学生联盟起草的文件是学校可以看到的。学生联盟报道的与其所在高校的积极关系，经常都是通过撰写“学生意见书”培育的。但是，也有报道指出，在“系”这一层面的参与是非常困难的，因为学术人员十分抵制。正如一个学生联盟所概括的：“中央支持，地方轻视”。也有批评认为，高等学校和学生联盟之间的关系往往依赖每年推选出的某个特定学生个体。这一点遭到了一些准备把质量保证进程纳入其战略计划的学生联盟的反击。

通过“学生意见书”的起草来收集学生的反馈被看作是一个有价值的行动。就学生的体验而言，它对学生组织有积极的作用。据报道，很多高等学校已经对“学生意见书”提出的相关问题做出了回应，而这种回应对学生体验有直接好处。此外，它也赋予了学生“声音”，使他们成为有效的、积极的参与者”。

4. 对学生参与质量保证的支持

吸纳学生和学生代表的参与是重要的。但是为了使这种参与对高等学校、评审人员、学生代表，以及最终对学生是有益的，给学生和学生联盟的成员以适当的支持是重要的。QAA 已经为全国学生联盟提供了一个支持的扩展项目，促使全国学生联盟提出“质量需要时间”的倡议。这个倡议使全国学生联盟构建一个资源网站，学生联盟能够有机会与 QAA 联系。两次每年一度的“质量需要时间”活动都是与 QAA 一起协同组织的，并且得到诸如“全国研究生委员会（NPC）等合作伙伴的支持。这使得学生代表可以围绕学生参与质量保障议题举办简报会和讨论会。“全国学生联盟很乐于开展这种学生联盟成员和教师之间的新型讨论，以指导他们走出高等教育质量保障和提升的迷宫”。

作为英国高等教育基金委员会在年度报告中提出的持续性监控的一部分，QAA 对那些提交了“学生意见书”的学生联盟进行了调查，并且 QAA 试图尽可能地对这次调查中收集的建议进行回应，作为以这种方式所收集的反馈的结果，QAA 为学生参与院校评审制定了一个具体的指南——《院校审查：学生代表指南》，同时也为学生专门设计了其他宣传册。QAA 已经为学生建立了一个专门的门户网站（www. qaa. ac. uk/students），以帮助他们获取 QAA 的信息。

英国高等教育质量保证署、全国学生联盟和全国研究生委员会之间的关系，以及 QAA 向学生代表组织提供的有关质量保障的持续支持，被视为是当前承诺的一部分。持续的支持是必需的，不仅因为每年都有新的学生代表被选出，尽管学生代表组织的知识在不断增长，但仍有学生联盟需要了解更多的领域，例如，“四分之一的被调查者指出，他们仍然对评估和判定标准不太清楚”。

总的来看，将学生及学生代表纳入质量保障进程具有非常积极的作用。院校审查的一个成功之处就是学生参与。许多高校指出，他们在质量保障上已经和学生建立了亲密的关系。在高等学校所有主要的质量保障委员会和质量保障程序中都纳入了学生代表。同时，高等学校为审查做准备的经历也有助于与学生联盟的对话，这对于双方都是有价值的。尤其是在对话中把关注的重点放在学生学习的主题上，这是令人耳目一新的。

4.3.2　学生在外部评估小组中的参与——以挪威为例

挪威大约有 80 多个高等教育机构，其中不到一半隶属于国家，但是 90% 的学生上的都是公立高等学校。从挪威的高等教育质量保障模式来看，挪威高等教育的质量主要由高等学校自己负责。高等学校根据其院校地位被赋予自我认证的权力，大学无须相关机构的认可就可以在各个学术层次提供教学并授予学位。所有的高等学校都必须建立质量保障体系，这个体系覆盖教育的所有方面，并且学生对教学的评价必须包含在内。

挪威教育质量保证局的目标是通过评价、认证，以及对质量体系、院校和教学项目的认可来监督挪威的高等教育质量。所有的高等教育供给机构都要接受六年一轮的审查。NOKUT 的评估是由外部专家组来组织开展。根据专家组的任务，NOKUT 对专家的能力制定了非常明确的要求。除了对私立高校的新教育项目是否能通过认证的评估之外，学生专家要求参加所有的评估项目。专家组的规模较小，主要由相关学术领域的专家组成。学生参与高等教育评估是挪威的一个优良传统。

对学生参与专家小组的理解必须放在学生权利传统的背景之下。在挪威高等教育中，高等学校的理事会必须有学生代表参加。每个高等学校都有一个直接向理事会负责的"学习环境委员会"，这个委员会在所有与学习环境有关的问题上都有咨询作用，每隔一年学生在该委员会中占据 50% 的席位。并且，在挪威教育质量保证局（NOKUT）的理事会中也有一个学生代表。挪威有两个全国学生联盟，它们代表着学生群体的利益，其中一个成员主要是综合性大学的学生，另一个成员主要是大学学院的学生。每个高等学校都要求设立本校的学生组织，这些学生组织负责提名学生代表参加挪威教育质量保证局的专家组。此外，学生福利机构主要为学生所有，因此也是由学生来运行。

1. 学生参与评估专家小组的经验

从挪威学生参与外部评估小组的实践来看，所有外部评估专家组成员都非常支持学生的加入，并重视学生在专家组评估工作中的作用。学生被看作是与其他专家平等的成员，并且在大多数情况下，学生很好地融入专家组之中。学生在外部评估专家组中属于审查人员，而审查小组和其他的专家小组之间存在着一些差异。审查人员一年一任，归属于某个专家组，但是专家组每年却只有 10% ~20% 的人员变更。每个专家都要参加好几项评估，而审查人员则参加不同的专家组。挪威教育质量保证局每年都为审查人员组织一到两次联合研讨会，以便专家组成员之间能够相互了解和尊重。专家小组在院校认证之前开展评估，专家们通常相互不认识，在这个项目之外也不是专家。总的来看，学生和其他参与评估的专家都认为学生参与外部评估小组是积极的。

2. 学生专家的遴选

NOKUT 遴选学生的标准来自高等教育决策制定机构或学生组织的经验。专家由 NOKUT 理事会任命，学生组织负责提名学生代表担任 NOKUT 评估小组的审查人员。在其他评估中，当 NOKUT 需要学生代表参加专家组时，也通常与学生组织进行商议。

一般来说，学生和其他专家对学生专家的遴选程序没有太多的异议。在学生组织中作为全职人员工作的学生代表可以在通过最后的考试之后，继续担任一至两年的专家。由于这个原因，一些学生专家就不再是学生了。有专家指出这可能是一个潜在的问题，学生则提出，在学生组织中的学生代表职位也意味着担任评估专家组学生代表的资格。不过，NOKUT 发现专家组中的学生成员毕业后最多只能在专家组中再担任一年学生代表。

正式学生代表是否具有广泛的组织经验在对高等学校的审查或评估进行元评估时尤为重要。作为评估的专家，学生对高等学校的管理必须有较好的理解。在这种情况下，现存的遴选标准被看作是选择学生专家的重要方法。然而，当修订教育计划时，NOKUT 有时选择其他的学生专家，而不是选择学生组织提名的学生专家，因为在这些评估中，学生专家必须具有相同或类似教育项目的体验，反而那些院校决策制定的经验在这些评估中可能是不重要的。对 NOKUT 来说，不一定非要采用同样一套标准来为不同的评估遴选学生专家，选择专家的标准应当因评估小组的任务而异。因此，NOKUT 可以调整遴选学生的标准以使其适应某个专家组。值得一提的是，不管专家是如何被选出来的，在专家组内部他们不应作为某个组织的代表。专家组的工作是保密的，学生代表不应将任何具体讨论带回学生组织内来争论。

在挪威，有两种遴选学生专家的方法：第一种方法是高等学校从他们自己的学生中提名学生专家。必须强调的是，坚持学生专家应具有高等学校内部决策制定经验这一标准是重要的。这种遴选方法可以确保学生专家对决策制定程序有足够的了解。第二种方法是以学生可以申请的兼职职位的形式来发布招募学生专家的广告，这样的话，NOKUT 就可以采用他们招募新职员一样的程序。对 NOKUT 来说，第二种遴选方法太耗费时间，但是学生专家也极力反对第一种备选方法，他们声称一些高等学校的学生联盟很弱小，高等学校对学生代表没有足够的了解。相反，他们认为全国学生联盟是挑选具有评估必需经验的学生代表的最好机构。北欧学生参与质量保障计划显示，瑞典是由高等学校提名学生代表，而芬兰和挪威则是由国家学生组织来提名。一个国家的高等教育质量保障传统也许决定着什么才是合法的程序。如果没有全国性的学生组织，或者同时存在几个相互竞争的学生组织，由高等学校提名学生代表可能是一个好的选择。同样地，当对广泛组织经验的要求不及其他资格重要时，在高等学校中应用既有的提名学生的标准来选择学生专家可能是一个好方法。在学生群体中随机抽取样本的遴选方法对于任何团体来说都不是一个严肃的选择方式。

3. 学生在外部评估专家组中的角色

所有的专家组成员都是根据既定的标准选出的，应当具有互补的能力。总的来看，学生被看作是专家组的平等成员。学生要求与其他专家组成员一起参与专家组的各项工作，并且还要求对所有学生事务负起专门职责。

基于NOKUT的遴选标准，其他专家组成员都是有经验的人士，年龄通常都在50岁以上。除了能够获悉学生的立场，从一个年轻人那里获取观点对其他专家组成员来说本身就是积极的。不过，所有专家都强调遴选标准的必要性，遴选标准能确保学生专家具有充足的知识和完成评估任务所需的信心。

当专家组进校实地考察期间组织对学生进行访谈时，学生专家发挥着主导作用。这确保了学生们的想法能够被理解，更进一步来说，在专家组中有一个积极的学生成员可以使其与学生的沟通更加容易。然而，一些专家指出，当学生专家与教师和领导进行会谈时，他们的批判性要比与学生同伴进行会谈时更强。而对于其他专家组成员，情况可能恰恰相反，学术专家很少对其同事公开提出批判性问题，然而对学生他们却很容易提出此类问题，例如学生对学习的投入、学生对教学和课程的评价等。因此，专家组可以有一个严格的分工，这可能也是一个积极意义的发现。

4. 学生专家的“增值”

学生对外部评估专家组的工作有切实的贡献，大部分专家都提到了这种学生专家的“增值”。归纳起来，学生参与外部评估小组大致有如下贡献，或者说有以下“增值”：

（1）其他专家容易理解研究人员、教师和领导的观点。学生的视角是同等重要的，通过评估小组中的学生专家可以对其有最好的把握。在专家组中，学生专家是学生的代表和发言人。

（2）学生参与有助于在专家组中进行更广泛的讨论，确保了一个更加广阔的视角，由此带来更好的决策制定。

（3）学生有作为学生之最新体验，他们对教学方法、考试形式、管理规章、课程等有最新的了解。

（4）学生专家知道有关学生在高等学校中影响的可能问题，并且可以对学术和管理人员的陈述进行反思。

（5）对于高等学校的文件，学生可能有不同的视角。

（6）当对学生进行访谈时，评估小组中的学生专家使学生们感到放松。

（7）学生参与提高了评估在学生中的合法性。

（8）学生参与具有民主的成分。

此外，外部评估小组中学生参与的实践证明，学生参与外部评估专家组有助于评估的有效开展。挪威在学生参与的实践中积累了一些有益的经验，主要包括：

（1）采用遴选标准来确保学生专家组成员具备所需的经验。

（2）国家学生组织参与学生专家的提名。

（3）在专家组中举办评估启动会议或研讨会，会中对评估方法、一般经验和后续计划进行讨论。

（4）在整个评估过程中，评估官员向专家组咨询，如果必要的话，可以对学生成员给予特别关注。

（5）在教职员工和学生中开展评估培训。

第5章　国外学生参与高等教育质量保障的广度和限度

学生参与质量保障是学生作为高等教育的重要利益相关者对高等教育管理的一种分权活动。长期以来，政府、高校、社会中介机构在各国高等教育质量保障活动中占据主导地位，学生权利被边缘化。然而，随着民主改革的深化和学生主体地位的提升，学生在高等教育质量保障中的主体地位和作用日益凸显。许多国家都以立法和政策文本的形式对学生参与高等教育质量保障的权利给予保障，并开辟多种渠道促进学生在各项质量保障活动中的全面参与，使得学生参与的广度和深度得到了极大的拓展。在上一章对国外学生参与高等教育质量保障的政策和途径进行分析的基础上，本章拟进一步从学生参与的广度和限度这两个方面对国外学生参与高等教育质量保障的现状进行纵深剖析，以深化我们对国外学生参与高等教育质量保障的认识。其中，对学生参与的广度主要从参与的层面和参与的范围两个维度来考察，虽然这两个维度具有一定的重合性，但是作为考察学生参与广度的两个主要切面，有助于对学生参与情况有更全面的了解，因此对这两个维度都进行了分析和论述。

5.1　学生参与高等教育质量保障的层面

在知识经济时代，高等教育在社会经济发展中发挥着日益重要的作用，各国纷纷将发展高等教育上升到国家战略的高度。在这种背景下，高等教育质量保障已不再是高等学校自己的事情，各国政府甚至一些国际组织都视高等教育发展及其质量保障为己任。尤其是20世纪80年代以来，在世界高等教育质量保障运动的推动下，各国政府、国际组织和高等院校积极开展各种形式的高等教育质量保障活动，因此，如果按层次来划分的话，高等教育质量保障可以分为超国家、国家和院校三个层面的活动。学生在高等教育质量保障中的参与也可以相应地划分为超国家层面的参与、国家层面的参与和院校层面的参与。

5.1.1 超国家层面的参与

超国家是相对于国家间和政府间而言的，它是从英文 super - national 翻译而来的，在《朗文当代高级英语辞典》中的释义是“涉及一个以上的国家，超越国家权力、利益、边界等”。纽吉特（Nugent）在其对超国家主义的定义中写到：“超国家主义使政府间关系超越合作，达到一体化，导致主权部分丧失。”[1] 可见，超国家与国际并不是同一概念，超国家具有国际所不能比拟的超国家性质。而所谓超国家性质是指，“超越主权国家的管制和利益局限性、在多国范围内独立行使职能的特性及其具体体现，而且这种职能对主权国家形成了制约”。[2] 20 世纪 90 年代以来，随着全球化和国际化进程的不断推进，超越国家权力的国际组织、国际规则的数量逐步递增，作用也日益凸显，例如，欧盟就被看作是典型的具有超国家性质的组织。超国家干预已经成为世界许多国家必须面对和接受的客观现实。具体在高等教育领域，在国际大环境的影响下，同样也出现了超国家层面的组织、活动和规范，譬如博洛尼亚进程的欧洲高等教育一体化进程、欧洲高等教育质量保障协会、欧洲学生联盟，以及“欧洲高等教育区质量保障标准和指南”的建立等。因此，我们这里所谓的超国家层面的参与是指学生在独立于主权国家之上的更高层面的质量保障机构、活动、标准制定中的参与。

5.1.1.1 在超国家层面质量保障机构中的参与

在经济全球化的影响下，20 世纪 90 年代以来，高等教育国际化的进程日益加速，出现了一些独立于主权国家之上的超国家层面的质量保障机构，例如，欧洲高等教育质量保障联合会（ENQA）、欧洲高等教育质量保障注册局（EQAR）、欧洲认证机构联合体（ECA）、北欧质量保障机构网络（NNQAA）、亚太地区质量保障网络（APQN）等。在这些质量保障机构中常设有学生代表席位。

欧洲高等教育质量保障联合会（ENQA）是 2000 年建立的促进欧洲在质

---

[1] Neil Nugent. The Government and Politics of the European Union (4th edition) [M]. Houndmills: the Macmillan Press Ltd, 1999: 503.

[2] 屈从文. 欧盟委员会超国家性质分析 [J]. 欧洲研究，2004 (6): 77.

量保障领域合作的机构，也是欧洲高等教育外部质量保障机构的管理组织，具有对其成员机构进行评估的责任，其主要成员包括博洛尼亚进程签约国的质量保障机构、高等教育方面的公共权威机构，以及欧洲高等院校的联合会。2005年，该协会制定的《欧洲高等教育区质量保障标准和准则》（ESG）为博洛尼亚进程46个成员国构建了质量保障的主要框架，后又于2015年对ESG进行了修订。ESG在质量保障活动中将学生作为与高等学校和劳动力市场代表相同的利益相关者，并强调在外部质量保障中应当首先考虑学生的利益。ESG的第三部分对质量保障机构本身的质量做了规定，建议这些质量保障机构要通过定期开展外部评审的方法来自我提高，并强调在评估质量保障机构的评估小组中纳入一个学生成员的重要性。❶

欧洲高等教育质量保障注册局（EQAR）创立于2008年，是由4E组织——欧洲高等教育质量保障联合会（ENQA）、欧洲学生联盟（ESU）、欧洲大学协会（The European University Association，EUA）和欧洲高等学校协会（European Association of Institutions in Higher Education，EURASHE）联合发起成立的。其目的旨在增进欧洲高等教育区高等教育的信心，促进认同和相互流动，主要职能在于对符合ESG要求的外部质量保障机构进行登记注册，发布被注册机构的名单，向公众提供在欧洲开展评估工作的质量保障机构的准确和可靠信息。❷ 对各国质量保障机构进行登记注册，目的主要是方便各国政府和高等学校鉴别国内外各质量保障机构的可信度和专业性质，以及他们认可的质量保障范围。EQAR在质量保障范围转移方面的议题是，把利益相关者和一般公众作为质量保障的主要受益者，通过打开获取客观信息的渠道，提高利益相关者对质量保障的控制。从人员构成来看，该注册局不仅包括高等教育机构的代表、质量保障机构、社会人士和政府代表，而且还包括学生代表。利益相关者管理方法是该注册局的一个特点。❸

---

❶ Emmi Helle. Student involvement in the work of ENQA and of its member agencies [EB/OL]. [2019-08-08]. http://www.inqaahe.org/admin/files/assets/subsites/1/documenten/1241708878_5-helle-student-involvement-in-the-work-of-enqa-and-of-its-member-agencies.pdf.

❷ Education and Culture DG. The EU contribution to the Bologna Process [M]. Luxembourg: Office for Official Publications of the European Communities, 2009: 35.

❸ ESIB. Berlin Declaration [EB/OL]. [2019-08-06]. http://www.diplomatie.gouv.fr/fr/IMG/pdf/Berlin_Declaration.pdf.

5.1.1.2 在超国家层面质量保障活动中的参与

除了在超国家层面质量保障机构中的参与，学生还积极介入一些超国家层面的质量保障活动之中，其中包括一些超国家层面的教育改革行动，如博洛尼亚进程，以及一些超国家组织开展的质量保障活动。通过参与这些质量保障活动，学生成功介入到超国家层面的高等教育质量保障之中。

1999 年，欧洲 29 个国家的教育部长们在意大利博洛尼亚共同签署了要在 2010 年建立“欧洲高等教育区”（European Higher Education Areas，EHEA）的博洛尼亚宣言（Bologna Declaration），从而拉开了博洛尼亚进程的序幕。从性质上来看，博洛尼亚进程是欧洲国家政府间在高等教育领域的一项合作计划，也是欧洲自 1968 年以来最重要、涉及范围最广的一场高等教育改革。促进欧洲高等教育质量保障方面的合作是博洛尼亚进程最早提出的目标之一，在 2003 年的柏林会议上各国教育部长又对其做了进一步强调，要求把质量保障问题作为博洛尼亚进程三个优先发展的议题之一，并指出“学生是高等教育治理的全面合作伙伴”，要将学生纳入质量保障体系。从此，学生在高等教育质量保障中的参与成为博洛尼亚进程一项受到持续关注的议题。2007 年《伦敦盘点报告》和《学生眼中的博洛尼亚进程》同时指出，学生参与质量保障是 2005 年以来进步最大的领域之一。

从 2001 年布拉格会议起，欧洲学生联盟（ESIB）就同欧洲高等教育质量保障联合会（ENQA）、欧洲高等学校协会（EURASHE）和欧洲大学协会（EUA）一起构成了 4E 小组，定期召开会议对博洛尼亚进程的进展和高等教育质量问题进行讨论，以加强欧洲层面的合作。ESIB 是一个欧洲的学生组织，2007 年更名为 ESU（European Students' Union）。在《欧洲高等教育区质量保障标准和准则》（ESG）的制定过程中，ESIB 作为 4E 小组的成员发挥了重要作用。并且，在 2005 年设立的欧洲高等教育质量保障评议论坛中，ESIB 代表高等教育的主要利益相关者也要求参与相关讨论。此外，ESU 也参与了 2015 年最新版《欧洲高等教育区质量保障标准和准则》的修订工作。通过与其他组织合作，或是独立行动的方式，欧洲学生联盟参与了多项欧洲层面的高等教育质量保障活动。

欧盟委员会（European Commission）是欧盟的常设执行机构，也是一个独立于成员国的超国家机构，负责执行欧盟理事会和欧洲议会的决策。该委员会一直致力于博洛尼亚进程的推广和实施，并于 2003 年 10 月向苏格拉底委员会和高等教育的分委员会提交草案——《从柏林到卑尔根：欧盟的贡献》（From Berlin to Bergen：The EU Contribution），提出要建立博洛尼亚国家推广组的计划，并强调学生在博洛尼亚进程的推广和促进中发挥的积极作用，要求推广组成员除了学者、校长、院长、教学主管、高等教育专家之外，还要有学生代表参加。推广组成员的一项重要职责是为高等学校提供相应的评议服务，包括对质量保障、三级学制体系和学历认证等的评议。学生代表是博洛尼亚推广组的重要成员，通过参加推广组的活动和项目，学生可以在欧洲层面参与对高等教育质量保障事务的评议。

2006年在印度班加罗尔召开的“学生参与质量保障”国际会议是由亚太地区质量保障网络（APQN）和印度国家评估与认证委员会（NAAC）联合举办的。这次会议被看作是NAAC“2006年学生参与质量保障年”的一个高潮，并与APQN正在进行的“学生参与质量保障”项目相吻合。会议的目的旨在促进亚太地区的国家对学生参与的好的实践进行交流，唤起所有利益相关者对学生参与质量保障的重视。这次会议的与会人员包括受邀参与主题演讲的人士、受邀国家的代表、入选论文的作者、评估小组/工作小组成员。此外，从各个被认证的院校中选取的学生也受邀出席了这次会议。除了几位学生代表的发言之外，会议的所有讨论也都有学生代表参加。

5.1.1.3　学生在超国家层面参与的角色和作用

学生在超国家层面质量保障活动中的参与主要是通过欧洲学生联盟（ESU）来实现的。作为欧洲层面学生参与高等教育事务讨论和决策的主要机构，ESU为欧洲学生提供参与博洛尼亚进程的各种机会和席位，并负责一些欧洲组织中学生代表的提名或遴选，使学生参与到各种层面的质量保障机构和质量保障活动之中。在《欧洲学生权利宪章》中，ESU对学生参与质量保障的权利做了明确规定，指出学生在质量保障中的权利应包括：参与资格认定、作为平等的伙伴参与高等教育项目评估和改进、全面并客观地获取学校或教育项目的信息。[1]

就像在柏林会议上所倡导的那样，学生在超国家层面确实扮演着高等教育治理全面合作伙伴的角色。通过参与质量保障机构和各种相关组织，以及参与

---

[1] ESU. European Students' Rights Charts [EB/OL]. [2019-08-08]. http://www.lsvb.nl/_downloads/studentrightcharter.pdf.

各项高等教育改革和质量保障活动，学生实现了在超国家层面高等教育质量保障中的全面、充分参与，几乎在所有超国家层面的高等教育质量保障活动中都能听到“学生的声音”。从学生在超国家层面参与的作用来看，超国家层面的质量保障机构具有对其成员机构进行管理和评估的职能，是高层次的质量保障决策机构，因此学生在其中的参与除了能够发挥咨询和商议的作用之外，还是一种真正意义上的决策参与，具有对相关政策和评估活动的表决权。此外，学生通过其组织 ESU 与其他 4E 小组的联合，在高等教育质量保障活动及质量标准制定过程中发挥着非常重要的作用。

超国家层面的参与是学生参与高等教育质量保障的最高层面。在博洛尼亚进程“学生参与”政策的倡导下，以及各超国家组织的推动下，学生正在超国家层面的质量保障机构和质量保障活动中发挥着积极而极富建设性的作用，并逐渐成为超国家层面高等教育质量保障平等、全面的合作伙伴，在质量保障活动中发挥着咨询、商议和决策的作用。同时，通过在超国家层面的参与，学生不仅开阔了国际视野，拓展了其利益表达的渠道，同时也将其参与高等教育质量保障的范围进一步延伸到主权国家之外，拓展了学生参与高等教育质量保障的广度。

5.1.2 国家层面的参与

随着高等教育在经济社会发展中的作用日益凸显，各国对高等教育的发展也日渐重视。为了保障和提升高等教育的质量，许多国家都建立了国家层面的质量保障机构，开展了各种形式的质量保障活动。例如，对高等学校的评估、认证，以及对认证机构的审查等。近年来，在这些国家层面的质量保障机构和质量保障活动中出现了越来越多的学生参与。

5.1.2.1 学生在国家层面的参与状况

目前，绝大多数国家都建立了国家质量保障体系，然而不同国家的质量保障体系却各异。例如，美国采取的是院校和专业认证的质量保障模式，比利时、法国、芬兰等国主要采取院校评估的方式，而丹麦、亚美尼亚的质量保障是以院校认证为主，西班牙、捷克、保加利亚则以专业认证为主。尽管各国的质量保障模式存在差异，不过从学生参与的情况来看，主要通过参与国家层面质量保障机构的管理、为政府提供有关质量保障问题的咨询，作为评估专家参与国家组织的外部评估等路径，介入国家层面的质量保障活动。

独立的国家质量保障机构是在国家层面开展质量保障活动的前提。从学生参与国家层面质量保障机构的治理情况来看，根据欧洲学生联盟（ESU）的调查，2015 年参与调查的 38 个国家学生联盟（NUS）中有 4 个表示所在国家尚未建立国家层面的质量保障机构，其余 34 个均表示已建立国家层面的质量保障机构。在这 34 个国家学生联盟中，有 28 个认为他们在质量保障机构的治理中发挥了积极作用，还有 6 个表示没有参与质量保障机构的治理。[1] 2018 年参与调查的四十多个国家学生联盟中，除了 2 个表示所在国家没有建立质量保障机构之外，其余均回答建立了国家层面的质量保障机构。在这些表示已建立国家质量保障机构的国家学生联盟中，有 70% 认为学生参与了质量保障机构的治理，还有 7 个国家学生联盟表示学生没有参与本国质量保障机构的治理。另外，欧洲学生联盟（ESU）还指出，2018 年的调查结果与 2015 年相比，未设立国家质量保障机构的国家虽然有所减少，但学生参与国家质量保障机构治理并未取得进展，许多国家的学生参与仍然存在缺口。[2] 总的来看，欧洲绝大多数国家都建立了独立的国家质量保障机构，并且这些机构中通常都设有学生代表的席位。

为政府提供质量保障问题咨询是学生参与国家层面质量保障的另一个路径。根据欧洲学生联盟（ESU）的调查，2015 年在欧洲高等教育区中，大部分（38 个中有 22 个）国家学生联盟为政府提供了关于质量保障问题的咨询。并且，在这 22 个国家学生联盟中，有 9 个国家学生联盟正式参与了部长级的质量保障委员会或小组，为当局提供咨询，例如芬兰、法国和克罗地亚。另外 3 个来自瑞典、比利时和波兰的国家学生联盟表示，他们与教育部一起参加各种会议，讨论当前的质量保障问题并发表意见。然而，这次调查中仍有 11 个国家学生联盟未就质量保障问题被政府咨询，如西班牙、意大利、冰岛、塞尔维亚等。2018 年有 58% 的国家学生联盟表示为政府提供了质量保障相关问题咨询，这一比例与 2015 年的调查结果几乎相同。不过，表示未被政府咨询的国家学生联盟数从 2015 年的 11 个增加到 14 个。各国政府向学生咨询的方式各异，通常情况下学生是质量保障机构咨询组织的成员，或由某个部门领导，

---

[1] ESU. Bologna with student eyes 2015 [EB/OL]. [2019 - 08 - 07]. http://www.ehea.info/media.ehea.info/file/ESU/32/8/Bologna - With - Student - Eyes_2015_565328.pdf.

[2] ESU. Bologna with student eyes 2018 [EB/OL]. [2019 - 08 - 07]. http://www.ehea.info/media.ehea.info/file/2018_Paris/06/0/BWSE - 2018_web_lowres_952060.pdf.

他们可以通过国家学生联盟直接为政府提供咨询，或是通过参加质量保障机构的咨询会议等方式提供咨询。然而，一些国家学生联盟表示其国家并没有定期的咨询制度。学生只是在政府修订法规并必须获悉利益相关者意见时被咨询，与其他参与的情况一样，学生联盟再次表示，即使在被政府咨询时学生的声音也没有被听到或重视，通常在立法的后期向学生进行咨询，这时对重要修订的协商已不再可能。因此，除了确保学生在正式质量保障程序中的参与之外，还应该更多致力于增强学生有意义的参与。

许多国家的学生以评估专家的身份参与国家层面的质量保障活动。近年来，欧洲高等教育区成员国的国家学生联盟为了加强学生在质量保障中的参与，制定了相关战略，通过建立或支持创建国家层面的学生专家库，为质量保障评估提供学生专家。学生专家库一方面是有资格进入外部评估小组的学生数据库，另一方面是鼓励同伴学习以提高学习质量的学习者社区。据调查，2015年欧洲高等教育区的成员国中有21个国家或地区有包括学生在内的质量保障专家库。在这些专家库中，有8个是由国家学生联盟独立运作，8个由质量保障机构运作，5个由质量保障机构和国家学生联盟共同管理。并且，绝大多数国家的专家库（21个中的20个）被质量保障机构、高等学校和其他机构广泛用于质量保障评估和其他目的。2018年有19个国家学生联盟表示所在国家已将学生纳入质量保障专家库，还有13个表示他们没有质量保障专家库或没有将学生纳入专家库。并且，这19个反映已建立专家库的国家学生联盟还表示，专家库参与了评估和其他质量保障活动，在一定程度上证明了专家库的有用性。此外，2018年有更多的国家学生联盟反映专家库由质量保障机构运行，从2015年的32%增加到2018年的50%。

除了以上参与路径之外，学生还积极参与了各国政府组织的对高等院校的评估和认证工作，从评估计划的制订、被评院校自评报告的撰写、加入外部评估专家组、实地考察期间的会谈，到评估报告的撰写、追踪评估都有学生的参与。值得一提的是，一些国家的学生和学生组织还参与了有关质量保障的国家报告的评议。例如，在芬兰、德国、冰岛、立陶宛、挪威、斯洛文尼亚和瑞典七个国家，全国学生联盟代表或其他学生都曾要求在2007年伦敦峰会之前参与对提交给博洛尼亚跟进组的国家报告的评议。

欧洲国家在博洛尼亚进程的推动下纷纷将学生纳入其国家高等教育质量保障体系，实现了学生在国家层面质量保障中的广泛参与，并取得良好效果。英国高等教育质量保证署（QAA）在2018年自评报告中指出，其工作方式有两个好的实践，其中一个就是学生参与，通过支持、遴选和招募学生作为同行评审员和被评高校学生组织的成员与 QAA 一起参与其治理。❶ 然而，除了欧洲之外，在世界其他许多国家和地区，学生也在以各种形式和途径参与国家层面的质量保障活动。例如，在美国，学生虽然可能会在专业或院校层面参与质量保障，但只是最低限度地参与专业或院校认证。2016 年建立的质量保障协会（The Quality Assurance Commons）旨在提供一种新的质量保障方式，并一直在探索学生参与高等教育质量保障的模式。质量保障协会创建的学生质量保障咨询代表团（Student Quality Assurance Advisory Delegation，SQAAD）在美国开创了学生质量保障代表组织的先例，也是迈向学习者质量保障全国网络的第一步。SQAAD 成员对设计质量保障新原型的核心要素提出建议和批评，其中一个要素就是有意识地解决学生参与问题。❷ 在南非，院校评估期间被评院校的学生组织要单独向国家质量保障机构提交一份自我研究报告（self – study portfolio），并且在南非高等教育质量委员会（Higher Education Quality Committee，HEQC）中也设有学生代表席位。

5.1.2.2　学生在国家层面质量保障中的角色和作用

近十余年来，学生在国家层面高等教育质量保障中发挥的作用经历了从非正式参与到正式参与、从咨询参与到决策参与的发展过程。2005 年欧洲学生联盟的调查发现，很多国家的学生联盟都以这种或那种方式参与咨询，或参与国家层面的各种教育活动，但是通常它们并不是所在小组或董事会的正式成员。另外，有一些欧洲国家的学生联盟虽然是某些决策机构的正式成员，但是在大多数其他高等教育机构中却只是扮演顾问角色；还有一些国家的学生几乎是所有国家层面、教育部门或质量保障机构委员会、工作小组和董事会的成员，例如波罗的海诸国、芬兰、法国、爱尔兰、挪威和瑞典。❸ 从调查结果可见，这个时期学生在国家层面质量保障机构的参与仍以非正式参与、咨询参与为主，但是已有一些国家实现了较深入的决策参与。2015 年欧洲学生联盟对

---

❶ QAA. Self – Assessment Report for Review by ENQA，2018［EB/OL］.［2019 – 08 – 08］. https：//www. qaa. ac. uk/docs/qaa/news/enqa – 2018 – self – assessment – report. pdf.

❷ The QA Commons. European Models of Student Involvement in Quality Assurance：Lessons for the United States［EB/OL］.［2019 – 08 – 07］. https：//theqacommons. org/.

❸ ESIB. Bologna with student eyes 2005［EB/OL］.［2019 – 08 – 07］. http：//www. esu – online. org/index. php/Publications/official – publications/570 – bologna – with – student – eyes – 2005？format = pdf.

其成员结构进行了调查，发现有 28 个国家学生联盟表示在质量保障机构的治理中发挥了积极作用，其中 22 个表示学生在其国家质量保障机构的治理或决策组织中担任正式成员，有 11 个表示学生仅是其国家质量保障机构咨询组织的成员。还有 5 个表示在评估/认证项目的规划中发挥作用。之后 2018 年的调查显示，在表示有学生参与质量保障机构治理的 28 个国家学生联盟中，有 24 个认为学生是决策机构的正式成员，有 4 个表示学生只是咨询机构的成员。由此可见，学生越来越多地作为国家质量保障决策机构的正式成员，在国家质量保障中实现了更多的决策参与。然而，2018 年的调查也发现没有一个国家学生联盟表示学生是评估或认证项目的规划者，这意味着对学生作为国家质量保障机构正式成员的充分信任和认可尚未实现。

“咨询参与”和“决策参与”之间，“正式参与”和“平等参与”“实际影响”之间有着重要的差异，即使法规、政策规定了学生正式参与高等教育质量保障的权利，也不一定能保证学生在质量保障中的真正有效参与。学生在国家层面的有限治理和非正式角色，使他们在国家高等教育质量保障活动中的作用和影响也是有限的。虽然学生在国家质量保障中的参与不断深入，但还有一些国家的学生参与仍局限于非正式参与和咨询参与，距离充分的、有效的参与还有距离。

学生在国家层面质量保障中的实际参与情况在各国之间存在很大差异，这在很大程度上取决于学生在各国高等教育治理中的角色和作用。高等教育质量保障是高等教育治理的一个重要组成部分，学生在一些国家高等教育治理中的非正式角色和咨询作用决定了他们在国家层面的高等教育质量保障活动中的参与也是有限的。

5.1.3 院校层面的参与

西方很多国家的高等学校有民主管理的传统，把学生作为学校教育的重要建构者和管理者，将其纳入学校的各项管理活动之中，也包括学校组织的评估等质量保障活动。与在超国家层面和国家层面的参与情况相比，学生在院校层面高等教育质量保障活动中要更为活跃，是各国高等学校教育质量保障的一支不可或缺的力量。

5.1.3.1　学生在院校层面的参与状况

学生在院校层面高等教育质量保障中的参与较之国家层面要更为普遍，绝大多数国家都在其高等学校内部质量保障活动中吸收了学生参与。据 2018 年欧洲学生联盟（ESU）的调查，在 38 个回应的国家学生联盟中有 37 个表示学生在本国参加了内部质量保障。学生在院校层面质量保障中的全面参与很大程度上得益于各国对学生参与高等教育治理的立法和政策。早在 2007 年在伦敦公报（London Communiqué）中就指出，许多欧洲高等教育区国家正在制定法律措施以确保学生参与。2018 年 ESU 的调查也发现，除 1 个国家之外，其余所有被调查的欧洲高等教育区国家都在法律中规定了学生的最低参与程度。其中，31 个国家建立了学生在国家和院校层面参与高等教育治理的立法，有超过 7 个国家的立法没有保障学生在这两个层面的参与，只是规定了学生在院校层面的参与，另外还有瑞士 1 个国家只有在国家层面的学生立法。

由于国家之间高等教育管理体制的差异，学生在院校层面质量保障中的参与也不尽相同。学生是否是高等学校管理机构的正式成员、其中有多少学生代表、具体参与什么机构，以及是否有法案规定学生的参与权，这些都因国家而异。例如，匈牙利要求高等学校管理机构中有 1/4 或 1/3 的学生席位，德国立法规定的学生席位最低比例是 15%，乌克兰则低至 10%。[1] 在学生参与高校管理方面做得较好的有丹麦、芬兰、冰岛、挪威和瑞典等，这些国家的学生参与深入到高等学校管理的各个层面，并通过立法的形式保障了学生参与高等学校管理和质量保障的权利。

学生参与的具体情况除了因国家而异之外，在一些国家甚至因学校或地区而异。在公立大学和私立大学之间，综合性大学和多科技术学院之间，或者是不同的州或地区之间，学生在高等学校管理中的参与可能都存在很大差异。例如，在葡萄牙和冰岛，学生的参与状况在不同性质的学校中有很大的不同，公立大学的学生明显比私立大学的学生有更多的参与；在德国，学生参与的权力在不同的州之间是不同的；在瑞士、芬兰和冰岛，综合性大学和多科技术学院对学生参与有不同的规定。此外，在一些国家，学生不允许参与有关教师和预算事务的决策，或是只能在非常有限的范围内参与与学生事务有关的议题。这

---

[1] ESU. Bologna with student eyes 2018 [EB/OL]. [2019 - 08 - 07]. http://www.ehea.info/media.ehea.info/file/2018_Paris/06/0/BWSE - 2018_web_lowres_952060.pdf.

种学生在学校管理中的参与差异，也直接影响着他们在院校层面质量保障中的参与。

学生参与院校层面的质量保障活动主要是通过参与学校的质量保障机构、参与学校组织的对院系和专业的评估或审核，对教师教学和课程进行评价和反馈、参与各种调查和会谈、参与定期的质量检查等途径和方式实现。在苏格兰，对于学生参与院校层面质量保障的问题，提出了建立学生和院校之间合作伙伴关系的概念。学院和大学支持学生作为自己学习的共同创造者，倡导他们对自己的学习负责，并开辟多种渠道使他们积极参与院校的各项质量保障活动。

表 5－1 是苏格兰学生在国家和院校层面参与质量保障的情况。苏格兰高等学校的主要委员会中要求有学生成员，包括管理机构及其下设的委员会，以及主要的学术委员会。在质量保障过程中，学生要参与高等学校的内部学科评审或专业认证，参与学术申诉和投诉小组，参与对学校高级教师的任命等。在院系和专业层面的委员会中，学生可以选取代表参会，并就课程教学问题向教师提出反馈意见。并且在教师——学生联络委员会中，学生还可以和教师一起开会讨论教学问题，这样的会议通常一学期至少要召开一次。此外，通过问卷调查、小组讨论，以及非正式访谈，学生也间接地参与到院校的质量保障之中。

表 5－1　苏格兰学生在国家和院校层面参与的概览

国家层面	院校层面
• 苏格兰基金委员会对学生参与的指导 • 在外部院校评审（ELIR）中的学生评审员 • 对毕业生的纵向调查 • 通过国家机构支持学生、学生社团和高等学校——sparqs	• 主要委员会的成员 • 参与主要的质量保障过程 • 参与调查、小组讨论 • 学生代表和学生社团的深度参与 • 在系/专业层面的教师—学生联络委员会

资料来源：Duncan Cockburn. Student involvement in quality enhancement at national and institutional levels in Scotland.

5.1.3.2　学生在院校层面参与的角色和作用

据欧洲学生联盟 2015 年的调查，有 38 个国家学生联盟反映学生在国内参与了内部质量保障，其中 26 个表示学生是高校内部评估机构的正式成员，29 个反映学生参与提供信息和反馈，如填写问卷、参与焦点访谈小组等，只有三分之一的学生联盟（38 个中的 10 个）积极参与到评估或质量保障的后续工作，另外很少有学生实际参与起草和执行评估建议。2018 年的调查发现，在绝大部分国家，学生在内部质量保障中的角色和作用明显不同。有 60% 的国家学生联盟反映学生是内部评估机构的正式成员，但仍有 26% 的国家学生联盟回应学生的参与仅限于信息来源。由于学生在院校层面的参与角色和作用在不同院校之间差异很大，调查中一些学生联盟还反映，各高校的学生参与程度差别很大，很难统一判定学生在高校内部质量保障中的整体作用。不难看出，学生在欧洲高校内部质量保障中的角色和作用在不断增强，但依然有限，还有一部分仅限于提供信息和咨询。然而，信息咨询对于决策者来说通常并不是必须要遵循的，并且在实践中也常常被忽视。因而在欧洲学生联盟的早期报告中曾指出，在高等学校管理的较低层——院系层面，学生的实际参与总的来看被边缘化，甚至不存在。究其原因，主要是因为基层管理人员和教师们的强烈抵制。在瑞士，一个由国家学生联盟提出的如何提高学生参与的提议曾遭遇到全国大学校长会议的强烈反对。[1]

院校层面的质量保障活动属于高等学校内部治理的范畴，因此，学生在高等学校治理中的角色和作用直接决定了其在高等教育质量保障中的参与情况。鉴于目前高等学校的权力结构普遍以行政权力和学术权力为主导，学生权力处于弱势地位，许多高校的学生虽然参与了学校管理，但却没有真正进入学校治理的决策层，发挥的作用非常有限，通常只是扮演咨询或信息提供者的角色。因此，这也直接制约了学生在学校质量保障活动中的角色和作用，学生在院校层面的质量保障活动中更多的是发挥咨询作用，距质量保障的平等的、积极的合作伙伴还有很长的路要走。

5.1.4　学生在国家和院校层面的参与——以瑞典为例

瑞典模式代表了一个好的学生参与和影响高等教育质量保障的模式。在高等教育质量保障系统的国家层面和院校层面都有高水平的学生参与。这种模式之所以成为质量保障体系和质量文化中最先进的一个，是因为有一个保障学生代表参与国家和院校决策机构的法律框架，以及保障学生组织和协会存在的机

---

[1] ESIB. Bologna with student eyes 2005 [EB/OL]. [2019 - 08 - 07]. http://www.esu - online.org/index.php/Publications/official - publications/570 - bologna - with - student - eyes - 2005? format = pdf.

制。在这种质量保障体系和文化中，学生不是被看作消费者，而是高等教育的创造者。

1. 瑞典学生组织

一项对北欧国家学生参与情况的调查显示，瑞典全国学生联盟（Swedish National Union of Student，SFS）大约由100个大学和学院学生联盟组成，代表了大约240000名学生。“法律要求学生必须参与所在学校的学生联盟”。然而，各高校的学生联盟却可以选择是否成为SFS的成员。SFS在社会服务和教育问题上保护瑞典学生的利益，在国家和国际层面上代表瑞典学生发声。SFS的目的旨在寻找学生中共同关心的问题，并在与政府和教育权威、社会事务、劳动力市场和国际事务的关系中代表全体瑞典学生。

SFS有三个主要目标：

（1）成为瑞典学生的声音。

（2）成为教育方面的知识来源。

（3）成为学生的一个聚会场所。

瑞典所有地方学生联盟的代表每年都要聚集起来召开一次全体代表大会，对与学生有关的不同议题做决策。全体代表大会选举产生一个由23人组成的理事会，任期为一年。此外，该理事会的1名主席和2名副主席也都是由全体代表大会选举产生，而博士监察员和国际干事则是由理事会选举产生。该理事会每个月都要召开一次会议，其执行委员会通常由8个人组成，包括主席、2名副主席、博士监察员、国际干事和秘书长，主要负责日常工作。

院校层面学生联盟的学生代表通常都是直接选举产生。根据《瑞典法》，大学的所有学生都要向学生联盟交会员费。以斯德哥尔摩大学为例，所有学生联盟的成员在每年选举学生联盟理事会时都有投票权。学生联盟的主要任务是使学生的影响超出其教育之外。高校的学生联盟和学生代表都属于高等教育治理的范畴，在高等学校内部的教育质量保障活动中扮演着重要角色。

2. 瑞典学生在高等教育治理中的正式权利

瑞典法律和有关高等学校的法规为学生参与高等教育治理提供了很强的正式权利。学生通过多个层面和不同方式参与高校治理，在学校管理机构中都要求有学生代表参加。瑞典学生在高等教育治理中的权利包括：

（1）国家层面

参与瑞典全国高等教育局的理事会。

参与高等教育改革委员会。

学生代表有权得到薪资。

（2）院校层面

在院校、学院和系层面参与。

有权作为代表参与所有与学生有重要关系的决策与咨询机构。

对教育和学习条件至关重要的在决策和咨询机构的权力。

在学校理事会的最少席位（与教师的人数相同）。

对所有议项的投票权。

课程和教学项目的质量评估。

年度财政报告中的陈述。

强制性加入学生联盟。

3. 学生在高等教育治理中的非正式参与

（1）国家层面

与教育部门联系。

工作组、委员会的成员，以及向有关部门提出参考提议。

博洛尼亚进程中的国家小组成员。

参与年度预算讨论。

派代表参加所有与高等教育和学生相关的国家机构。

与议会的联系。

与全国校长会议的联系。

国家级的质量评估。

（2）院校层面

大部分高校都有学生参与的相关政策。

在所有咨询机构中的参与。

学校管理人员（如大学校长）和学生联盟的持续对话。

4. 学生在质量保障体系中的正式权利

1992 年瑞典高等教育质量保障体系的概念和框架经历了一个重大的调整，高等教育评估的责任和重点转移到了不同的高等学校。学生被看作是高等教育治理和高等教育质量保障最重要的行动者。高等学校主要以学生的利益为先导，质量评估的基本观点是：在学生离开的时候他们到底学到了什么？

《高等教育法》和《高等教育条例》赋予了学生参与高等教育质量保障的权利。该法律强调高等教育质量是“教师和学生的共同的责任”“参与权意味着学生能够在所有的决策机构和制定决策的小组中担任代表”。众望所归的学生代表是由学生联盟任命的，而各系的学生代表则为系理事会任命。

同时，在对课程和学校进行评估时，高等学校要负责给学生提供表达他们体验和观点的机会。课程评估的结果，以及基于课程评估的任何后续行动都要向公众公示。此外，学生也要被吸纳参与评估高等学校的外部小组。

高等学校可以提议评估人员和学生代表，但是专家组的构成最终是由国家机构来决定。而推举的专业人士则不能从本校教师中选取，但高等学校可以，并且通常都是提名自己本校的学生。然而，高等学校要与本校学生组织一起确认选出的学生名单。审计专家组中的学生成员要由全国性的学生组织提名。

提名学生进入外部专家小组的遴选标准有：对教育系统的很好了解、良好的评估知识，以及在决策机构或学生组织中的经验。在审查和院校评估中，评估小组中的学生成员必须具备在学生组织和院校决策机构中的经验。通常，被选出的学生代表具有在理事会、其他决策机构和学生组织中的丰富经验。

瑞典在吸纳学生参与质量保障的实践中取得了很大的进步和良好的效果。瑞典对学生参与有一个很高的愿景，要把学生作为有能力的、平等的合作伙伴纳入高等教育治理。在强调公开、信息传递，以及倾听与妥协的文化之下，瑞典有很好的正式学生参与和非正式学生参与，其影响和作用也得到了广泛认可。学生的参与增加了评估的相关性和合法性，并强化了学生作为学术共同体平等成员的角色。然而，如同许多其他欧洲国家一样，瑞典的学生参与也面临着一些挑战：学生代表遴选问题、为评估任务培训新学生的长期需要，以及学生参与高校自评的动机。不管如何，瑞典证实了学生应该并且可以成为高质量高等教育的有价值的合作伙伴和创造者。

5.2 学生参与高等教育质量保障的范围

高等教育质量保障通常可以分为外部质量保障和内部质量保障。其中，外部质量保障主要是指国家、社会从高等学校外部对其质量进行的认证、评估、审查等活动，而内部质量保障则是高等学校内部，比如学校、院系内部自己开展的质量检查和评估。国外学生不论是在外部质量保障还是内部质量保障活动中都有不同程度的介入，通过对其在不同范围质量保障活动中参与情况的考察，可以使我们对学生参与高等教育质量保障的广度有一个整体的把握。

5.2.1　学生在外部质量保障中的参与

在现代社会里，高等教育与国家繁荣、社会经济发展、科技进步的关系日益密切，其质量的优劣已不仅仅是高等学校自己的事情，各国政府和社会组织基于国家利益和社会需求的考虑，纷纷介入高等教育质量保障活动，通过外部力量对高等学校的教育质量进行政策引导、制度约束、过程监督、运行效果评价，以保障和提升高等教育质量。尽管不同国家在高等教育外部质量保障的形式上各不相同，如认证、评估、院校审查等，但是质量保障的主体却主要是政府和社会中介组织。近年来，有鉴于学生主体地位的上升和重要利益相关者地位的确立，以及博洛尼亚“学生参与”政策的推动，越来越多的国家开始将学生纳入外部质量保障体系，并使其成为外部质量保障的有效参与者。

学生在外部质量保障中的参与可能在一些国家早有实践，但是以法规、政策文件的形式确定学生参与外部质量保障的权利可能是博洛尼亚进程以来的事情。2003 年柏林公报提出了高等教育质量保障要有学生的参与。此后，博洛尼亚进程成员国陆续开展了学生参与质量保障的实践。其中，不乏一些国家为了保障学生在质量保障中的参与，以立法或政策文本的形式确定学生的参与权，例如丹麦、挪威、芬兰、冰岛、瑞典等。然而，最值得一提的是 2005 年在欧洲高等教育区教育部长会议，即卑尔根会议上通过的《欧洲高等教育区质量保障标准和准则》（ESG），该“准则”是博洛尼亚进程 46 个签约国的高等教育质量保障都要遵循的统一标准和准则，它对外部质量保障中的学生参与做了明确规定。

ESG 在“高等教育外部质量保障标准和指南”中指出，外部质量保障程序中要有学生的参与，并在“外部质量保障机构的标准和指南”中指出，为了证明外部质量保障机构是独立自治的机构，不受其他利益集团的控制，在质量保障过程中应与高等教育相关的利益相关者，尤其是与学生进行磋商。外部质量保障机构的保障程序应包括：自评或质量保障过程中与之相应的程序；由专家组进行的外部评估和由保障机构决定的实地评估，专家组成员应视情况包括一个或几个学生成员；发布评估报告，包括决定、建议或其他非正式的结果；按照评估报告中的建议，对质量保障过程中的行动进行检查的后续程序。[1] 这分

---

[1] ENQA. Standards and Guidelines for Quality Assurance in the European Higher Education Area［EB/OL］.［2019－08－07］. http：//www. eqar. eu/uploads/media/050221_ENQA_report_01. pdf.

“准则”对学生在外部质量保障中的参与规定，确认了学生参与外部质量保障的权利，并使其规范化。2015 年新修订的 ESG 保留了关于学生参与质量保障的建议，并强调在教学、学习和评估的质量保障方面采用更加以学生为中心的方法。在 ESG 的推动下，博洛尼亚进程的成员国在学生参与外部质量保障中取得了较为显著的成绩，学生参与的程度有了显著提高。

5.2.1.1 学生在外部质量保障中的参与状况

2018 年博洛尼亚后续研究组（The Bologna Follow - up Group，BFUG）对学生参与高等教育质量保障的情况进行了调查。该调查将学生在外部质量保障中的参与分为五个层面：参与国家质量保障机构的治理框架、参与外部评估小组、参与自评报告的准备、参与外部评估的决策制定程序、参与评估后续程序（见表 5 - 2）。从调查情况来看，2016—2017 年有 20 个国家实现了学生在外部质量保障五个层面的参与，12 个国家实现了四个层面的参与，7 个国家实现了三个层面的参与，7 个国家实现了两个层面的参与，还有 4 个国家只有一个层面的参与或没有学生参与。与 2013—2014 年相比，学生在外部质量保障中的参与情况有所改善，然而，还有相当多的国家只是实现了三个层面或两个层面的参与。因此学生在外部质量保障中的参与还仍需提升。

表 5 - 2　学生在外部质量保障体系中的参与程度

	2013/14	2016/17
学生在以下五个层面作为正式成员参与质量保障评估 ○ 国家质量保障机构的治理框架 ○ 外部评估小组 ○ 自评报告的准备 ○ 外部评估的决策制定程序 ○ 评估后续程序	14	20
学生在上述四个层面有参与	7	12
学生在上述三个层面有参与	13	7
学生在上述两个层面有参与	7	7
学生在上述一个层面有参与	7	4
缺失	—	1

资料来源：EACEA. The European Higher Education Area in 2018：Bologna Process Implementation Report.

2018 年《博洛尼亚执行报告》收集了欧洲高等教育区成员国的国家学生

联盟对外部质量保障活动中学生参与程度和频次的意见。从学生在外部质量保障评估小组中的参与情况来看，2016—2017年有35个国家学生联盟反馈了信息，其中有22个国家学生联盟表示要求学生必须参与外部质量保障评估小组，6个国家学生联盟表示只是建议学生参与，不过学生能经常参与，4个国家学生联盟表示学生有时参与，还有3个国家学生联盟反映在外部质量保障评估小组中没有学生参与。不能看出绝大多数国家都在外部质量保障中吸纳学生参与，且大部分国家的外部质量保障评估小组要求必须有学生参与，然而依然还有一部分国家的学生未成为外部质量保障不可或缺的要素。总的来看，欧洲学生在博洛尼亚进程的推动下已经成为高等教育外部质量保障的重要参与者，但在参与程度上还有提升空间。

外部质量保障有多种方法和途径，譬如对院校、专业、学科或某个特定主题的评估、认证、审核和基准等。目前欧洲学生几乎在各项外部质量保障项目中都有参与。例如，芬兰高等教育评估委员会（FINHEEC）是芬兰高等教育外部质量保障的权威机构，主要负责对全国高等教育机构进行认证和评估，其外部质量保障项目主要包括：院校评估、专业评估和专项评估、对评估之后的后续追踪评估，以及对高等学校专业课程的认证等。从FINHEEC各项质量保障活动中的学生参与情况可见，学生已被广泛纳入各项外部质量保障项目中（见表5－3）。

表5－3　芬兰高等教育评估委员会评估活动中的学生参与

	项目数	评估规划	自评过程	实地评估会谈	外部评估小组
院校评估	—	—	—	—	—
综合性大学的院校评估	20	是/否	是	是	否
多科技术学院运营许可证评估	66	是	是	是	是
多科技术学院的院校评估	3	否	是	是	是
对多科技术学院质量工作审查	16	否	是	是	是
专业和专项评估	11	是	是	是	是
追踪评估	—	—	—	—	—
对大学院校评估的追踪评估	11	是	是	是	否
对专业评估的追踪评估	3	是	是/否	否	否
对专业课程的认证	64	是	否	是	否

资料来源：Sirpa Moitus. Nordic project on student involvement [EB/OL]. [2019－08－08]. http://www.kka.fi/files/192/KKA_0203V.pdf.

虽然外部质量保障根据保障对象和保障模式的不同有多种不同的保障项目，但是在具体的运作程序上却大致相同，一般都包括院校自评、专家组的外部评估、发布评估报告，以及高等学校根据评估报告的建议采取后续行动这几个程序。由于博洛尼亚进程学生参与政策的推动，许多欧洲国家的学生已经实现了在外部质量保障各个环节的全程参与。同样以芬兰为例，自 1996 年 FINHEEC开展评估活动伊始，学生就是其评估小组中的成员。评估小组通常由 4 至 7 个人组成，分别代表高等学校、雇主和学生群体。在院校评估活动启动之前，学生要求参与对评估活动的策划。FINHEEC 中设有 2 名学生代表的席位，这两名学生代表可以作为平等的成员参与对 FINHEEC 活动的策划及决策程序。同时，FINHEEC 在自评指南中建议将学生纳入自评程序之中。被评院系要在其自评报告中对自评程序进行说明，这将显示评估小组如何将学生纳入自评过程之中。在评估小组实地考察期间，有一个重要的环节是评估小组与学生的会谈，学生可以就质量问题向评估专家组提供意见和建议。由于最终的评估报告是由评估小组撰写，评估小组中的学生成员因此也要参与评估报告的撰写。在评估结束之后，学生还要负责向其同伴宣告评估结果，高等学校也要利用评估结果，按照评估报告中的建议进行整改。此外，对于学校整改的情况，学生要负责在学校、院系和专业层面进行监督检查。[1]

5.2.1.2 学生在外部质量保障中的角色和作用

从以上对欧洲学生参与外部质量保障情况的分析，不难发现学生在欧洲外部质量保障的各个项目和程序中都有非常广泛的参与。然而，学生在这些外部评估和程序中发挥着什么作用，扮演着什么角色呢?

据 ESU 的调查发现，2015 年有 38 个国家学生联盟参与了调查，除了 4 个表示在外部质量保障中没有学生参与之外，其余 34 个均在外部质量保障中有学生参与。其中，29 个国家学生联盟反映是作为正式成员参与外部评估小组，并且立陶宛、联合王国和亚美尼亚这 3 个国家的学生有机会担任外部评估小组的主席或秘书。此外，有 23 个国家学生联盟表示学生主要发挥信息来源的作用，如参与外部评估期间的访谈等。2018 年的调查显示，在回答高等教育有学生参与的国家学生联盟中，71% 表示学生是外部评估小组的正式成员，其余

[1] Sirpa Moitus. Nordic project on student involvement [EB/OL]. [2019 - 08 - 08]. http://www.kka.fi/files/192/KKA_0203V.pdf.

回答均表示学生参与有局限性。其中，有3个国家学生联盟反映学生是观察员，还有3个国家学生联盟表示学生只是信息来源。另外，在一些国家学生可以在外部评估小组中担任主席或秘书。大部分欧洲国家将学生纳入外部质量保障评估小组。然而，并不是所有国家的学生都在外部质量保障评估小组中有正式席位，还有少数国家的学生虽然参与了外部质量保障，但仍属于非正式参与，并不是评估小组的正式成员。

从目前各国学生参与的趋势来看，学生正日益成为外部质量保障的重要参与者。学生的参与能为高等教育外部质量保障带来有价值的视角。首先，作为学生，他们是高等教育最直接的感受者，也是唯一能够从一个学生或学习者的视角来审视高等教育及其质量的人；其次，参与外部质量保障的学生代表一般曾在院校或国家的管理机构担任过学生代表，因此，他们对高等教育系统有深入的认识和了解，并且能够洞察和理解学生的境况，这是其他外部评审人员不会予以关注和考虑的；再次，学生是高等教育最大的利益相关者，他们在教育中投入了大量的时间和金钱，希望从中获得一定的收益，因此对那些确保教育成为一项好的投资的活动特别感兴趣；最后，学生还可以被看作是学术共同体的合作伙伴。因为他们通常对学术机构的目标，对学术共同体的文化、政治和历史，对学术机构在社会中的角色，以及对学术传统的未来都有一个持平之论。这种见识再加上他们年龄、同伴群体，以及在校生活时间的影响，意味着学生可以成为高等教育外部质量保障有建设性的参与者。

5.2.2　学生在内部质量保障中的参与

内部质量保障是高等学校内部自己开展的对教育教学质量的检查、评估和管理等工作。学生作为高等学校的主要成员，以及学校教育质量最重要的利益相关者，应是学校教育质量的监护者和管理者。从当前学生在各国高等教育内部质量保障中的实际参与情况来看，大部分欧美国家的学生都是学校内部教育质量保障的重要主体，通过多种途径积极参与到学校的内部质量保障活动之中。

2005年制定的《欧洲高等教育区质量保障标准和准则》（ESG）除了对学生参与外部质量保障做了明确规定之外，还对学生在高等院校内部质量保障中的参与做了规定："高等院校应该有一个保障其教学质量和学位标准的政策和相关程序……高等院校应该建立和实施质量持续提升的战略。这些战略、政策和程序应该以正式的形式发布，使公众能够获悉，并且也应在其中说明学生和其他利益相关者的作用。”此外，该文件还进一步要求对质量保障政策的陈述要包括“学生在质量保障中的参与”，“高等院校应该有正式的对教学和学位授予进行认证、定期审查和监督的机制，对教学和学位的质量保障要包括学生在质量保障活动中的参与”。[1]

5.2.2.1 学生在内部质量保障中的参与状况

高等学校是一个由不同院系和专业构成的学术共同体，其内部治理结构主要可以分为学校、院系、专业或课程三个层级。因此，学生在学校内部质量保障中的参与也可以相应地分为学校层面的参与、院系层面的参与和课程层面的参与（如图5－1）。在学校层面，学生主要通过参加学校的质量保障委员会、理事会和学术委员会参与质量保障；在院系层面，主要通过加入院系的质量保障和决策机构参与质量保障，例如院系的质量保障委员会和理事会；在课程层面，则主要通过学校开展的各种调查、参加内部评审小组和课程委员会对教学质量进行监管和反馈。

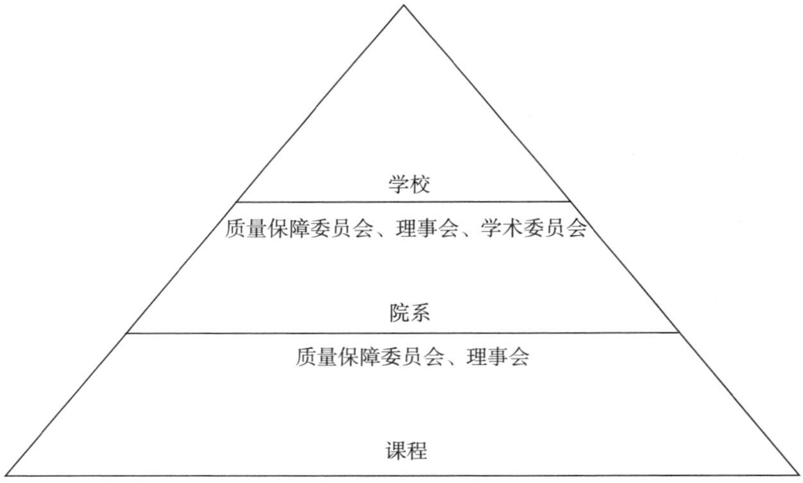

图5－1　学生参与高等学校内部质量保障的层次

[1] ENQA. Standards and Guidelines for Quality Assurance in the European Higher Education Area [EB/OL]. [2019－08－07]. http://www.bologna－bergen2005.no/Docs/00－Main_doc/050221_ENQA_report.pdf.

欧美国家的高等学校一般由学校董事会、学术委员会、校务委员会等决策机构来治理大学，在这些机构中通常都有一定比例的学生代表。例如，美国大学治理的一个主要特点是董事会治理大学，但同时它还具有分享治理或共同治理的特点，也就是管理人员、教职员工和学生共同参与对学校重大事务的决策。例如，加州大学董事会有26名董事，其学术委员会是教职员工的代表机构，学术委员会主任和副主任是当然的董事，此外，董事会中还包括一名学生董事。❶ 同样，在英国大学的治理机构中也通常设有学生代表的席位。例如，剑桥大学的机构设置包括董事会、理事会和校务委员会，其中理事会是执行机构，拥有行政和决策权，其成员包括：副校长、学院理事会主席、3名大学外部成员、董事会选举的3名学院院长、董事会选举的6名董事、经选举的3名学生。❷ 由于质量保障是学校治理的一项重要内容，因此学生可以通过在管理和决策机构中的学生代表参与学校的各项内部质量保障活动。此外，许多高校还设有专门的质量保障机构，其中也一般都有学生成员的参加。

在院系层面，值得一提的是，欧美一些国家不仅在学校层面有专门的质量保障机构，在院系层面也设有相应的机构，学生通过参与这些院系层面的质量保障机构和决策机构可以对院系的质量保障活动施加影响。课程是学校教育的载体，也是最基本的教学单元，其教育质量的好坏直接决定了学校教育的优劣，因此对课程教学质量的监管和评价是学校教育质量保障的最基本环节，学生在这个层面主要通过参与评审小组、课程委员会，以及参与诸如满意度调查、学习经历调查和教师/课程教学质量评价等调查活动参与对教学质量的保障。例如，在芬兰综合性大学和多科技术学院的院校内部评估中，参评院系要建立一个内部指导小组，其中通常都有学生成员参加，或者至少要求学生对评估计划进行评议。❸

目前，许多国家的学生都已广泛纳入到高等教育内部质量保障活动中。根据欧洲学生联盟（ESU）的调查，2015年有86%的国家学生联盟表示学生在本国从事内部质量保证，有12%的国家学生联盟表示不确定，还有1个国家

---

❶ University of California. Shared Governance [EB/OL]. [2019-08-08]. http://www.universityofcalifomia.edu/aboutuc/governance.html.

❷ 焦笑南. 美国、英国、澳大利亚的大学治理及对我们的启示 [J]. 中国高教研究，2005（1）：51-53.

❸ Sirpa Moitus. Nordic project on student involvement [EB/OL]. [2019-08-08]. http://www.kka.fi/files/192/KKA_0203V.pdf.

学生联盟认为学生没有参与内部质量保障。2018 年除了白俄罗斯一个国家的学生联盟反映学生没有参加内部质量保障程序之外，其余 38 个国家学生联盟均表示他们参与其中，只是参与方式不同。由此可见，近年来欧洲学生在内部质量保障中的参与有所提升，目前绝大部分欧洲国家的学生都参与了高等教育内部质量保障程序。在一个国家的高等教育质量保障体系内，学生参与质量保障可以有不同的做法，这在很大程度上取决于高校的类型。ESU 在 2012 年的调查中发现，在 28 个反馈意见的国家学生联盟中有 19 个指出，与私立高校相比，公立高校更渴望让学生参与学校质量保障系统的发展。[1]

总的来看，绝大部分国家的内部质量保障中都有学生的参与，但依然还有个别国家没有将学生纳入内部质量保障程序。与外部质量保障相比，学生在内部质量保障中的参与更加广泛和深入。作为高等教育质量保障最重要的利益相关者，学生有权利成为学校内部教育质量保障积极的、平等的参与者。

5.2.2.2 学生在内部质量保障中的角色和作用

高等学校的内部质量保障可以有多种不同的形式，例如定期对教学条件和教学组织进行审查、对教师或课程的教学效果进行评价、开展各种调查、设立投诉箱或意见箱等。学生在不同的内部质量保障活动中扮演的角色和作用也是不同的。总的来看，在高等学校的内部质量保障活动中学生主要扮演了以下角色：

首先，信息提供者。向有关部门反馈信息是最常用的学生参与学校质量保障的方法。作为教学活动的主要参与者和校园生活的体验者，学生对学校教育教学的各个环节最为了解，通过向教师、管理人员和学校领导反馈教学质量的相关信息，可以帮助他们诊断问题，有的放矢地进行改进。在教学评价、调查、访谈/座谈，以及申诉等活动中，学生所扮演的都是一个信息提供者的角色。

其次，质量保障的行动者。除了作为信息提供者之外，学生在内部质量保障中可以成为与学校管理者和教师一样的平等的合作伙伴。在博洛尼亚进程的推动下，许多欧洲国家的高校都在内部质量保障机构中设有学生席位，学生代表以正式成员的身份参与到学校质量保障的决策和活动之中。另外，学生完全

---

[1] ESU. Bologna with student eyes 2012 [EB/OL]. [2019 - 08 - 08]. https://www.esu - online.org/wp - content/uploads/2016/07/BWSE2012 - online1.pdf.

能够从被动的参与者变成积极的行动者。在芬兰的许多大学中，学生自己设计或者与教师合作一起设计调查反馈问卷，问卷回收后甚至反馈信息也经常是由学生自己收集和分析。并且，在问卷调查的基础上，他们还组织教师和学生建立工作小组，共同就学校教育质量中存在的问题进行讨论，寻求解决之策。芬兰奥卢大学（Oulu University）的学生就是这样参与学校的教学质量保障。❶

最后，学习方面的专家。教与学是一对相辅相成的概念，对学校教学质量的保障不光要从教的一方入手，还应当更多关注学生学习的情况。一些高校自己开展的满意度调查和学习体验调查，以及学生的书面意见书等都是从学生的视角出发，通过学生对学校教学的体验、满意程度，以及对学校教学质量的陈述来评价学校教学质量。英国约克大学（Unviersity of York）每隔 6 年就要对所有院系开展一次质量审查，其中一个重要部分就是学生的体验。❷ 在这种内部质量保障中，学生所扮演的就是一个学习专家的角色，因为只有学生自己知道他们是如何取得学习成果、教学是如何对他们提供帮助的。正如瑞士认证和质量保障中心的评介："学生是学习的专家。"

随着学生在内部质量保障中的作用日益凸显，高校越来越重视将学生纳入其内部质量保障体系。例如，英国格拉斯哥大学（University of Glasgow）从 2000 年开始开展 6 年一轮的内部质量审查。该大学规定：审查小组必须包括一名学生成员和至少一名校外成员；审查小组在实地考察期间要与本科生和研究生进行会谈；被审查的院系要告知学生定期审查的相关事宜，并在教师学生联合委员会的会议中进行讨论；被审查的院系要将学生直接纳入自评报告的起草过程，并在自评报告中说明学生是如何参与的。经过多年的实践，格拉斯哥大学认为，学生参与内部定期评审有以下几点积极作用：一是在检查小组中吸纳学生成员可以对学生的体验和学生提出的问题给予更多的关注；二是提高学生在教学事务中的参与；三是学生参与内部审查的意愿是评定被查院系的文化及其质量保障态度一个很好的指标；四是有助于与学生联盟建立更加紧密的合作关系。

此外，许多国家也对学生在内部质量保障中的作用给予了充分认可。例如，苏格兰基金委员会在院校质量审查的指导文件中指出，学生在内部审查过

---

❶ Hannna Alaniska etc. Student involvement in the processes of quality assurance agencies [EB/OL]. [2019-08-06]. http://www.enqa.eu/files/Student%20involvement.pdf.

❷ University of York. Periodic Review Visits: a brief guide for students [EB/OL]. [2019-08-08]. http://www.york.ac.uk/admin/aso/teach/studentguides/periodicreview.pdf.

程中要发挥更加核心的作用，内部审查应该对学生的反馈给予充分的考虑，并收集学生对教育供给的意见。从苏格兰学生参与高校内部定期质量审查的情况来看，2003 年只有不到 30% 的高等学校在审查小组中有学生成员，到 2008/2009 年几乎所有苏格兰高校都已在内部定期质量审查小组中吸纳了学生成员。[1] 挪威高等教育质量保证署（NOKUT）对于学生在质量保障中的参与给予了高度评价："质量从一个其他人无法涉及的重要的位置被观察。学生可能被看作顾客、原材料、生产过程的一部分和终端产品。学生代表将带来无法预期的观点，在实质上改善评估。"德国工科专业认证机构（ASIIN）也指出，"学生参与是一个法律问题。由于学生代表了高等教育过程中的一个主要的利益相关者群体，他们的利益在高等教育质量保障过程中得到充分体现是非常重要的"。[2]

根据 2018 年 ESU 的调查，学生在内部质量保障中的角色和参与度在绝大多数欧洲国家都不同，60% 的国家学生联盟表示学生是内部评估机构的正式成员，还有 26% 回答学生在内部质量保障中的参与仅限于作为信息来源。并且，一些学生联盟还指出，学生的参与程度在各高校之间差别很大，很难统一表述学生在内部质量保障中的整体作用。

综观学生的参与实践，国外学生在高等学校的内部质量保障中扮演着多重角色，发挥着积极的作用。虽然内部质量保障中的学生参与方式不同，但是学生参与的价值认同却是一致的。越来越多的国家和大学已经认识到将学生纳入内部质量保障体系的重要价值和意义，尤其是评估和审查学术部门、学生服务部门时，学生的参与能够直接给评估和审查工作带来诸多增益。

5.2.3 学生在内部和外部质量保障中的参与案例

5.2.3.1 学生在外部质量保障中的参与——以英国苏格兰地区"以质量提升为导向的院校评估"为例

为了对学生在外部质量保障中的参与有详尽全面的了解，下面以英国苏格

[1] Wendy Muir. Student involvement in internal periodic review activities [EB/OL]. [2019-08-08]. http://senate.gla.ac.uk/qa/review/dptlaguide.pdf.

[2] Hannna Alaniska etc. Student involvement in the processes of quality assuranceagencies [EB/OL]. [2019-08-06]. http://www.enqa.eu/files/Student%20involvement.pdf.

兰地区为例考察学生在外部评估中是如何实现有效参与的。

2003—2004 年以来，苏格兰开始在高等学校全面实施“以质量提升为导向的院校评估”（Enhancement - led institutional review，ELIR），此评估的目的在于通过整合行动，在以改进高等教育质量和标准为前提的指导原则下，对苏格兰地区高等学校的教学质量进行评估。[1]

ELIR 的评估方法由四个完整的部分组成：与院校每年单独一次的讨论、反思性分析报告、根据反思性报告对院校进行的实地评估，以及部门范围内对评估结果的反馈。每年一次的讨论有利于评估的推进，并且为苏格兰质量保证署和高校之间的信息共享提供了一个重要的机会。苏格兰质量保证署与高校每年举行一次讨论会，讨论会小组成员包括一名苏格兰质量保证署成员和几个高校成员。其中，高校成员一般包括几名资深教授和一名来自学生组织的代表。在 ELIR 进校评估之前，院校要求提交一份反思性分析报告。

ELIR 方法的核心是院校的反思性分析（Reflective Analysis，RA）。这种反思性分析可以突出高校在提高学生学习经历和追求学术标准上的主要的、显著的特点。正如《以质量提升为导向的院校评估手册（第一版）》所强调的，希望能够在进行反思性分析时将所有高校中的适当利益都囊括其中，尤其是希望高校能将学生纳入反思性分析的起草和制作过程。反思性分析应该清晰说明如何获取学生观点，以及如何将其融入反思性分析之中，并且还应对学生参与的影响做出评价。

ELIR 的实地评估分为两个阶段进行，这两个阶段之间间隔 5 周。第一阶段实地评估是由 ELIR 小组对高校进行两天的实地考察，其目的一是确保 ELIR 小组对高校，以及对该校在反思性分析报告中对 ELIR 规定指标的达成情况有比较深入的了解；二是确保评估小组在实地评估第二阶段对 ELIR 的主题进行探讨，并与院校分享这些主题；三是使评估小组能有时间确认并与院校商讨第二阶段评估的恰当组织形式；四是对特定文件进行验证，以便评估小组在第二阶段对 ELIR 的探讨。

实地评估第一阶段第一个半天的活动安排是由院校自己确定的。被评院校可以自主灵活地提供一些活动项目，以便能最有效地帮助评估小组了解学校在管理和提升学生学习经历方面所采取的方法，并在评估小组和高校之间建立积

[1] QAA Scotland. Enhancement - led institutional review handbook：Scotland（Second edition）. The Quatlity Assurance Agency for Higher Education，2008：25 - 26.

极的关系，以及为后续评估定下基调。此外，实地评估第一阶段剩余的时间，将包括 ELIR 评估小组根据它对被评院校自我反思性分析的考量，以及前半天的互动确定的推进评估的一系列座谈。这些座谈的对象分别是一组高级教师、一组学生代表，以及一组曾经历过高校自我质量评估的教职员工。

实地评估的第二阶段将持续三至五天，主要取决于院校的规模、复杂性，以及自我反思分析报告和第一阶段评估所引发的议题。为了在第二阶段对这些议题进行探讨，ELIR 评估小组将对学校的一系列相关文件进行审阅，并组织与一批教师和学生的座谈。座谈的内容将包括学校提升质量战略方法的有效性、学校对学生学习经历管理的有效性，以及学校组织的院校质量检查和评估的有效性。

ELIR 评估小组的人员构成由 6 名同行评审、1 名学生评审员、4 名高级学生管理者评审员（包括 1 名国际评审员）以及 1 名 ELIR 协调评审员组成。每名评审员都是 ELIR 评估小组的全职人员，拥有同等的地位。然而，一些评审员可能负有特殊的责任，ELIR 评估小组在实地评估期间将一起行动，在 ELIR 评估报告中的评论和结论将由小组成员共同完成。学生评审员为评估提供了一个学习者的视角，他们的责任主要是询问有关学校对学生学习经历管理的情况，以及学校吸引学生参与方法的有效性。

所有的评审员都有以下权利：一是阅读和分析自我反思分析报告，以及其他由学校提供的文件；二是参与实地审查；三是基于实地审查中得到的信息做出有关判断（结论）；四是在评估报告的拟定中发挥作用，发表意见。

不难看出，苏格兰“以质量提升为导向的院校评估”将学生作为评估活动的重要参与者，在评估的各个阶段和各项活动中都有学生的参与，学生在该评估活动中实现了全面有效的参与。

5.2.3.2　学生在内部质量保障中的参与——以英国佩斯利大学为例

佩斯利大学（University of Paisley）是英国苏格兰西部的一所大学，该大学具有一个严格的质量保障框架，包括教学项目认可、评估、每年一度的质量检查和定期的学科状况评估。这些内部质量保障程序和外部评估一起确保了学校的教育教学质量。佩斯利大学在教学项目、学院和学校层面都有相应的质量保障措施。学生参与质量提升是该大学战略的一个关键因素。佩斯利大学认为学生在质量保障和提升活动中的参与是一个应该优先发展的领域。为了促进学生在质量保障和提升中的参与，该大学与其学生会（UPSA）开展了积极的合作。佩斯利大学认识到，学生的多样性和人数众多对实现质量保障和提升活动的全体学生参与提出了挑战，因此该大学建立了一个“学生代表战略”来实现学生的广泛参与。

佩斯利大学有一个广泛的在学校、学院和课程层面促进学生参与，以及获取学生反馈的机制。佩斯利大学及其学生会（UPSA）有 4 名全职的带公休假的人员：佩斯利校区的主席、艾尔（Ayr）校区的主席代理，以及两名副主席。此外，在邓弗里斯（Dumfries）校区中有一个校园特定学生主席，作为该地所有院系学生的代表。UPSA 负责任命学生代表参与一系列的学校机构，并且它与学校一起确保在学校管理的各个层面都有学生的声音。佩斯利大学支持 UPSA 和质量提升部门（Quality and Enhancement Unit）的合作，制定鼓励学生成为学校管理机构的代表，并对学生代表进行培训和指导的机制。学校评议会有两名学生代表（通常是 UPSA 主席和主席代理），并且这两名学生代表是评议会的正式成员。同时，一些学生也是其他学校委员会的成员，包括评议会和教学理事会。在学院中，学生在教师学生联络委员会（SSLCs）、教学委员会和学院理事会中都有学生代表参加。

教师学生联络委员会可以是学院范围的，也可以是课程层面的。但是，为了确保其活动的一致性，一个通用的影响范围被认可并被写入《学生代表手册》。这份手册是由质量提升部门和 UPSA 一起制定的。学生从 2003—2004 学年开始就已经成为教学委员会的成员，并且，通过这种方式学生实现了对教师教学、学生学习和评估事宜的直接参与。这些委员会中的学生代表是来自各个校区和不同学习模式的学生。此外，半工半读的学生也能够通过终身学习中心提供反馈。

佩斯利大学及其学生会都认识到，近年来在学院理事会中确保学生代表的参加变得很困难，原因包括学生群体人数众多、很多学生都是全职雇员，以及由于学生把在学院理事会的工作看作是与他们当前的学习和学位获取无关的事务。UPSA 和质量提升部门紧密合作来解决这些问题，《学生代表战略》的制定正是这种合作的结果。该战略明确了学生代表在整个学校中的安排，其中一个主要目标是所有学生代表都应该有获取同样信息、指导和支持的渠道。

作为《学生代表战略》的一部分，佩斯利大学试点了一个“学生学院职员”（student school officer）的新角色。这些“职员”要出席学院理事会会议，并与相关的教师学生联络委员会取得联系。根据对该试点的评价，UPSA 和佩斯利大学认识到有必要对这种做法进行修正。因此，在“以质量提升为导向的院校评估”（ELIR）评估期间该校的提议是，废除学院职员出席学院理事会的要求，把重点放在与 SSLCs 的沟通上。并且，该提议在 ELIR 评审期间的讨论中得到了强调，建议停止试图把学生放入现有的结构，开始构建以学生为中心的结构。

质量提升部门和 UPSA 通过《学生代表手册》，以及由国家助学支持服务机构和“学生参与苏格兰教育质量”（sparqs）组织的培训为所有学生代表提供支持。这本《学生代表手册》每年都要更新一次，并且培训活动也在逐年增加，目前培训已在所有三个校区开展。培训是学校评估的一个组成部分，学生代表对培训在帮助学生理解自己角色和责任上的效度给予了认可。2004 年学生代表与教学副校长讨论之后，在大学虚拟学习环境（VLE）中创建了一个学生代表站点，为学生代表提供相关信息和关键数据。在 ELIR 评审期间，教师和学生代表都认为这个站点提供了一个有效的沟通路径，并且在讨论中也提到了学生可以获得一个学生代表资格证书。该提议得到学校和 UPSA 的一致认同，有关如何获得资格证书的细节已放在了学校网站上。

在佩斯利大学的学科状况评估活动中，学生是专家小组中的正式成员，并被纳入自评材料准备工作。学科状况评审专家小组的学生成员得到了教师们的积极评价，并且在与教师的讨论中也强调了这些评审与学校提升教学质量战略之间的动态关系。此外，学生还通过其他一些方式对学科状况评审施加影响，包括在学科状况评审过程中教师学生联络委员会的讨论内容，以及学科状况评审专家小组与不同群体的学生会谈。

佩斯利大学重视学生对教育质量的反馈，并将其作为质量提升的重要依据。通过教学委员会提交的学生体验质量报告，学校对学生反馈进行详细分析，这个报告是每年一度的质量检查必不可少的一部分。在 ELIR 评审期间，学生举例说明了他们的反馈正在被付诸实施，但是他们认为其反馈对于质量提高并不是经常有直接影响。教师们也意识到这一点，并已采取了一些措施来改进与学生的沟通。此外，学生强调与教师进行会谈和交换观点的非正式机会，他们认为非正式反馈在学校中受到积极鼓励，并且发现教师们随时准备与他们沟通，并接受他们的观点。

总之，佩斯利大学正在努力吸纳所有校区和所有学生的参与，并通过与学生会共同协作来实现学生的全面参与。在佩斯利大学中有一种很强的获取学生反馈并对其进行回应的质量文化。学校正在努力提升目前反馈信息处理的方式，旨在对每年一度的质量检查机制进行有益的补充，促进学生在其学习体验管理中的参与。

5.3　学生参与高等教育质量保障的限度

在各国教育民主化进程尤其是欧洲博洛尼亚进程学生参与政策的推动下，西方国家的学生在高等教育质量保障中的参与日渐深入，通过多种途径和形式，实现了在各个层面、范围的广泛参与。然而，学生是否真的是高等教育质量保障的平等的合作伙伴？是否真的在各个层面和范围的质量保障中实现了充分、有效的参与？不难发现事实并不是如此，虽然近年来西方国家学生在高等教育质量保障中的参与不论是在广度还是深度上都有很大拓展，但依然存在着局限性，仍然是一种有限参与。

5.3.1　学生参与的有限性

学生参与是一种对高等教育质量保障权力的分享。由于提出质量保障学生参与政策是近年来的事，且学生一直在高等教育中被看作为受教育者，主体意识、参与能力等均不足，因而在质量保障中的参与仍有局限性，主要表现在：决策参与的不足、参与广度的局限，以及参与身份的危机。

5.3.1.1　学生的“身份危机”

学生是否在高等教育质量保障机构和外部评估小组中具有一个正式成员的身份直接关系到他们在高等教育质量保障中的参与限度。从目前各国学生的参与情况来看，许多国家的学生确实已作为正式成员被纳入各级质量保障机构，然而在实际质量保障活动中却没有被当作平等的成员或伙伴看待，面临着“身份危机”。

2015 年发布的《学生眼中的博洛尼亚进程》是有关欧洲高等教育区学生参与情况的调查报告，在参与调查的 38 个国家学生联盟中，有 79% 表示学生是国家质量保障机构的正式成员，85% 认为学生是外部评估小组的正式成员，68% 回答学生是内部评估机构的正式成员。可见，大部分欧洲国家的学生已作为正式成员被纳入各级质量保障机构，但依然还有部分国家的学生没有成为这些质量保障机构的正式成员。同时，报告还指出 55% 的国家学生联盟（38 个中的 21 个）表示学生仍然没有被视为/当作质量保障组织中的平等伙伴和成员。

2018 年发布的报告也反映了同样的问题。调查结果显示，86% 的国家学生联盟表示学生参与质量保障机构的治理，71% 反映学生是外部评估小组的正式成员，60% 表示学生是内部评估机构的正式成员，然而有 14% 的国家学生联盟表示学生只是咨询机构的成员，有 26% 认为学生在内部评估中的参与仅发挥信息来源的作用，还有部分国家学生联盟认为在外部评估小组中学生参与仅限于观察员或信息来源。此外，报告还指出有 50% 的国家学生联盟表示学生并不认为他们被看作是所在学术共同体的正式成员，14% 表示学生只是正式、象征性参与，而非真正参与。

由此可见，虽然大部分国家的学生都在各级质量保障机构中获得了正式成员身份，但是却没有被视为平等的合作伙伴，缺少平等地位。这种身份地位的模糊和非正式化所带来的一个直接后果是，学生在质量保障中的参与常常被认为是不充分的，多数情况下只是通过调查和会谈来进行咨询参与，而非决策参与。他们被看作是不太重要、知识不足或意义不大的利益相关者。这种不平等对待容易导致学生不仅在质量保障中，而且在整个学术共同体中都感到不舒服或不受欢迎。

5.3.1.2 决策参与有限

欧洲学生联盟（ESU）自 2005 年以来每隔两年都对博洛尼亚进程中的学生参与情况发布一份调查报告。从这些年发布的《学生眼中的博洛尼亚进程》报告来看，学生在质量保障中的决策参与有了显著提升，但依然存在决策参与不足的问题。

2005 年的调查报告指出，在欧洲高等教育区的一些国家，学生不是任何决策制定机构的成员，只是承担一个咨询的角色，例如在新西兰、比利时、斯洛文尼亚和波斯尼亚 - 黑塞哥维那（塞族共和国）。这种咨询通常对那些决策制定者不是必须要遵循的，并且在实践中也常常被忽视。[1]

2007 年的调查报告进一步指出，在许多欧洲国家，学生在国家层面的参与仍然限于一个纯粹咨询的角色，例如，格鲁吉亚、匈牙利、意大利、塞尔维

---

[1] ESIB. The Bologna with student eyes 2005 [EB/OL]. [2019 - 08 - 07]. http://www.esu - online.org/index.php/Publications/official - publications/570 - bologna - with - student - eyes - 2005? format = pdf.

亚和新西兰。一些国家的学生联盟甚至还提出，连咨询角色也是非常有限的，甚至根本没有参与咨询，例如在阿尔巴尼亚和西班牙。[1]

2009年的调查报告再次提到，“与2007年的情况相比，可以看到学生参与质量保障出现了令人鼓舞的趋势。然而，仍然遗留的严峻问题是，学生在参与实际决策中还存在着普遍不足”。“虽然学生在质量保障中的参与比例有所提高，但作为决策过程中的正式参与，还是仅仅以不平等的比例参与质量保障相关的不同程序，在这一点上不同的国家之间有很大的差异。”一些国家的学生联盟指出，他们在高等教育质量保障中的参与仅限于那些没有决策权的机构。学生虽然被赋予了参与的权利，但只是一种非常表面的参与方式。例如，冰岛的学生抱怨没有真正的决策制定权；德国国家学生联盟虽然对于学生参与的立法感到满意，但却感觉非常需要将其转化为现实。在比利时佛兰芒语区，尽管法律明确要求国家学生联盟参与高等学校的管理，但是，这种参与是咨询性的还是决策性的，依然由各个高校决定。[2]

2012年对各国学生联盟的调查发现，25%的国家学生联盟认为学生在内部质量保障中、9%表示在外部质量保障中、36%回答在认证或审查程序中、18%表示在质量保障机构的治理中，学生没有参与或参与非常有限。从学生在国家质量保障机构中的参与情况来看，在21个国家质量保障机构的治理组织中有学生成员，在其中15个治理组织中学生具有完全投票权，还有21个国家的学生也是或仅是质量保障机构咨询组织的成员。另外，调查还指出在奥地利、捷克、法国、拉脱维亚和斯洛伐克等一些国家，学生只是作为外部评估小组的观察员参与质量保障。

2015年，在国家质量保障机构的治理中，79%的国家学生联盟反映学生是决策组织的正式成员，还有39%的国家学生联盟表示学生仅是咨询组织的成员。在外部质量保障中，68%的国家学生联盟反映学生主要发挥信息来源作用，如参与外部评估期间的访谈等。在内部质量保障中，76%的国家学生联盟反映学生参与提供信息和反馈。此外，8%的国家学生联盟（38个中的3个）认为学生参与通常仅限于非常基础的反馈参与，而不是有意义的参与。尽管许多国家都有关于学生参与高等教育治理的立法，但在实践中这种参与权却有各

---

[1] ESIB. Bologna with student eyes 2007［EB/OL］.［2019－08－07］. http：//www. ond. vlaanderen. be/hogeronderwijs/bologna/documents/Bolognastudenteyes2007. pdf.

[2] ESU. Bologna with student eyes 2009［EB/OL］.［2019－08－07］. http：//www. esib. org/documents/publications/official_publications/BWSE2009－final. pdf.

种局限性，调查发现有超过一半的国家学生联盟表示学生在决策制定过程中的参与存在局限性，一些国家将学生排除在筹备阶段之外，如规划发展活动或讨论，而其他一些国家则将学生排除在最终决策阶段之外，只有 45% 的国家学生联盟报告学生在所有阶段都有参与。更令人担忧的是，超过一半的国家学生联盟表示，学生代表通常在院校和教师层面的决策中被“看到但未被听到”。

2018 年，有 86% 的国家学生联盟表示学生参与了国家质量保障机构的治理，是其决策组织的正式成员，还有 14% 的国家学生联盟反映学生只是咨询组织的成员。在外部质量保障中，分别有 3 个国家学生联盟表示学生的参与仅限于观察员与信息来源。在内部质量保障中，有 26% 的国家学生联盟反映学生的参与仅限于作为信息来源。此外，58% 的国家学生联盟反映学生被政府咨询过质量保障相关问题，然而他们同时也表示，即使在被咨询时学生的声音也没有被听到或被重视，通常在立法的后期请学生参与协商，因为这时围绕重大变化的谈判已不再可能。

从以上调查不难看出，近十余年来欧洲国家学生在高等教育质量保障中的参与得到了长足发展，越来越多的国家把学生作为正式成员纳入国家质量保障机构、外部质量保障机构和内部质量保障机构中，并使其进入决策组织。然而，即使学生获得了决策机构的正式成员身份和相应席位授权，但是却没有充分发挥决策作用，他们在质量保障中依然主要发挥信息来源作用，未能真正实现充分的、有意义的决策参与。

5.3.1.3 参与广度不足

学生是否能够在所有质量保障的相关层面和范围实现充分参与是衡量其参与广度的重要指标。从参与层面来看，主要可以分为超国家层面、国家层面和院校层面的参与，而院校层面的参与又可以进一步分为学校层面、院系层面和课程层面的参与。在参与的范围上，则主要可以分为在外部质量保障和内部质量保障中的参与。纵观目前各国学生在质量保障中的实际参与状况，除了少数国家之外，大部分国家的学生都没能实现在各个层面和范围的充分参与。

首先，学生在院校层面的参与不足。欧洲高等教育区成员国的学生在超国家层面、国家层面、质量保障机构的治理和外部质量保障中的参与情况较好，在院校层面的内部质量保障中参与欠佳。2007 年发布的《学生眼中的博洛尼亚进程》报告指出，在院系和课程层面，学生代表的参与更加困难，甚至在一些国家的学生必须有代表参与高等学校的最高层，但是却没有在更低层面的参与要求。2012 年的报告也明确指出，在外部评估中学生参与度最佳，外部质量保障的学生参与率要高于院校内部质量保障的学生参与率。此外，2018 年的报告也反映了学生在院校内部质量保障中参与欠佳的问题，60% 的国家学生联盟表示学生是内部评估机构的正式成员，71% 表示是外部评估小组的正式成员，85% 表示学生是质量保障机构决策组织的正式成员。不难看出，相对学生在外部质量保障和国家层面质量保障中的参与率，学生在院校内部质量保障中的参与率相对较低。

其次，在质量保障的前期规划和后续跟踪中参与不足。根据博洛尼亚进程的学生参与政策，学生应当是高等教育治理的全面合作伙伴，参与质量保障的所有相关活动，纳入相关机构、流程和会议。然而，从欧洲国家的实践来看，学生在质量保障活动中并未实现全面的参与，尤其是在质量保障的前期规划和后续跟踪活动中，学生参与很少。2015 年只有 26% 的国家学生联盟表示学生积极参与到评估或质量保障的后续工作之中，并且很少有学生实际参与评估报告的起草和评估建议的实施。2018 年，没有国家学生联盟表示学生作为评估/认证计划的规划者参与质量保障，这意味着对学生作为正式成员的充分信任和认可尚未实现。

2015 年欧洲高等教育区教育部长会议发布的《埃里温公报》承诺“支持和保护学生……以确保他们作为自治高等教育机构治理的全面合作伙伴”。从已有实践来看，这一目标距离现实还有很长的路要走。虽然在博洛尼亚进程的推动下，学生已在高等教育质量保障多个层面、范围实现了较为广泛的参与，但在平等地位和对待、决策参与和参与广度上仍存在局限性，需要从正式的、象征性参与进一步走向有意义的、真正的实质性参与。

5.3.2　影响学生参与的因素

根据以上对学生在高等教育质量保障中参与限度的分析，我们可以发现，学生在质量保障中的参与，不论是在参与权限、参与广度上，还是在参与的身份地位上都还有不足和局限，并没有实现完全、充分的参与。是什么原因导致了这种参与的局限性呢，通过对学生参与影响因素的分析，可以使我们更加深入地洞悉导致学生参与有限性的原因。

1. 学生代表/组织的独立性。学生要真正参与决策制定过程，一个重要前提是学生代表能够独立于政治团体、校长、系主任，以及其他政策制定者而独立工作。一般来说学生团体和学生代表都会设法独立地工作，但是有时这也会受到一些条件的限制，例如资金问题。一些学生联盟在高等教育治理中的参与取决于政府和高等学校的资金支持，因此资金是一个影响其独立性的因素。据欧洲学生联盟的调查，在半数以上的国家，学生联盟在财政上依赖于政府教育部门或所在的高等学校，这种状况经常会导致出资者意愿和受资助者意愿之间的紧张。[1] 此外，学生的独立性还会受到政治因素的影响。一些学生组织曾多次报道，国家或地区政府对他们施压，试图影响他们的工作方式或观点。奥地利就是一个很好的例子，奥地利学生联盟是根据高等教育法成立的，然而在2004 年 11 月，教育部长在没有与相关部门商议，违背学生意愿的情况下改变了全国学生联盟的选举制度。因此，政治因素和资金因素一样都对学生代表/组织的独立性有影响，并进一步波及学生在质量保障中的参与状况。

2. 学生参与的立法。是否通过立法的形式来保障学生在高等教育质量保障中的最低参与水平是直接影响学生参与限度的一个重要因素。从目前的情况来看，除了少数一些国家之外，还有很大一部分国家没有出台有关学生参与高等教育质量保障的相关法规。然而，如果学生参与没有受到法律保护，只是完全建立在高等学校各自意愿的基础上，那么学生参与的程度和水平就没有任何的保证。只有借助于强制性的外力，学生在高等教育质量保障中的纵深参与才能得以实现。当然，立法保障也不能仅停留在纸面上，只有将承诺兑换成现实，才能真正确立学生在质量保障中的正式地位，推动学生在高等教育质量保障各个层面和领域的参与。例如，芬兰不同院校之间学生参与的水平存在较大差异，多科技术学院的学生在院校层面的参与明显不及综合性大学的学生，其中一个原因是学生必须依据相关法律才能派代表参与学校管理机构，而芬兰多科技术学院法和大学法对学生在学校治理中的参与规定是不同的。

3. 学生参与的培训。学生在质量保障中要真正发挥参与作用，需要一定的知识储备和相关能力，因此有必要对学生代表进行培训以实现学生充分的参与。2015 年修订的《欧洲高等教育区质量保障标准与指南》（ESG）第一个标准是内部利益相关者应制定和实施质量保障政策，指南指出该政策应支持“……学生承担质量保障责任……”。并且，ESG 第二部分的另一个标准规定了学生成员应是同行评议专家的要求，并详细说明了需要为包括学生在内的专

---

[1] ESIB. The Bologna with student eyes 2005 [EB/OL]. [2019-08-07]. http://www.esu-online.org/index.php/Publications/official-publications/570-bologna-with-student-eyes-2005? format=pdf.

家提供培训或情况介绍会的适当支持。然而，目前学生代表得到的支持和专门培训还很少，已成为学生参与质量保障的一个主要障碍。2015年的调查中有超过一半的国家学生联盟强调需要对学生代表进一步培训，以使其有信心能充分参与质量保障程序。其中英国国家学生联盟还指出："质量保障过程是官僚主义的，要有较高的关于质量保障的知识水平。这意味着只有了解质量保障相关信息或能够获得适当支持的学生才能真正参与其中。"2018年有42%的国家学生联盟表示缺乏质量保障培训是学生参与的一个重大障碍。对学生代表专业知识不足和学习上投资的缺乏，在质量保障程序上的知识差距，以及对利益相关者有意义参与结果的认识缺乏，都会导致学生和教师对参与质量保障的信心不足，进而影响学生参与质量保障的有效性和后续的质量改进。不过，目前也有一些在学生参与培训上做得好的实践，例如爱尔兰国家学生联盟每年七月都会为当选的学生代表举办为期一周的培训，内容包括公开演讲、时间管理、与高等教育机构的合作和活动，以及质量保障和心理健康等。❶

4. 学生的流动性。由于学生是高等学校的匆匆过客，通常获得学位只要三到四年，因此如何与这些具有流动性的学生进行合作是许多高等教育机构不得不面对的问题。学生的流动性带来的一个最大不便是：学生代表的更替率非常高，"在一些机构中每年更换一次学生代表都是很平常的事情"。❷ 这给质量保障机构保证学生参与的持续性带来了很大的困难。为了不断有学生代表能够补充进来，这些质量保障机构必须不断招募新的学生代表。然而，要挑选到合适的人选并不是一件容易的事，参与质量保障机构或外部评审小组对学生提出了许多能力和素质的要求。"一些高校发现很难招募到学生代表，并要克服学生不愿经常参加会议的问题。"❸ 可见，学生自身的特性也对其参与质量保障带来了一定的障碍。

---

❶ ESU. Bologna with student eyes 2015 [EB/OL]. [2019-08-07]. http://www.ehea.info/media.ehea.info/file/ESU/32/8/Bologna-With-Student-Eyes_2015_565328.pdf.

❷ Hanna Alaniska, Esteve Arboix Codina, etc. Student involvement in the processes of quality assurance agencies [EB/OL]. [2019-08-07]. http://www.enqa.eu/files/student%20involvement.pdf.

❸ QAA. Outcomes from institutional audit: Student representation and feedback arrangements [EB/OL]. [2019-08-07]. http://www.qaa.ac.uk/reviews/institutionalAudit/outcomes/OutcomesStudentRep.pdf.

第6章 我国大学生参与高等教育质量保障的现状和态势

英国教育学家萨德勒曾说过，调查研究国外的教育状况，目的是“促使我们更好地研究和理解我们自己的教育制度”。[1] 比较教育的目的在于从借鉴中探寻本国教育问题的解决之道，如果研究仅停留在对国外教育现状的描述和分析，而不深入本国教育实际的话，将无法达到预期的目标。不管走的有多远，比较教育学者的立足点始终离不开本国的教育现实。正如法国比较教育学家库森在1831年的《关于德意志各邦，特别是普鲁士公共教育状况的报告》中写到的“我研究的是普鲁士，而我思考的始终是法兰西”。通过前面两章对国外学生参与高等教育质量保障的全面剖析，我们对国外学生参与的现状有了较为详尽的了解。然而，回过头来，不禁要问，我国学生在高等教育质量保障中的参与状况如何？为了对我国高等教育质量和学生参与的现状有一个全面的了解和把握，本章拟以实证研究的方式来解析我国高等教育质量的现状，以及学生在高等教育质量保障中的参与情况和趋向。

6.1 引 言

自20世纪末的大规模扩招以来，我国高等教育得到了快速发展，入学人数不断增加，教育规模持续扩大，实现了由精英教育向大众教育的转型。规模的急剧扩张随之带来了许多质量隐患，并成为制约我国高等教育发展的瓶颈。为了对高等学校的教育教学质量进行有效的监管和保障，2003年教育部在已有评估制度的基础上明确提出对所有普通高等学院实行五年一轮的本科教学工作水平评估制度。从其实践来看，这种评估是以政府为主导的质量保障活动，

[1] 王承绪. 比较教育学史［M］. 北京：人民教育出版社，2003：62.

社会、高校、学生等其他利益相关者在评估中鲜有声音，其主体作用隐没在政府的权威之下。虽然评估实施以来取得了一些显著的成绩，明确了政府在高等教育质量保障中的责任，提高了高校的质量意识，促进了教育质量的提升，然而，随着评估工作的不断推进和质量问题的日益复杂化，这种评估制度的弊端也开始日渐凸显，评估主体单一、质量标准统一化、效率不高、效果欠佳等问题受到各界的诟病。从这些问题的根源来看，很大程度是由于政府集评估主体及价值主体于一身，未能充分发挥高校、社会、学生等质量保障利益主体的积极作用，致使这些利益主体缺乏利益表达和利益实现的渠道。有鉴于此，近年来学界开始广泛倡导高等教育质量保障多元主体模式，主张将与质量保障有重要关系的利益主体纳入高等教育质量保障体系，实现高等教育质量保障的多元主体参与。学生作为高等教育质量保障的重要利益主体，在质量保障中的作用也日益受到关注和重视。

从世界高等教育的改革发展趋势来看，高等教育质量保障主体从一元走向多元是世界高等教育质量保障发展的共同趋势，许多国家在高等教育质量保障中除了对政府、高校和社会参与的强调外，也越来越关注学生的参与。根据第 4 章、第 5 章对国外学生参与高等教育质量保障的考察和分析，国外学生近年来在高等教育质量保障中的参与得到了长足发展，通过一系列政策和制度保障，以及多种参与途径的开辟，实现了在高等教育质量保障各个层面和范围的广泛、有效参与，参与的广度和深度都得到了极大的延展。尤其是博洛尼亚进程的一些成员国，在博洛尼亚进程“学生参与”政策的推动下积极开展了学生参与质量保障的实践，并取得了良好的成效。从其经验反馈来看，这些国家普遍反映学生参与给高等教育质量保障带来了许多“增值”，促进了高等教育质量保障效力的提升。

因此，有鉴于国外高等教育质量保障学生参与的趋势，以及我国高等教育质量保障主体单一的现状，本文在对国外学生参与高等教育质量保障进行全面分析的基础上，拟对我国学生在高等教育质量保障中的参与现状和态势有一个全面的了解和把握。此外，还拟通过学生求学满意度调查来了解学生眼中的高等教育质量，分析我国高等学校教育教学的现状。

至于如何考察学生在高等教育质量保障中的参与，Lowndes 等人提出的影响公众参与的重要因素的 CLEAR 模型，[1] 为我们提供了有效的分析工具和指

---

[1] 杜瑛. 我国高等教育评价的范式转换及其协商机制研究［D］. 上海：华东师范大学，2009：198.

导性思路。

CLEAR 模型认为，当符合以下条件时，公众参与是有效的：

（1）能力（Can do）——有参与的资源和能力。

（2）意愿（Like to）——在参与中有一种归属感和认同感。

（3）激活（Enabled to）——能够为公众参与提供便利的渠道和机会。

（4）要求（Asked to）——能够被官方团体和志愿者组织动员参与。

（5）回应（Responded to）——能够看到他们的意见被考虑的证据。

根据 CLEAR 模型考察公众参与的几个维度，并结合高等教育质量保障学生参与的特性，本文主要从学生参与高等教育质量保障的认知、态度、意愿、能力，以及参与途径等几个维度来分析我国学生参与高等教育质量保障的现状和态势。

根据以上研究目的和分析思路，主要提出以下几个研究问题：

（1）大学生的求学满意状况如何？

（2）目前高校在教育质量上存在哪些问题？

（3）学生参与高等教育质量保障的现状如何？

（4）学生所持的高等教育质量观是什么？

（5）学生对高等教育质量保障的关注度如何？

（6）学生对参与高等教育质量保障的认知、态度、意愿、能力如何？

（7）学生对参与高等教育质量保障有什么期望？

（8）学生参与高等教育质量保障有哪些现实障碍？

6.2 研究方法

6.2.1 研究工具

本研究使用的是自行编制的“关于学生参与高等教育质量保障的调查问卷”。整个问卷内容包含三部分：

第一部分为学生个人及家庭基本属性量表，要求被试者填答性别、年龄、学校、专业、成绩、家庭所在地、家庭月收入等。

第二部分为大学生求学满意度量表，由 8 个项目组成，主要包括学生对教师、课程、教学基础设施以及学校总体教学的满意状况。并且，该部分还包括学生对学校教学的期望和实际收获、是否会再次选择这所大学，以及不再选择这所大学的原因等侧面反映学生求学满意状况的问题。

第三部分为大学生参与高等教育质量保障量表，由16个项目组成，主要从高校的教育质量现状和质量保障措施，学生的高等教育质量观，学生对高等教育质量保障的关注度，学生对参与质量保障的认知、态度、意愿和能力，以及学生期望的参与方式和学生参与的障碍等几个方面对学生参与高等教育质量保障的现状和趋向进行调查。

6.2.2　研究对象

本研究采取分层随机抽样的方法对北京市八所高校的在校大学生进行问卷调查，其中“985”高校3所，“211”高校（非“985”的“211”高校）3所，一般本科院校2所，每所高校发放问卷200份，共计发放问卷1600份，回收有效问卷1521份。被试者平均年龄为21.24 ±2.28岁。其中本科生1178人，研究生341人；“985”高校580人，“211”高校551人，一般本科院校390人。一年级337人，二年级379人，三年级473人，四年级318人。人文科学专业183人，社会科学专业654人，理学专业206人，工学专业435人，其他专业40人（见表6－1）。

表6－1　被试学生的基本情况

	选项	人数	百分比
类别	本科生	1178	77.6%
	研究生	341	22.4%
性别	男	721	47.6%
	女	795	52.4%
年级	一	337	22.4%
	二	379	25.1%
	三	473	31.4%
	四	318	21.1%

续表

	选项	人数	百分比
专业	人文	183	12. 1%
	社科	654	43. 1%
	理学	206	13. 6%
	工学	435	28. 7%
	其他	40	2. 5%
学校	“985”	580	38. 1%
	“211”	551	36. 2%
	一般本科	390	25. 6%

6. 2. 3 施测过程

在实施调查之前，与被调查对象进行充分沟通，阐述自愿填写的原则，并保证他们的答案绝对保密。由笔者自己做主试，利用被调查对象晚上自习时间，以班为单位施测，当场收回问卷。

6. 2. 4 分析方法

本研究采用 SPSS13. 0 统计软件对数据进行管理和分析。在对各个项目进行描述性统计的基础上，采用卡方独立性检验的方法，对相关变量与被试者的性别、年级、学校、专业、成绩、家庭所在地、家庭经济状况等因素进行差异性检验，比较不同背景被试者的意见差异。

6. 3 学生眼中的高等教育质量

高等教育质量观是一个不断发展变化的概念，在我国当前高等教育大众化的背景下，高等教育质量不再只是“优秀”“卓越”的代名词，它越来越多地要“符合消费者的愿望和需求”。学生是高等教育公认的消费者，尤其是随着高等教育市场化浪潮和学生缴费上学制度的确立，学生的消费者地位和顾客身份日益凸显，高等学校是否能够满足他们的需求成为评价其质量高低的一项重要指标。大学生求学满意度调查正是在此背景下应运而生的，目的在于从学生的视角考察高等教育满足主体需求的程度，其调查结果直接反映了学生对学校及其教育服务的感知判断。实践证明，求学满意度调查也是一种从学生视角了解高等学校教育教学现状、诊断教育质量问题的一种有效方法。

6.3.1 我国学生的求学满意状况

6.3.1.1 单项满意度指标的分析

求学满意度是学生对高等学校教育教学状况的综合感知，涉及学校教学的各个环节。本研究主要从学生对任课教师、课程、教学条件这几个与教学质量利害攸关的主要环节来进行调查，具体问题如下："在您进校后遇到的任课教师中，令您满意的大概占多少""在您修学的所有课程中，令您满意的大概占多少""您所在学校的图书馆、实验室、网络、多媒体等教学基本条件设施如何"。除此之外，问卷中还设计了一道问题："您对目前学校的总体教育质量满意吗"，来调查学生对目前学校教育教学的总体满意情况。

表6－2是学生对教师和课程的满意情况，从表中可见，学生对任课教师和课程的满意度较低，有32.8%（21.1%＋11.7%）的学生对50%以上的教师感到不满意，33.2%（23.4%＋9.8%）的学生对50%以上的课程感到不满意；对70%以上的教师和课程感到满意的学生分别只有32.3%、30.6%。可见，教师和课程的教学质量状况令人堪忧，有1/3左右的学生对50%以上的教师和课程感到不满意。

进一步分析不同院校的学生对教师和课程的满意度是否有差异，发现三类不同院校的学生在对教师、课程的满意度上存在非常显著的差异（卡方值＝42.711，$P<0.000$；卡方值＝35.117，$P<0.000$）。在对教师的满意度上，"985"高校学生的满意度水平要明显高于"211"高校和一般本科院校。对70%以上的教师感到满意的"985"高校的学生占41.5%，"211"高校的学生占27.9%，一般本科院校的学生占24.6%；对50%以上的教师感到不满意的"985"高校的学生占27.8%，"211"高校的学生占35.9%，一般本科院校的学生占35.7%。可见，与其他两类院校相比，"985"高校的学生对教师的满意度相对更高。在对课程的满意度上，对70%以上的课程感到满意的"985"高校的学生占36.6%，"211"高校的学生占30.5%，一般本科院校的学生占

表 6 -2　对教师、课程的满意度

	>90%		90% ~70%		70% ~50%		50% ~30%		<30%		X^2	P
	n	%	n	%	n	%	n	%	n	%		
教师	112	7.4	378	24.9	532	35	320	21.1	178	11.7		
“985”	64	11.1	176	30.4	178	30.7	107	18.5	54	9.3	42.711	.000
“211”	30	5.4	124	22.5	199	36.1	125	22.7	73	13.2		
一般本科	18	4.6	78	20	155	39.7	88	22.6	51	13.1		
课程	87	5.7	378	24.9	549	36.1	356	23.4	149	9.8		
“985”	48	8.3	164	28.3	205	35.4	109	18.8	53	9.2	35.117	.000
“211”	24	4.4	144	26.1	197	35.8	139	25.2	47	8.5		
一般本科	15	3.9	70	18	147	37.8	108	27.8	49	12.6		

21.9%。对 50%以上课程感到不满意的“985”高校的学生占 28%，“211”高校的学生占 33.7%，一般本科院校的学生占 40.4%。可见，这三类高校学生对教师和课程的满意度水平随学校层次呈逐级递减的趋势，其中以“985”高校学生的满意度水平最高，一般本科院校学生的满意度水平最低。

表 6 -3 是学生对学校教学基本设施条件的满意状况。总的来看，52.4%的学生认为学校教学条件“比较好”或“非常好”，36.5%的学生感觉一般，只有 11.1%的学生感觉“不太好”或“很不好”。可见，学生对学校教学基本条件的满意度水平比对教师和课程的满意度水平更高，半数以上的学生认为教学条件较好，只有极少数学生对教学条件感到不满意。

表 6 -3　对教学基本条件的满意度

教学条件	非常好		比较好		一般		不太好		很不好		X^2	P
	n	%	n	%	n	%	n	%	n	%		
“985”	142	24.6	257	44.5	147	25.5	24	4.2	7	1.2	209.532	.000
“211”	19	3.5	179	32.7	240	43.8	91	16.6	19	3.5		
一般本科	34	8.7	162	41.6	165	42.4	26	6.7	2	0.5		
总计	195	12.9	598	39.5	552	36.5	141	9.3	28	1.8		

为进一步了解学生对学校教学条件的满意度是否因学校而不同，遂对其进行卡方独立性检验，发现三类院校的学生在对学校教学条件的满意度上存在非常显著的差异（卡方值 =209.532，P<0.000）。“211”高校的学生对教学条件的满意度明显低于其他两类院校。“211”高校的学生中认为学校教学条件

“比较好”或“非常好”的学生占36.2%，而“985”高校和一般本科院校的学生则分别占69.1%、50.3%；反过来，认为教学条件“不太好”或“很不好”的“211”高校的学生占20.1%，而“985”高校和一般本科院校的学生则分别只有5.4%和7.2%。因此，“211”高校的学生对教学条件的满意度水平最低，而“985”高校的学生对教学条件的满意度水平则是最高的。

表6－4是学生对学校总体教学的满意情况。总的来看，有51.0%的学生都对学校总体教学感到“较为满意”或“非常满意”，39.3%的学生感觉一般，只有9.7%的学生感到“不满意”或“不太满意”。可见，学生对学校总体教学的满意度比较高，半数以上的学生都表示满意，只有极少数学生感到不满意。

表6－4　对总体教学的满意度

总体教学	非常满意		较为满意		一般		不太满意		不满意		X^2	P
	n	%	n	%	n	%	n	%	n	%		
“985”	71	12.3	301	52.1	173	29.9	27	4.7	6	1	114.666	.000
“211”	23	4.2	245	45	223	40.9	39	7.2	15	2.8		
一般本科	10	2.6	120	30.9	198	51	44	11.3	16	4.1		
总计	104	6.9	666	44.1	594	39.3	110	7.3	37	2.4		

进一步分析学生对总体教学的满意度是否因学校的不同而异，发现三类不同高校的学生对学校总体教学的满意度存在非常显著的差异（卡方值＝114.666，$P<0.000$）。“985”高校的学生中对学校总体教学感到“非常满意”或“较为满意”的学生占64.4%，而“211”高校和一般本科院校的学生则分别占49.2%、33.5%。对总体教学感到“不满意”或“不太满意”的“985”高校的学生占5.7%，“211”高校和一般本科院校的学生占10%、15.4%。不难看出，“985”高校的学生对学校总体教学的满意度最高，“211”高校次之，一般本科院校的学生对学校总体教学的满意度最低。

从以上这几项有关学生求学满意度指标的调查结果来看，学生对教师和课程的满意度水平较低，有1/3左右的学生对50%以上的教师和课程感到不满意。其中，“985”高校的学生对教师和课程的满意度最高，“211”高校次之，一般本科院校学生的满意度水平最低。在教学基本条件上，学生的满意度水平较高，半数以上的学生对学校的教学条件感到满意，只有极少数学生感到不满意。其中，“211”高校的学生对教学条件的满意度水平要明显低于其他两类院校，相较之下，“985”高校的学生对教学条件的满意度水平最高。对于学校的总体教学，学生的满意度水平也较高，除了极少数学生感到不满意之外，大部分学生都表示满意或一般。其中，“985”高校的学生对总体教学的满意度最高，一般本科院校学生的满意度最低。综上，“985”高校学生的求学满意度要明显高于其他两类院校，相比之下，一般本科院校学生的求学满意度要更低。

6.3.1.2 学生的忠诚度

忠诚度是指不受环境及其他可能选择的影响，保持未来持续重复购买某一产品或服务的态度和行为，它能够导致对同一产品或服务的重复购买。有研究显示，顾客满意与顾客忠诚有着非常密切的联系，顾客满意感是影响顾客忠诚感的一个重要因素。[1] 为了分析学生对学校的忠诚度，问卷中设计了如下问题：“如果让您重新选择，您是否仍然会选择这所大学”。表6－5的调查结果显示，在1169名学生中，有1503人选择“是”，占总人数的45.3%，344人选择“否”，占22.9%，另外还有478名学生选择“不确定”，占31.8%。可见，学生对学校的忠诚度并不令人乐观。

表6－5 学生忠诚度的性别、年级、专业、学校和学位差异（卡方检验）

		如果让您重新选择，您是否仍然会选择这所大学						X^2	P
		是		否		不确定			
性别	男	356	50.4%	142	20.1%	209	29.6%	14.909	.001
	女	321	40.6%	202	25.5%	268	33.9%		
年级	一	192	57.7%	60	18%	81	24.3%	68.454	.000
	二	187	50.4%	66	17.8%	118	31.8%		
	三	205	43.6%	104	22.1%	161	34.3%		
	四	93	29.4%	112	35.4%	111	35.1%		
专业	人文	64	35%	54	29.5%	65	35.5%	22.528	.004
	社科	308	47.5%	147	22.7%	193	29.8%		
	理学	83	40.7%	40	19.6%	81	39.7%		
	工学	210	49.4%	94	22.1%	121	28.5%		
	其他	14	35%	8	20%	18	45%		

---

[1] 韩小芸，汪纯孝．服务性企业顾客满意感与忠诚感关系［M］．北京：清华大学出版社，2003：6.

续表

		如果让您重新选择，您是否仍然会选择这所大学						X^2	P
		是		否		不确定			
学校	“985”	309	54.3%	98	17.2%	162	28.5%	102.804	.000
	“211”	272	49.8%	98	17.9%	176	32.2%		
	一般本科	100	25.8%	148	38.1%	140	36.1%		
层次	本科生	487	41.8%	285	24.5%	393	33.7%	26.775	.000
	研究生	194	57.7%	58	17.3%	84	25%		
总计		681	45.3%	344	22.9%	478	31.8%		

注：因为性别、年级等分列中都有缺失值，所以都不足 1503 人。

进一步对不同性别、年级、学校、专业和层次的学生进行忠诚度差异分析，发现不同性别、年级、学校、专业、层次的学生在对学校的忠诚度上存在非常显著的差异（$P<0.01$）。其中，女生的忠诚度明显低于男生（卡方值 =14.909，$P=0.001$）；四年级学生的忠诚度明显低于其他三个年级的学生，一、二年级学生的忠诚度相对更高，总体呈现一种随年级递减的趋势（卡方值 =68.454，$P=0.000$）；人文、社科专业学生的忠诚度明显低于理学和工学专业的学生（卡方值 =22.528，$P=0.004$）；“985”大学的学生忠诚度最高，其次是“211”大学，一般本科院校学生的忠诚度最低（卡方值 =102.804，$P=0.000$）；本科生的忠诚度明显低于研究生（卡方值 =26.775，$P<0.001$）。

究竟是什么原因影响了学生对学校的忠诚度呢？为了进一步了解学生不愿再次选择就读本大学的原因，在这道题之后，要求那些选择“否”的学生，也就是不愿再次选择就读本大学的学生说明原因。从表 6－6 的调查结果来看，在列出的不愿再次选择这所大学的 13 个原因中，“专业就业前景差”“社会实践机会少”“学术水平差”“生活环境差”是选择频率最高的几个。其中值得注意的是，选择“专业就业前景差”和“社会实践机会少”的人数是最多的，这说明就业前景是影响学生忠诚度的一个重要因素。随着高等教育规模的日益扩大，越来越多的学生都能够上大学，但是，毕业后的就业却成为他们最为担忧的事情。是否能使学生在学期间收获一技之长，在将来的就业市场中胜出，将直接影响学生的求学满意度和忠诚度。此外，“社会实践机会少”也说明了当前高校在学生社会实践工作上还存在很大缺口，不能满足学生对广泛参与社会实践的需求。现代大学生已不再满足于课堂教学和书本知识，他们越来越多地渴望走出象牙塔，了解社会，参与实践。

表 6－6　学生不再选择就读大学的原因

不愿再次选择这所大学的原因	频数	百分比%
专业就业前景差	134	14.2
社会实践机会少	130	13.7
学术水平差	128	13.5
生活环境差	114	12.1
文化生活贫乏	99	10.5
教师业务水平差	95	10.1
校风、学风差	93	9.9
校园环境差	94	9.9
学校社会声誉欠佳	91	9.6
图书馆、实验室等教学条件差	85	9.0
教学管理水平低	78	8.3
师生关系紧张	18	1.9
其他	62	6.5

6.3.1.3　学生的“期望—实绩之差”

满意感是一种个体的心理活动，是指一个人通过对一个产品和服务的可感知的效果与他的期望值相比较后所形成的感觉状态，而满意水平则是可感知效果和期望值之间的差异函数。[1] 求学满意感亦如此，它取决于教育需求主体对高等教育服务的预期同其实际所感知的教育服务水平的对比，是一种对教育服务期望与实绩之间的差异进行评估后的产物。事实上，“期望—实绩模型”也是一种学界广为认可的顾客满意感理论模型。因此，本研究除了正面提问学生对教师、课程等的满意度之外，还就学生对大学教育的期望和实际收获之间的差距进行了调查，以便对大学生求学满意度现状做进一步的分析。

从表 6－7 的调查结果可见，学生对大学教育期望最多的几项是“专业知识和技能”“社交沟通能力”“开阔的视野和知识面”。在大学教育的实绩上，学生收获最多的是“开阔的视野和知识面”“社交沟通能力”“专业知识和技能”。可见，在这几个方面学生的期望和收获基本上是契合的，尤其“开阔的视野和知识面”，甚至大大超出了期望的水平。再从学生对大学教育的期望和

[1] 曹礼和. 服务营销［M］. 武汉：湖北人民出版社，2001：65.

实际收获之间的差距来看，差距最大的是“就业竞争力”（–38.7%）和“创新能力”（–33.8%）。此外，在“挑战未来的信心”“科学探究精神”“专业知识和技能”上也存在较大的差距。总的来看，在 11 个选项中，有 6 个项目未能达到期望水平，且大部分距期望值还有较大差距。可见，目前大学教育依然在很多方面存在较大的缺口，尤其是对学生“就业竞争力”和“创新能力”的培养。大学给学生带来的最大的收获是开阔的视野和知识面。

表 6–7　学生对大学教育的期望与实际收获（%）

	期望	实际收获	差距
就业竞争力	56.1	17.4	–38.7
创新能力	46.4	12.6	–33.8
挑战未来的信心	40.6	27.9	–12.7
科学探究精神	32.7	20.6	–12.1
专业知识和技能	68.2	58	–10.2
社交沟通能力	62.5	60.7	–1.8
团队协作能力	42	42.1	0.1
分析能力和批判性思维	52.2	52.4	0.2
信息处理能力	34.9	36.2	1.3
个人道德修养	37.7	42.5	4.8
开阔的视野和知识面	60.8	71.1	10.3

综上，有半数以上的学生对学校教学条件和总体教学感到满意，然而在对教师和课程的满意度上，却有 1/3 左右的学生对 50% 以上的教师和课程感到不满意。不同类型高校的学生在求学满意度上存在非常显著的差异，其中，“985”高校学生的求学满意度要明显高于“211”高校和一般本科院校的学生，一般本科院校学生的求学满意度最低。学生对学校的忠诚度较低，只有 45.3% 的学生表示愿意再次选择就读本大学，原因主要有专业就业前景差、社会实践机会少、学术水平差、生活环境差等。不同背景的学生在对学校的忠诚度上存在显著的差异，其中，男生、四年级的学生、人文社科专业的学生和“985”高校的学生相对而言对学校的忠诚度更高。学生对学校教育的期望和实际收获之间存在较大落差，11 项指标中有 6 项未能达到学生期望的水平，尤其是学生在“就业竞争力“和“创新能力”上的收获与期望之间存在非常大的差距。通过以上各个角度对学生求学满意度的调查不难看出，目前学生对高校教育教学的满意状况并不令人乐观，求学满意度和忠诚度都较低，学校教

育给予学生的成长和发展与学生的期望之间还存在较大的差距。求学满意度调查是从学生视角评价高等学校教育教学质量的一种方法，以上调查结果说明了目前我国高等学校的教育质量欠佳，在一些方面与“消费者”满意还相距甚远。

6.3.2 高等学校教育质量的问题与保障措施

学生是高等学校教育服务的对象，也是学校教育的体验者，对学校教育教学的各个环节都有深刻的了解和体会，因此，对于学校教育的质量问题理应最有发言权。表6－8是学生对学校教育质量问题的反馈，从调查结果来看，认为目前学校在教育质量上存在的主要问题是“课程设置不合理”和“学生学习积极性不高”的学生最多，分别占40.7%、37.5%，接下来依次是“图书馆、实验室、多媒体等教学基本条件不足”“教师不安于教学，对教学投入不足”“教学质量监控不力”等。可见，“课程设置不合理”和“学生的学习积极性不高”是目前学校教育质量问题的主要症结。此外，“教学基本条件不足、教师对教学的投入不足和教学质量监控不力”等也是高等学校教育质量的问题所在。

表6－8 学校教育质量存在的主要问题（多选）

您认为目前学校在教育质量上存在的主要问题是	频数	百分比%
课程设置不合理	608	40.7
学生学习积极性不高	560	37.5
图书馆、实验室、多媒体等教学基本条件不足	435	29.1
教师不安于教学，对教学投入不足	427	28.6
教学质量监控不力	417	27.9
教学内容陈旧	335	22.4
师资队伍整体水平不高	327	21.9
领导、教师对教学不够重视	287	19.2
学校缺乏明确的办学目标和定位	279	18.7
教学管理水平差	226	15.1
校风、学风欠佳	167	11.2

近年来，随着高等教育质量问题的日益凸显，以及社会问责的增加，高等学校加强了对教育质量的保障和提升。然而，高等学校都采取了哪些具体的措施来保障和提升教育质量呢？为了解答这个问题，问卷中专门设计了一道题目

“您所在学校在教育质量提升和保障上的主要措施”。从表6－9的调查结果来看，选择“经常举办讲座、报告，营造学术氛围”的人数最多（72.5%），其次是“定期开展学生评教”（53.1%）。此外，还有近一半的学生选择了“积极改善图书馆、实验室等教学设施和条件”“加强校园环境建设”“资助和鼓励本科生开展科研”“制定了明确的考核标准和毕业论文标准”。可见，高等学校主要从营造学术氛围、加强校园环境建设、鼓励本科生科研等方面入手来提升学校教育的质量，在质量保障上，则主要采取了学生评教、改善教学基础设施条件，以及制定明确的考核标准等措施。

表6－9　学校在教育质量提升和保障上采取的主要措施

您所在学校在教育质量提升和保障上的主要措施	频数	百分比%
经常举办讲座、报告，营造学术氛围	1086	72.5
定期开展学生评教	795	53.1
积极改善图书馆、实验室等教学设施和条件	712	47.5
加强校园环境建设	699	46.7
资助和鼓励本科生开展科研	693	46.3
制定了明确的考核标准和毕业论文标准	688	45.9
开展教育教学改革	425	28.4
建立本科生导师制	396	26.4
经常开展教育教学质量大检查	338	22.6
领导、督导教师经常随堂听课	326	21.8

根据以上两个问题的调查，可以对我国高校目前存在的教育质量问题及其采取的主要质量保障措施有大致的了解和把握。目前，高等学校在教育质量上存在着多个问题，其中课程设置不合理和学生学习积极性不高是高等学校教育质量存在的两个最主要问题。此外，教学基础设施条件不足、教师对教学投入不足、教学监控不力等因素也对高等学校的教育质量有不同程度的影响。在教育质量保障和提升的具体措施上，目前高校主要是通过加强“软环境”建设和“硬环境”建设来提升学校的教育质量，例如，营造学术氛围、改善基础设施条件、加强校园环境建设、鼓励本科生科研、建立本科生导师制等；并通过加强对课堂教学质量的监管和把好出口关来保障学校的教育质量，例如，开展学生评教、制定考核标准和毕业论文标准、教学质量大检查、随堂听课等。总的来看，高等学校主要采取的质量提升和保障措施是：营造学术氛围、开展学生评教、改善教学条件、加强校园环境建设、资助本科生科研、制定明确的考核标准。

6.4 我国大学生参与高等教育质量保障的现状与态势

本节主要从学生参与质量保障的情况，学生所持的质量观和对质量保障的关注度，学生对参与高等教育质量保障的认知、态度、意愿和能力，以及学生参与质量保障的期望和障碍等几个方面来考察学生参与高等教育质量保障的现状和态势。

6.4.1 学生参与高等教育质量保障的现实状况

根据第 4 章、第 5 章对国外学生参与高等教育质量保障的分析，学生参与高等教育质量保障有多种不同的途径和方法，从制度性直接参与、制度性间接参与到非制度性参与。那么，我国的学生在质量保障中的参与情况如何呢，主要采取的是什么参与途径或方式呢?

表 6－10 是学生对参与质量保障经历的回应。从调查结果来看，绝大部分学生都反映曾经以各种形式参与过学校的教育质量保障，只有 6.5% 的学生表示从未参与过任何质量保障活动。在参与的途径上，大部分学生都是通过“对教师的教学进行评价”和“填写相关调查问卷”来参与高等教育质量保障的，尤其是对教师的教学评价，有 67.9% 的学生反映曾经参与过评教活动。此外，还有数量不等的学生表示曾以其他各种途径参与过质量保障，不过人数比例都较小。值得注意的是，只有极少数人表示“曾作为学生代表参加学校的学术委员会或教学管理组织”“参与过外部评估小组对学校教育质量的审查”。可见，我国大学生正在通过多种不同的渠道参与高等教育质量保障，其中对教师的教学质量评价和参与相关调查是最主要的参与途径。然而，通过参与质量保障机构和学校决策机构等制度性直接参与途径介入质量保障的学生人数比例还非常少。

表 6－10 学生参与高等教育质量保障的现状（多选）

您曾通过以下哪些途径参与过学校教育质量保障	频数	百分比%
对教师的教学进行评价	1002	67.9
填写相关调查问卷	802	54.3
相关讨论、座谈会	293	19.8

续表

您曾通过以下哪些途径参与过学校教育质量保障	频数	百分比%
向领导、督导、教师口头反馈过教育质量信息	213	14.4
通过学生会等学生组织反映过教育质量问题	192	13
曾选举学生代表参加学校教育质量相关的会议	186	12.6
通过校长、教务长信箱反映过教育质量问题	178	12.1
曾作为学生代表参加学校的学术委员会或教学管理组织	107	7.2
曾在网上以匿名方式攻击、批评过学校的教育教学问题	81	5.5
参与过外部评估小组对学校教育质量的审议	77	5.2
曾采取罢课等不合作行动来抗议教育质量问题	60	4.1
其他	17	1.2
从未参与过任何教育质量保障活动	96	6.5

从以上调查我们可以看到，学生对教师教学质量的评价是其参与高等教育质量保障的最主要途径。我国的学生评教是20世纪80年代中期以来开始出现的，随着应用的日益广泛，各界对其的责难和质疑也日渐增多，其中很多反对意见都是建立在学生评教是否可行、有效的基础之上。不少人认为学生在评教时容易给教师乱打分，学生评教对教学质量的改进作用不大。为了了解学生评教的效度，下面对其做了进一步的调查分析。从表6－11的调查结果来看，绝大部分学生（75.9%）都表示在评价教师的教学质量时是“非常认真”（19.7%）或“比较认真”（56.2%）的，只有极少数人表示不认真。可见，对于教师教学质量评价，大部分学生都能够以严肃、认真的态度对待，评教结果应当具有较高的说服力。

表6－11　学生在“评教”时的态度

您在评价教师的教学质量时	频数	百分比%
非常认真	242	19.7
比较认真	689	56.2
一般	208	17
不太认真	73	5.9
不认真	15	1.2

“学生评教”究其目的而言，最重要的不是为了证明，而是为了改进。那么，学生评教的结果对于教学质量的提高和改进是不是有效呢？从表6－12可

见，34.4%的学生认为“非常有效”或“比较有效”，34.1%的学生感觉“一般”，31.4%的学生认为“效果不大”或“无效”。总的来看，认为“学生评教”对教学质量提高有效、一般和无效的学生各占了1/3左右。可见，“学生评教”对教学质量改进的作用并不理想，有很大一部分学生认为它并没有对教学质量的提高带来很大的改进。

表6-12 “学生评教”对教学质量提高的效用

您认为“学生评教”对教学质量的提高	频数	百分比%
非常有效	75	5.1
比较有效	432	29.3
一般	502	34.1
效果不大	364	24.7
无效	99	6.7

从以上对学生参与高等教育质量保障现状的调查来看，绝大部分学生表示参与过高等教育质量保障。在所有参与途径中，“评教”和问卷调查是学生参与高等教育质量保障两个最主要的途径，尤其是“学生评教”，绝大多数学生都表示曾参与过对教师教学质量的评价，并且大部分学生在对教师进行评价时态度都是严肃、认真的，由此可见，学生评教的结果是可信的、有效的。然而，调查却发现“学生评教”对于教学质量提高却作用不大，这有可能是由于评估结果的反馈和应用不当所致。

6.4.2 学生的质量观及其对高等教育质量保障的关注度

6.4.2.1 学生的高等教育质量观

高等教育质量是一个多维度、不断发展的概念，不同的利益相关者从自身的利益视角出发，对高等教育质量有着不同的价值诉求和评价标准。有学者曾经将高等教育质量观概括为五种：学术性质量观、目的适切观、需求导向观、价值增值观、产品质量观。[1] 本研究依照这几种质量观设计相关问题对学生所持的高等教育质量观进行了调查。

[1] 马万民. 高等教育服务质量管理的理论与应用研究［D］. 南京：南京理工大学，2004：28-30.

从表6－13的调查结果来看，大部分学生（51%）都认为，高等教育质量的评价标准应该是“大学教育给学生带来的变化，即学生在知识、能力、行为上的‘价值增值’”，即所谓的“价值增值观”。此外，还有18.9%的学生选择了“学术性质量观”，也就是以“‘精英人才’和‘学术卓越’”作为衡量高等教育质量高低的标准；15%的学生选择了“需求导向观”，即以高等学校“提供的产品和服务满足个人和社会需要的程度”来评价高等教育质量；12.8%的学生选择了“产品质量观”，即以“毕业生在实际工作中的能力表现”作为高等教育质量的评价标准；2.3%的学生选择了“目的适切观”，即以高等学校“是否达到教育系统内部制定的质量标准、质量目标”作为衡量高等教育质量高低的标准。总的来看，学生作为高等教育的重要利益相关者，对高等教育质量有着自己的价值判断，他们普遍所持的高等教育质量观是一种“价值增值观”，认为学生在接受高等教育前后所发生的变化是衡量高等教育质量高低的评价标准。

表6－13　学生的高等教育质量观

在您看来，高等教育质量的评价标准应该是	频数	百分比%
大学教育给学生带来的变化，即学生在知识、能力、行为上的“价值增值”	563	51
“精英人才”和“学术卓越”	208	18.9
提供的产品和服务满足个人和社会需要的程度	166	15
毕业生在实际工作中的能力表现	141	12.8
是否达到教育系统内部制定的质量标准、质量目标	25	2.3

进一步考察不同高校的学生在高等教育质量观上的意见差异，卡方独立性检验发现，不同高校的学生在高等教育质量观上存在较为显著的差异（卡方值=26.288，$P<0.01$）。由表6－14可见，“985”高校的学生中持“学术性质量观”的人数比例（24.4%）明显高于其他两类高校，其中，一般本科院校的学生持“学术性质量观”的人最少（12.3%）。“985”高校作为全国重点研究型大学是学术的高地，主要以前创性的科研成果和高层次人才的培养为己任，学生也因此更多地秉持学术至上的质量观。相比之下，一般本科院校的学生持“产品质量观”的人数比例（17.6%）则明显高于“985”高校和“211”高校，其中，又以“985”高校学生的人数比例最少。这可能是由于一般本科院校的人才培养目标主要定位在实践型、应用型人才，学生关注的也主

要是技能的训练和实际工作能力的养成，因此更加倾向于以毕业生在工作中的实际能力作为评判教育质量的标准。此外，与“985”高校相比，“211”高校和一般本科院校持“价值增值观”的人数比例要更多。总的来看，“985”高校的学生更加倾向于“学术性质量观”，而一般本科院校和“211”高校的学生则更倾向于“产品质量观”和“价值增值观”。

表 6－14　学生高等教育质量观的学校差异

	学术质量观		目的适切观		需求导向观		价值增值观		产品质量观		X^2	P
	n	%	n	%	n	%	n	%	n	%		
“985”	107	24.4	8	1.8	69	15.7	215	49	40	9.1	26.288	.001
“211”	69	17.1	12	3	55	13.6	212	52.6	55	13.6		
一般本科	32	12.3	5	1.9	42	16.1	136	52.1	46	17.6		

6.4.2.2　学生对高等教育质量保障的关注度

表 6－15 是学生对高等学校教育质量保障活动的关注程度。从调查情况来看，学生对高等教育质量保障活动的关注度非常低，大部分学生（62.9%）都对学校有关教学评估、质量检查等质量保障活动“不太关注”（56.3%）或“不关注”（6.6%）。只有 37.2% 的学生表示“关注”（32.5%）或“非常关注”（4.7%）。这种调查结果有悖于学生作为高等教育质量保障的重要利益相关者应有的表现。

表 6－15　学生对学校教育质量保障活动的关注度

您对学校有关教学评估、质量检查等质量保障活动	频数	百分比%
非常关注	71	4.7
关注	490	32.5
不太关注	849	56.3
不关注，与我无关	99	6.6

为了进一步了解不同群体的学生对高等教育质量保障的关注度是否不同，将学生的质量保障关注度分别与性别、年级、学校、专业、在读学位、家庭所在地、家庭月收入、成绩等做卡方独立性检验，结果发现学生对高等教育质量保障的关注度在家庭所在地和成绩上存在显著性差异（卡方值＝13.466，$P < 0.05$；卡方值＝41.150，$P < 0.001$）（表 6－16）。

表 6－16　学生对质量保障的关注度在家庭所在地、成绩上的差异

		您对学校有关教学评估、质量检查等质量保障活动								X^2	P
		非常关注		关注		不太关注		不关注			
		n	%	n	%	n	%	n	%		
家庭所在地	城市	29	4.3	198	29.2	397	58.6	54	8	13.446	.036
	城镇	16	4.1	130	33.5	224	57.7	18	4.6		
	农村	25	5.8	158	36.7	220	51.2	27	6.3		
成绩	上	35	4.7	263	35.1	412	55	39	5.2	12.777	.047
	中	25	4.7	168	31.5	302	56.7	38	7.1		
	下	8	3.9	50	24.6	125	61.6	20	9.9		

从家庭所在地来看，对学校的质量保障活动表示“关注”（29.2%）或“非常关注”（4.3%）的城市学生占 33.5%，城镇学生占 37.6%，农村学生占 42.5%，农村学生对学校质量保障活动的关注度明显高于城镇学生，而城镇学生又要高于城市学生。这可能是由于农村学生和城市学生在经济条件上的差距造成的。对于农村学生来讲，上大学的学费对他们及他们的家庭来说是一笔不小的投入，他们对高等教育寄予了更多的投资收益期望，因此，对于那些保障其投资收益的活动，他们比城市学生要更加关注。从不同成绩的学生对高等教育质量保障的关注度来看，认为自己成绩在班级中的位置是“上”的学生对质量保障活动表示“关注”（35.1%）或“非常关注”（4.7%）的占 39.8%，成绩“中”的学生占 36.2%，成绩“下”的学生占 28.5%。可见，学生对学校质量保障活动的关注度随着成绩由“上”至“下”也呈逐渐递减的趋势，成绩越好的学生对质量保障的关注度也越高。

我国高等教育的外部质量保障主要是通过政府主导的对各级各类高等学校进行的五年一轮的“本科教学工作水平评估”来对高等学校的教育教学质量进行监管。从学生对这项评估活动的知悉情况来看，只有 54% 的学生知道有这样一个评估活动，还有近半数的学生根本不知道有这样一项活动（见表 6－17）。可见，学生对高等教育的外部质量保障活动不太关注。这从侧面反映了学校和各级教育管理部门在开展高等教育质量保障活动时对学生的宣传不够，从而使学生游离于这些质量保障活动之外，知悉都没有，更何谈参与。

表 6－17　学生对“本科教学评估”的知晓

您知道教育部对所有高校开展的“本科教学评估”吗	频数	百分比%
知道	816	54
不知道	694	46

表 6－18 是学生对学校内部教育质量保障政策、措施的了解情况，从调查结果来看，73.6% 的学生对学校有关教育质量保障的政策和措施“不了解”（11.7%）或“不太了解”（61.9%），只有 26.4% 的学生表示“了解”（3%）或“有所了解”（23.4%）。可见，绝大部分学生对学校教育质量保障的政策、措施不太关注，对于具体出台了哪些相关政策和措施并不清楚。由此也证明，学校在对学生进行有关高等教育质量保障的宣传和信息公开上还存在很大的缺口和遗漏，高等学校的质量保障活动未能积极吸纳学生的参与，学生在学校内部的教育质量保障活动中仍然处于边缘地位。

表 6－18　学生对学校教育质量保障政策、措施的了解

您对学校有关教育质量保障的政策和措施	频数	百分比%
了解	45	3
有所了解	351	23.4
不太了解	931	61.9
不了解	176	11.7

综上，大部分学生所持的高等教育质量观是“价值增值观”，也就是以学生在接受高等教育前后的差距作为评价高等教育质量的标准。不同学校的学生在高等教育质量观上存在显著的差异，“985”高校的学生有更多人倾向于“学术性质量观”，而一般本科院校和“211”高校的学生则更倾向于“产品质量观”和“价值增值观”。高等教育的最根本任务是人才培养，学生在学期间在知识、能力、素养等方面获得的提升都是高等教育质量的表征。学生对高等教育质量保障的关注度较低，不论是学校内部的质量保障，还是外部的质量评估，学生都不太关注。很多学生甚至不知道有“本科教学评估”一事，对于学校的质量保障政策和措施也都不太了解。其中，农村学生和成绩好的学生对质量保障活动的关注度明显高于城市学生、成绩欠佳的学生。

6.4.3　学生参与高等教育质量保障的认知、态度、意愿和能力

参与不仅是一种在管理活动中的介入行为，也是一种思想和情感上的投入。正如我国学者陈向明所指出的，“参与指的是个体卷入群体活动的一种状态，既指个体作为一种有形的实体，在群体活动中是否‘在场’，是否与其他成员进行互动等外显行为，也包括个体在认知和情感方面卷入和影响群体活动的状态和程度”。学生在高等教育质量保障活动中的参与行为是建立在他们的认知、态度、意愿和能力基础之上的，这些条件直接制约着他们的参与行为和参与程度。

6.4.3.1　学生对参与高等教育质量保障权利的认知

表6－19是学生对自己参与高等教育质量保障合法性的认识，调查结果显示，绝大部分被调查的学生（83.6%）都认为学生有权参与高等教育质量保障，只有极少数学生否认了学生参与的权利。可见，对于学生参与高等教育质量保障的权利，绝大多数学生都持认可态度，他们对自己作为高等教育“消费者”和重要利益相关者的权利有非常清晰的认识。

表6－19　学生对参与高等教育质量保障权力的认知

认为学生是否有权参与高等教育质量保障	频数	百分比%
有权	1263	83.6
无权	60	4
不确定	188	12.4

进一步对不同群体的学生在参与高等教育质量保障权力认识上的意见差异进行分析，结果发现，不同学校、专业、学历层次的学生，以及家庭所在地和家庭月收入不同的学生在对该问题的认识上没有发现显著性差异，然而，不同年级、成绩的学生却在对这个问题的认识上存在较为显著的差异（卡方值＝16.267，$P<0.05$；卡方值＝17.595，$P<0.01$）（见表6－20）。

在年级差异上，一年级的学生认为学生有权参与高等教育质量保障的人数比例最高（87.1%），二年级的学生人数比例最低（78.7%）。之所以会出现这种现象，可能是由于大一学生刚入学不久，对于学生在学校治理结构中的地位不甚清楚，且怀有较多理想化的民主憧憬，因此普遍认为学生有权参与质量保障。而大二的学生在经历一年多的大学生活之后，对于学校管理中学生的地

位和作用有了清晰的认识，与之前的憧憬相比出现了较大的落差，因而在对高等教育保障学生参与权利的认可上出现了较多消极的情绪。再从不同成绩的学生对学生参与权力的意见来看，成绩好的学生认为学生有权参与高等教育质量保障的人数比例最多（86%），成绩中等的学生次之（83.9%），成绩差的学生认为学生有权参与的人数比例最少（73.9%），可见，成绩越好的学生对学生参与质量保障的权力越加认可。总的来看，在对参与权利的认识上，一年级的学生、成绩好的学生对学生参与高等教育质量保障的权利更为认可。

表 6-20　学生对参与权力认识的年级、成绩差异

		您认为学生是否有权参与高等教育质量保障							
		有权		无权		不确定		X^2	P
		n	%	n	%	n	%		
年级	一	290	87.1	6	1.8	37	11.1	16.267	.012
	二	296	78.7	18	4.8	62	16.5		
	三	404	85.6	23	4.9	45	9.5		
	四	261	82.3	13	4.1	43	13.6		
成绩	上	645	86	28	3.7	77	10.3	17.595	.001
	中	448	83.9	20	3.7	66	12.4		
	下	150	73.9	12	5.9	41	20.2		

6.4.3.2　学生对参与高等教育质量保障的态度

表6-21是学生对参与质量保障所持的态度。从调查结果来看，绝大部分学生（73.5%）都认为学生“应该认真参与”高等教育质量保障，另外还有19.4%的学生认为“参与只是形式，有无皆可”，只有极少数学生表示“无所谓”或“无须参与”。可见，绝大多数学生对参与高等教育质量保障所持的态度都是积极的。

表 6-21　学生对参与高等教育质量保障的态度

您认为学生是否应该参与高等教育质量保障	频数	百分比%
应该认真参与	1100	73.5
参与只是形式，有无皆可	290	19.4
无所谓，随大流	93	6.2
无须参与	14	0.9

为了进一步分析不同群体的学生在参与态度上是否存在差异，对学生参与态度与学生的各项人口统计学特征进行卡方独立性检验，结果发现，不同层次、年级和家庭所在地的学生，以及成绩不同的学生在参与质量保障的态度上存在较为显著的差异（$P<0.01$）。

由表6-22可见，认为应该认真参与质量保障的研究生（80.6%）明显多于本科生（71.5%），本科生有更多的人持“有无皆可”和“无所谓”的态度。二年级学生认为“应该认真参与”的人数比例为65.5%，明显少于其他几个年级，可见，在参与态度上，二年级学生比其他几个年级的学生更为消极，这个调查结果跟学生对参与权力的认知可能是相通的。农村学生认为“应该认真参与”的人数比例为（80.6%），要明显高于城市学生和城镇学生。学费对于农村学生及其家庭来说是一笔不小的开支，他们为了“物有所值”，对那些能确保其投资收益的活动具有更多的参与兴趣和责任。另外，成绩在班上处于“上”位的学生认为“应该认真参与”的人数比例为76.9%，明显高于成绩中等和成绩欠佳的学生，成绩越好的学生越认为“应该认真参与”质量保障。综而观之，研究生、农村学生、成绩好的学生更加倾向于认真参与质量保障，二年级的学生则更多地持消极的参与态度。

表6-22　学生参与态度的层次、年级、家庭所在地和成绩差异

		您认为学生是否应该参与高等教育质量保障									
		应该认真参与		有无皆可		无所谓		无须参与		X^2	P
		n	%	n	%	n	%	n	%		
层次	本科生	829	71.5	236	20.3	85	7.3	10	0.9	16.201	.001
	研究生	270	80.6	53	15.8	8	2.4	4	1.2		
年级	一	257	77.2	53	15.9	22	6.6	1	0.3	28.740	.001
	二	243	65.5	92	24.8	31	8.4	5	1.3		
	三	363	77.9	70	15	29	6.2	4	0.9		
	四	232	73.4	71	22.5	10	3.2	3	0.9		
家庭所在地	城市	464	69.5	147	22	51	7.6	6	0.9	20.452	.002
	城镇	282	72.7	73	18.8	29	7.5	4	1		
	农村	345	80.6	66	15.4	13	3	4	0.9		
成绩	上	572	76.9	128	17.2	37	5	7	0.9	18.172	.006
	中	384	72.9	103	19.5	37	7	3	0.6		
	下	128	63.4	55	27.2	15	7.4	4	2		

6.4.3.3 学生参与高等教育质量保障的意愿

学生参与高等教育质量保障的一个前提是他们首先要有参与的意愿，要是没有参与的意愿，即使给他们参与的机会也不能真的投身其中。从表6－23的调查结果来看，学生在参与高等教育质量保障的相关事务上具有广泛的意愿，绝大部分（85%）学生都表示“比较愿意”（63.5%）或“非常愿意”（21.5%）参与教育质量保障，只有极少数学生表示“不愿意”（2.2%）参与。

表6－23 学生对参与高等教育质量保障的意愿

您是否愿意参与教育质量保障的相关事务	频数	百分比%
非常愿意	323	21.5
比较愿意	952	63.5
不太愿意	192	12.8
不愿意	33	2.2

进一步分析不同背景的学生在参与意愿上是否存在差异，结果发现，不同类别、年级、家庭月收入的学生，以及成绩不同的学生在参与质量保障的意愿上存在显著的差异（见表6－24）。

表6－24 学生参与意愿的类别、年级、家庭收入和成绩差异

		您是否愿意参与高等教育质量保障事务									
		非常愿意		比较愿意		不太愿意		不愿意		X^2	P
		n	%	n	%	n	%	n	%		
类别	本科生	238	20.4	736	63.2	162	13.9	29	2.5	9.963	.019
	研究生	85	25.5	214	64.3	30	9	4	1.2		
年级	一	74	22.2	221	66.4	31	9.3	7	2.1	24.535	.004
	二	68	18.3	223	59.9	71	19.1	10	2.7		
	三	111	23.7	304	65	46	9.8	7	1.5		
	四	70	22.2	194	61.6	42	13.3	9	2.9		
家庭收入	<2000	100	26	239	62.1	40	10.4	6	1.6	29.659	.001
	2000～5000	127	19.9	423	66.2	78	12.2	11	1.7		
	5000～10000	51	16.4	209	67.2	44	14.1	7	2.3		
	>10000	39	28.7	68	50	21	15.4	8	5.9		

续表

		您是否愿意参与高等教育质量保障事务									
		非常愿意		比较愿意		不太愿意		不愿意		X^2	P
		n	%	n	%	n	%	n	%		
成绩	上	173	23.2	479	64.2	84	11.3	10	1.3	19.871	.003
	中	114	21.6	330	62.5	73	13.8	11	2.1		
	下	31	15.3	130	64	31	15.3	11	5.4		

具体来看，研究生参与质量保障的意愿要明显高于本科生，表示“非常愿意”（25.5%）或“比较愿意”（64.3%）参与质量保障的研究生占89.8%，明显多于本科生（83.6%）。在不同年级学生的参与意愿上，二年级的学生表示“比较愿意”（59.9%）或“非常愿意”（18.3%）参与高等教育质量保障的人数比为78.2%，而一年级、三年级和四年级的学生则分别为88.6%、88.7%、83.8%，可见，二年级学生在参与意愿上要明显低于其他几个年级。再从家庭收入不同的学生来看，家庭月收入低于2000元的学生中表示愿意或非常愿意参与质量保障的人数比为88.1%，家庭月收入在2000～5000元、5000～10000元，以及10000元以上的学生则分别为86.1%、83.6%、78.7%。不难看出，学生参与质量保障的意愿随着家庭月收入的增加在逐渐递减，家庭收入越低的学生越愿意参与质量保障。最后一项是成绩不同的学生在参与意愿上的差异，成绩好的学生中有87.4%表示愿意参与质量保障，成绩中等和成绩欠佳的学生中分别有84.1%、79.3%表示愿意参与，可见，学生参与的意愿与其成绩呈正相关，成绩越好的学生越愿意参加质量保障。总的看来，研究生、家庭收入低的学生，以及成绩好的学生更加愿意参加质量保障，而二年级的学生参与质量保障的意愿则不及其他几个年级的学生。

6.4.3.4　学生参与高等教育质量保障的能力

除了要有正确的认识、态度和积极的参与意愿之外，学生参与高等教育质量保障还需要具备一定的知识和能力，例如对质量保障相关知识的了解、组织管理能力、沟通能力等。那么，目前我国的大学生是否具备了这种参与质量保障的知识和能力呢？从表6－25的调查结果来看，大部分学生（54.3%）都对此表示不确定，24.9%的学生表示尚不具备，只有19.9%的学生认为他们已经具备了这种知识和能力。可见，绝大部分学生都对自己参与质量保障的知识和能力不够自信。这可能是由于学生参与质量保障的机会少，对具体需要哪些知识和能力不太了解，同时学校也很少在这方面做知识普及和能力培训，从而导致学生在遭遇一个盲区的时候，不能从容自信地做出肯定的回答。

表6－25　学生参与高等教育质量保障的能力

您认为自己是否具备了参与质量保障的知识和能力	频数	百分比%
具备	302	19.9
不确定	826	54.3
尚不具备	378	24.9

不同背景的学生是否在参与质量保障的能力上存在差异呢？将学生的各项背景指标与其对参与质量保障的能力做卡方独立性检验，结果发现，不同层次、年级、专业的学生，以及成绩不同的学生在对自己参与质量保障所需知识和能力的认识上存在显著的差异（见表6－26）。其中，本科生认为尚不具备参与质量保障的知识和能力的占26.7%，明显多于研究生，研究生在参与质量保障的知识和能力上准备要更加充分。与三年级和四年级相比，一年级和二年级的学生认为尚不具备参与质量保障所需的知识和能力的人数比例更多，分别占29.3%、30.3%，相比之下，高年级的学生比低年级的学生更加具备参与的知识和能力。从不同专业学生的意见来看，理学、工学专业的学生认为尚不具备参与知识和能力的分别占28.3%、30.6%，明显高于人文、社科专业的学生，人文社科专业的学生在参与质量保障的知识和能力上有更多的自信。最后，在成绩差异上，成绩在班级中处于“下”位的学生有40.4%表示不具备参与质量保障的知识和能力，明显多于成绩中等和成绩好的学生，成绩越好的学生对参与质量保障的知识和能力越自信。总的来看，本科生、一二年级的学生、理工科专业的学生，以及成绩欠佳的学生在参与质量保障的知识和能力上表现得更为不自信，有更多人认为自己并不具备参与质量保障所需的知识和能力。

表6－26　学生参与高等教育质量保障能力的层次、年级、专业和成绩差异

		您认为自己是否具备了参与高等教育质量保障的知识和能力							
		具备		不确定		尚不具备		X^2	P
		n	%	n	%	n	%		
层次	本科生	225	19.2	632	54.1	312	26.7	7.925	.019
	研究生	77	23	193	57.6	65	19.4		

续表

		您认为自己是否具备了参与高等教育质量保障的知识和能力							
		具备		不确定		尚不具备		X^2	P
		n	%	n	%	n	%		
年级	一	57	17.1	179	53.6	98	29.3	26.206	.000
	二	59	15.7	203	54	114	30.3		
	三	108	23.1	252	53.8	108	23.1		
	四	76	24.1	186	58.9	54	17.1		
专业	人文	46	25.1	95	51.9	42	23	21.176	.007
	社科	145	22.5	361	56.1	138	21.4		
	理学	34	16.6	113	55.1	58	28.3		
	工学	67	15.5	232	53.8	132	30.6		
	其他	10	25	22	55	8	20		
成绩	上	176	23.5	424	56.6	149	19.9	41.521	.000
	中	90	16.9	302	56.9	139	26.2		
	下	32	15.8	89	43.8	82	40.4		

从以上几个问题的回答来看，绝大部分学生都认为他们具有参与质量保障的权力、责任和意愿，然而，在参与质量保障所需的知识和能力上却普遍表示准备不足。不同背景的学生在参与质量保障的认知、态度、意愿和能力上存在着一些差异，在参与权力的认知上，一年级的学生和成绩好的学生更多认为学生有权参与质量保障；在参与态度上，研究生、农村学生和成绩好的学生更多表示应认真参与质量保障；在参与意愿上，研究生、家庭收入低的学生和成绩好的学生更多地表示愿意参与质量保障，而二年级的学生不论在参与态度上还是在参与意愿上都明显不如其他几个年级的学生；在参与所需的知识和能力上，研究生、三四年级的学生、人文社科专业的学生和成绩好的学生更多认为已具备参与质量保障的知识和能力，相反，本科生、一二年级的学生、理工科专业的学生，以及成绩欠佳的学生则有更多人表示还不具备参与的知识和能力。

6.4.4　学生参与高等教育质量保障的期望和障碍

学生参与高等教育质量保障有多种不同的途径和方式，从参与学校管理决策机构、参与外部评估小组、口头反馈质量相关信息、参加座谈会，到评价教师教学、参与各种调查等。在众多参与途径中，哪些是学生倾向的参与方式呢？从表6-27的调查结果可见，愿意以“对教师教学进行质量评价”和“填写相关问卷”的方式参与学校教育质量保障的人数最多，分别占41.8%和38.2%。值得一提的是，这两种参与方式也是学生反映他们目前应用最多的参与途径。这可能是由于这两种参与方式比较简便、易行，学生也不用投入太多的时间和精力，因此不管是学校教育质量管理部门还是学生都更偏好这两种参与方式。继这两种参与方式之后，接下来学生期望的参与方式依次是“直接向校长、教务长信箱发信”“作为学生代表参加学术委员会等学校管理机构”“参加座谈会”“通过学生组织向上级反映教学质量问题”“参与外部评估小组对学校教育质量的评审”等。总的来看，各个选项之间的比例差距不大，学生在参与高等教育质量保障的方式上各有偏好。

表6-27　学生期望参与的教育质量保障的方式（多选题）

您愿意以什么方式参与学校的教育质量保障	频数	百分比%
对教师教学进行质量评价	614	41.8
填写相关问卷	561	38.2
直接向校长、教务长信箱发信	465	31.7
作为学生代表参加学术委员会等学校管理机构	417	28.4
参加座谈会	401	27.3
通过学生组织向上级反映教学质量问题	397	27
参与外部评估小组对学校教育质量的评审	357	24.3
向领导或导师口头反馈教学信息	264	18
其他	19	1.3

表6-28是学生对其参与高等教育质量保障角色的认识，调查结果显示，在问及“您认为学生参与质量保障的角色可以是”时，半数以上的学生（55.6%）都选择了“信息提供者”，42.5%的学生选择了“政策执行监督者”，还有27.1%的学生选择了“决策咨询者”，只有极少数学生选择了“决策制定者”。可见，大多数学生都认为学生在高等教育质量保障中的角色仅限于“信息提供者”“监督者”和“咨询者”，对于“决策者”却望尘莫及，这可能是由我国目前的大学治理结构，以及高校中学生参与质量保障的现状所决定的。

表6-28　学生参与高等教育质量保障的角色（多选）

您认为学生参与质量保障的角色可以是	频数	百分比%
决策制定者	78	5.3
决策咨询者	399	27.1
政策执行监督者	626	42.5
信息提供者	819	55.6

学生参与高等教育质量保障作为一项新生事物，在推进的过程中不可避免地会有许多的现实障碍和困难。为了更加清楚地认识和明晰这些障碍，问卷中还设计了一道问题“您认为学生参与质量保障的最大障碍是”什么时，从学生的回答情况来看，选择“缺少话语权”的人数最多（50.9%），其次是“参与的渠道缺失或不畅”（40.7%）。此外，还有1/3的人选择了“缺少民主协商和参与的氛围”“相关的知识和能力储备不足”“学生参与的热情不高”（见表6-29）。不难看出，缺少话语权和参与渠道不畅是学生参与高等教育质量保障最主要的障碍。

表6-29　学生参与高等教育质量保障的障碍（多选）

您认为学生参与质量保障的最大障碍是	频数	百分比%
缺少话语权	724	50.9
参与的渠道缺失或不畅	601	40.7
缺少民主协商和参与的氛围	494	33.5
相关的知识和能力储备不足	439	29.7
学生参与的热情不高	404	27.4

总的来看，大部分学生都愿意通过“评教”和问卷调查这两种途径来参与高等教育质量保障，这也是目前使用最广泛的学生参与质量保障的两种方式。学生把自己在高等教育质量保障中的角色限定为信息提供者、政策执行监督者和决策咨询者，对于决策制定者的角色却不敢企及。这可能是学生基于他们在学校治理结构中的位置，以及目前在高等教育质量保障中的参与情况所做的判断。对于参与高等教育质量保障的主要障碍，大部分学生都认为“缺少话语权”和“参与渠道不畅”。另外，还有部分学生认为是“缺少民主协商和参与的氛围”“相关的知识和能力储备不足”和“学生参与的热情不高”。

6.5 分析与讨论

6.5.1 我国高等学校教育质量的现状

6.5.1.1 学生的求学满意状况

调查发现：第一，学生对学校教学条件和总体教学的满意度水平还可以，有半数以上的学生都对学校的教学条件和总体教学感到较为满意。然而，学生对教师和课程满意度水平却较低，有1/3的学生对50%以上的教师和课程感到不满意。在三类不同院校的学生中，“985”高校的学生在各项指标上的满意度水平都要明显高于“211”高校和一般本科院校的学生，相比之下，一般本科院校学生的满意度水平最低。第二，作为与求学满意度密切相关的一项指标，学生忠诚度的调查结果也并不令人乐观，只有不到一半的学生表示愿意再次选择就读大学，由此侧面印证了目前学生的求学满意状况并不尽如人意，究其原因，主要有就业前景差、社会实践机会少、学术水平差、生活环境差等。在学生各项背景差异上，男生比女生的忠诚度更高、四年级的学生比其他几个年级的学生忠诚度更高、人文社科专业的学生比理工科专业的学生忠诚度更高、“985”高校的学生比“211”高校和一般本科院校学生的忠诚度更高。第三，学生对学校教育的期望和实际收获之间的差距是测量学生求学满意度的一个有效指标，在列出的11项指标中，有6项指标未能达到期望水平，且大部分指标距期望值还有较大的差距，尤其是“就业竞争力”和“创新能力”这两项，缺口很大。

学生满意度调查是评价高等学校教育质量的一个重要尺度，也是一种从学生视角来看高等教育质量的方法。本研究通过从多个侧面对学生的求学满意度进行调查，发现目前学生的求学满意状况并不令人乐观，虽然有将近一半的学生对学校的教学条件和总体教学感到较为满意，然而对教师和课程的满意度水平却较低。教师和课程是学校教育教学的主要载体，其质量直接影响着学校的教育教学水平和人才培养质量。“所谓大学者，非谓有大楼之谓也，乃有大师之谓也”。要建设高水平的大学，提升教育质量，除了要有好的教学基础设施之外，更重要的是要有一支高水平的师资队伍和一大批精品课程。教师是学校办学的主体，也是高等学校生存与发展的“第一资源”，一支高素质的师资队伍是学校提高教学质量、培养合格人才的保证。课程的质量归根结底取决于教师的质量，只有高水平的教师才能开设出一批优秀的课程。因此，师资队伍的建设是高等学校教育教学质量提升的关键，目前高等学校在教师和课程质量上的不足都应从师资队伍建设入手。此外，“985”高校作为全国有限的几十所重点研究型大学，是我国冲击世界一流大学的排头兵和生力军，国家在资源的配置上对其实施倾斜政策。这些大学聚集了全国最优质教育资源，不论是教学条件，还是教师队伍都比其他院校要胜出一筹。因此，这些大学的学生在求学满意度上高于其他院校的学生也是情理之中。

高等教育的质量是一个不断发展变化的概念，在不同的时期人们对高等教育质量的诉求也不尽相同。随着我国高等教育大众化进程的推进，高等教育一方面在办学类型和层次上出现了多样化的趋势，另一方面在市场供求关系上也在悄然发生着改变，成本分担制度的实施使学生日益成为高等教育的“消费者”，他们的需求越来越多地成为高等教育发展的着眼点。在这种背景下，高等教育质量观更多的是一种“需求导向”的质量观，高等教育质量就是满足“消费者”需求的程度。因而，“消费者需要什么”是高等学校在提升其教育质量时首先要反思的问题，适应性日益成为高等教育质量的内在属性。然而，很多高校由于固守原来的教育传统，没有对学生的需求和人才市场的变化给予足够的关注，在适应性上严重滞后。这种现象不仅在一般本科院校存在，在重点大学和研究型大学一样存在。这次调查结果显示，目前高等学校在“就业竞争力”“创新能力”等方面未能满足学生的需求，并且缺口还很大，在社会实践机会、学术水平、生活环境等方面也没有达到学生的期望。这些问题可能是目前我国高校普遍存在的共性问题，也是直接影响学生满意度和高等学校教学质量的症结所在。高等学校要提升教育质量，满足消费者的需求，需要更多地从学生的视角出发，办学生满意的教育，“学生满意”应当是评价高等教育质量的终极标准。

6.5.1.2　高等学校教育质量的问题与保障措施

问卷调查结果显示：第一，目前高等学校在教育质量上存在的主要问题是课程设置不合理、学生的学习积极性不高。此外，在教学基本条件、教师对教学的投入和教学质量监控等方面也还存在很多的不足。第二，目前高等学校在教育质量的提升和质量保障上主要采取了以下措施：营造学术氛围、定期开展学生评教、积极改善教学基本设施、加强校园环境建设、鼓励本科生科研、制定考核标准和毕业论文标准。

高等教育质量是一个多层面的概念，涉及学校教育的各个环节。学生是学校教育的主体和各项教育教学活动的主要参与者，向他们调查学校教育质量存在的主要问题，目的旨在找到学校教育质量问题的症结所在。从调查结果来看，课程设置不合理被认为是学校教育质量最主要的问题，并且在之前的求学满意度调查中也发现学生对课程的满意度水平较低。因此，目前大学教育质量存在的诸多问题可能要从课程中去找原因。课程是学校教学活动的基本单元，各种彼此联系、相互融通的课程共同构成了一个知识网络体系，引领学生一步步接近既定的培养目标。人才培养目标决定了课程及其结构，同样，课程结构反过来也制约着人才培养的规格。自改革开放以来，我国高校课程经历了几次较大的改革，虽然取得了较大的进展，但是在课程内容、课程结构、课程设置上还存在着许多的不足。尤其是随着高等教育大众化进程的推进，人才培养目标的日益多样化，单一、僵化的课程设置不能满足学生多样化的需求。如何对课程进行改革，如何从教学最基本的单元入手来提升教育质量可能是高等学校和教育研究者们需要深思和探讨的问题。

此外，学生的学习积极性不高也是影响高等学校教育质量的一个主要问题。所谓教学，就蕴意了教与学是不可分割的一体，没有学生积极、主动地学习，任何知识都不可能内化并融入学生自己的知识体系之中。而学生学习积极性的缺乏，究其原因，有着许多深层次的原因。首先是浮躁的社会风气，在市场经济的冲击下，许多学生都不安心于在学校学习，纷纷在外面兼职进行所谓的“社会实践”。其次是学校教学内容的陈旧，学生从课堂中、书本中学习不到想要的东西，一些应用性学科尤其如此。知识的爆炸和技术的日新月异，使得课本上的知识很快就被时代远远地抛在了后面，在这种情况下学生又怎能安坐于课堂。最后是宽松的考核制度，我国大学实行的都是严进宽出的培养机制，学生进入大学之后就好比进入了保险箱，不出问题的话四年之后都能顺利拿到学位，这种宽松的学业考评制度不利于激发学生学习的积极性。因此，要提高学生学习的积极性就要从多方面入手，多管齐下。

从目前高等学校对教育质量的保障情况来看，各个高校都做了很多积极的努力，采取各种措施来提升和保障学校的教育教学质量，既有“硬件”的建设，也有“软环境”的提升，不仅有积极的鼓励措施，也有制度化的质量监管活动。值得一提的是，大多数高校都定期开展了“学生评教”活动。我国高校的“学生评教”是 20 世纪 80 年代中期以来的事情，90 年代以来开始逐渐步入正规化阶段，目前“学生评教”已在各级各类高校中得到广泛应用。北京大学于 1996 年年初，率先在全校范围内公布学生评价结果。中国人民大学于 1999 年 9 月，北京师范大学于 2000 年 3 月，先后在其学校范围内公布学生评价结果，并作为学校的一项常规性工作被确定下来。“学生评教”是高等学校了解学校教学状况的一个主要渠道，也是学生参与高等教育质量保障的一个重要途径。通过对教师教学的及时评价和反馈，可以帮助教师诊断教学质量问题，有的放矢地改进教学。

6.5.2　我国学生参与高等教育质量保障的现状

从学生在高等教育质量保障中的参与现状来看，目前我国大学生也正通过各种途径参与质量保障活动。对教师的教学质量进行评价和参与相关的调查是学生目前使用最多的两种参与途径，尤其是对教师教学质量的评价，大部分学生都反映曾经参与过该项活动。可见，“学生评教”已经成为高等学校普遍采用的一种质量保障方法，也是我国学生参与高等教育质量保障的最主要的途径。同时，调查结果还显示，绝大多数学生在“评教”时态度都是认真的，然而，对于“学生评教”对教学质量提高的作用，却有 2/3 的学生表示“无效”或“一般”。

根据以上调查结果，我们不难发现，我国学生主要是通过制度性间接参与的途径实现在高等教育质量保障中的参与，不管是“学生评教”也好，还是参与各种调查也好，都属于制度性间接参与，采用制度性直接参与和非制度性参与途径的很少。与此相应的是，在参与角色上，我国学生还主要扮演的是信息提供者的角色，通过参与调查或“评教”向教师和有关部门反馈教学质量信息。由此可见，我国学生在高等教育质量保障中的参与还很不充分，发挥的作用非常有限，大多时候仍是被动参与，未能成为高等教育质量保障的真正主体。

“学生评教”作为学生目前最主要的参与质量保障的途径，自其 20 世纪 20 年代在美国出现以来，各方就一直对其信度和效度存在很大争议。本次调查中学生普遍反映，在对教师进行评价时态度都是非常认真的，从而在一定程度上证明了学生对教师教学质量的评价是有效的，学生完全可以成为教学质量合格的评价者。学生评教之所以为各级各类高等学校广泛应用，有其存在的合理性。首先，作为高等教育的消费者，学生有权对教师的教学质量进行评价。其次，学生是教学的对象，是教师教学活动的感受者，对教师的教学过程及其效果最有发言权。最后，学生评教有经济、便捷、易推行等优点。并且，学生对教师的教学评价，如果实施得当的话有助于教师教学效果的提高。作为一种教学评价，"学生评教"的目的不只是单纯的判定教师教学效果的优劣，更重要的是通过向教师提供教学质量信息反馈帮助教师提高教学。然而，调查中很多学生却反映"评教"对教学质量的提高没有很大的效用。其原因可能主要是因为评价结果的使用不当，评价结果的反馈是整个评价过程的重要一环，评价结果何时公布、谁能看到、如何使用都直接关系到评价目的的实现。因此，要提高"学生评价"对提高教学质量的作用，各高校应重点关注对评价结果的反馈，建立一套科学的反馈机制，既对教师隐私给予充分的尊重，又使评价结果能够发挥应有的效用。

6.5.3 我国学生参与高等教育质量保障的态势

6.5.3.1 学生的质量观及其对高等教育质量保障的关注度

调查研究发现：第一，大部分学生所持的高等教育质量观都是"价值增值观"，也就是以大学教育给学生带来的变化，即学生在知识、能力、行为上的"价值增值"作为评价高等教育质量的标准。不同高校的学生在高等教育质量观上存在较为显著的差异，相比之下，"985"高校的学生更加倾向于"学术性质量观"，而一般本科院校和"211"高校的学生则更倾向于"产品质量观"和"价值增值观"。第二，学生对高等教育质量保障活动的关注度非常低，62.9%的学生都对学校的质量保障活动不关注；45.6%的学生不知道有"本科教学评估"一事；73.6%的学生都对学校有关教育质量保障的政策和措施不太了解。与城市学生和成绩不好的学生相比，农村学生和成绩好的学生对质量保障活动的关注度更高。

学生是高等教育质量保障的重要利益相关者，对高等教育质量有着自己的价值诉求，他们从自身的利益视角出发，更多地希望大学教育能够使他们获得知识、能力、素质的提升，以便为将来的工作和完满生活做准备，因此，他们所持的高等教育质量观是"价值增值观"，也是一种个人本位的质量观。目前，我国已经普遍实行高等教育成本分担制度，学费收入在高等学校经费结构中所占的比重不断上升。据调查，学生占学校经常性经费支出的比重从1993年的12.1%上涨到1999年的23.4%，而2001年和2002年则分别达到31.4%和34.1%。❶ 在这种情况下，学生越来越多地被看作是高等教育的消费者，主体地位日渐上升，他们对高等教育质量的诉求也开始受到各界的重视。高等教育质量的评价标准不再只是以政府、社会、高校的诉求为基准了，越来越多的要求兼顾和考虑学生的质量诉求，学生的高等教育质量观开始日渐上位。

学生对高等教育质量保障活动的关注度是评价学生的自我主体意识，以及学生对自己作为高等教育质量保障重要利益相关者的认识的一个重要指标。参与是一种在管理活动中的分权行为，也是民主管理的一种方式。参与人只有在认识到自己的主体地位，并具有强烈的主体意识的情况下，才有可能积极、主动地投入到学校的质量保障活动之中。然而，本次调查却发现，学生对高等教育质量保障活动的关注度非常低，不论是对外部的质量评估，还是对学校内部的各项质量保障政策措施都不太了解，甚至闻所未闻。这种现象说明目前我国学生在高等教育质量保障活动中存在主体意识缺失的问题，对于自己在质量保障活动中所处的地位、角色，以及肩负的责任和义务没有正确的认识。而主体意识的缺失将带来的一个直接后果是学生在高等教育质量保障活动中参与意识的薄弱。因此，学生对高等教育质量保障活动的低关注度不仅说明了他们主体意识的缺乏，还从侧面表明了他们参与意识的薄弱。

6.5.3.2　学生参与高等教育质量保障的认知、态度、意愿和能力

调查发现，绝大部分学生都认为他们具有参与质量保障的权力、责任和意愿，然而，在参与的知识和能力上他们却普遍表示准备不足。不同背景的学生在参与权力、态度、意愿和能力上有显著差异。在参与权力上，一年级的学生和成绩好的学生对参与质量保障的权力更加认可；在参与态度上，研究生、农村学生和成绩好的学生更倾向于认真参与质量保障；在参与意愿上，研究生、家庭收入低的学生和成绩好的学生相比之下更加愿意参与质量保障；在参与能力上，本科生、一二年级的学生、理工科专业的学生，以及成绩欠佳的学生在参与质量保障所需的知识和能力上更显不足。另外，二年级的学生不论是在参

❶ 王蕾. 我国高等教育经费与居民家庭支付能力的现状分析［J］. 北京理工大学学报（社会科学版），2005（8）：59－61.

与态度，还是参与意愿上都明显不及其他几个年级的学生。

学生参与高等教育质量保障的认知、态度、意愿和能力是他们参与高等教育质量保障的前提和保证，没有对参与权力的认识、认真的参与态度、积极的参与意愿，以及必备的知识和能力，学生不可能实现在高等教育质量保障中的充分、有效参与。高等教育质量保障与大学生的切身利益息息相关，直接影响着他们所受教育的质量。基于维护自身利益的考虑，大学生们普遍认为他们具有参与质量保障的权利和责任，应该并愿意认真参与各项质量保障活动。调查结果也印证了这一点，学生在对参与权力的认知、参与的态度和意愿上都做了积极肯定的回答。但是，在参与质量保障所学的知识和能力上，很多学生都表示准备不足，或者是不确定是否具备这种知识和能力。高等教育质量保障是一项复杂的系统工程，由形式各异的质量评价、监督、管理、审查、调查等活动组成，要求参与者必须具备一定的知识和能力，例如，有关高等教育质量保障和学校组织构架的知识、管理能力、文献分析能力、沟通能力和判断能力等，否则将无法胜任和完成各项质量监管和保障的任务。高等学校的学生是一群自主独立、思维活跃、积极进取的青年学子，在知识结构和心智上都已经渐趋成熟，具有理性思维和基本的判断、决策能力。但是，如果不对其进行有关质量保障的专门培训的话，他们了解质量保障相关知识的机会可能并不多，对于参与质量保障所需的能力也没有一个整体的认识，在能力上可能达不到完成质量保障任务的要求。然而，从目前我国高校的质量保障活动来看，对于学生的宣传做得还很不够，更谈不上对学生的专门培训。因此，学生普遍表示缺乏参与的知识和能力也就不足为奇了。

6.5.3.3 学生参与高等教育质量保障的期望和障碍

调查结果显示，第一，在参与高等教育质量保障的途径上，大部分学生都希望通过“对教师教学进行质量评价”和“填写相关问卷”两种方式来参与质量保障。对于学生在高等教育质量保障中的参与角色，大多数学生都认为可以是“信息提供者”和“政策执行监督者”，只有极少数学生认为可以是“决策制定者”。第二，大部分学生反映参与高等教育质量保障的最大障碍是缺少话语权、参与渠道不畅，另外还有部分学生认为是“缺少民主参与的氛围”“相关知识能力储备不足”和“学生参与热情不高”。

从目前学生参与质量保障的途径来看，主要是通过对教师的教学质量进行评价和参与相关调查来参与质量保障的。然而，有趣的是，在对参与途径的期望上，学生表示他们期望的参与途径也正是这两种。究其原因，可能主要是因为这两种参与途径具有经济、简便、易行的特点，管理部门在组织的时候比较方便，覆盖面又大，学生参与的时候也不需要花费太多的时间和精力。因此，不仅管理部门普遍使用这两种方法来收集学生对学校教育质量的意见和建议，学生也愿意以这两种途径来参与。

高等教育质量保障在我国是 20 世纪 90 年代以来开始正式提出来的，主要实行的是以政府为主导的质量保障模式，质量保障的主体主要包括政府、高校和社会。学生作为受教育者在高等教育质量保障活动中一直被边缘化，缺少话语权，没有利益表达和质量申诉的渠道。这种在质量保障权力结构中的不平等地位是影响学生参与质量保障的最大障碍。话语权的缺失决定了学生参与质量保障只能是流于形式，或者仅仅作为信息的提供者，不可能真正触及质量保障的决策层，实现决策参与。参与渠道的不畅也使得学生对教育质量的意见无处伸张，枉有一番参与的热情和意愿，却找不到现实路径。除了这两大主要障碍之外，我国高校还缺少民主管理的氛围和传统，学生在学校管理活动中一直被看作是被管理者，主体意识缺乏、参与意识薄弱，对质量保障活动缺乏参与热情。并且他们在参与质量保障所需的相关知识、组织管理能力、决策能力等方面尚存在许多不足。这些现实困境，都不同程度地阻碍了我国学生在高等教育质量保障中的参与。

第7章　构建基于学生参与的高等教育质量保障机制

高等教育质量保障主体从一元走向多元是世界高等教育质量保障发展的共同趋势。近年来，西方国家在高等教育质量保障中除了对政府、高校和社会参与的强调外，也越来越关注学生的参与。一些在学生参与质量保障的实践中做得较好的国家，经过多年的探索和实践已经形成了一套较为完善的学生参与质量保障的机制。我国的高等教育质量保障起步较晚，主要实行的是以政府为主导的纵向约束机制，学生在质量保障中的参与十分有限，尚未形成系统的参与机制。有鉴于此，本章拟对国内外学生参与高等教育质量保障的现状进行比较和反思，总结国际经验，探寻影响我国学生参与高等教育质量保障的深层次因素，并在此基础上构建一套植根于我国制度和文化土壤中的学生参与高等教育质量保障的机制。

7.1　比较与反思

自20世纪末我国高等教育开始大规模扩招以来，质量问题日益凸显，上至政府教育主管部门，下至社会公众都对高等教育质量倍加关注，如何构建一套科学、有效的高等教育质量保障体系成为学界广泛探讨的议题。在众多有关高等教育质量保障的研究中，不论是对质量保障模式或机制的研究，还是对质量保障方法和手段的研究，都回避不了一个最根本的问题，即质量保障主体的确立。虽然各国由于政治、经济、文化和高等教育传统的差异，高等教育质量保障体系各具特色，但是就其质量保障的主体而言，不外乎政府、高校和社会，各种质量保障模式或机制都是这几大主体在质量保障权力结构中的不同分配和组合。

近年来，随着学生主体地位的上升以及高等教育质量保障主体的多元化发展趋势，学生作为教育活动的直接参与者、教育质量的直接感知者，也是高等教育人数最多的利益相关者，在高等教育质量保障中的权益和作用日益受到关注。学生参与高等教育质量保障不仅是现实所需，也是政策所向。如果依据全面质量管理理论的全员参与原则，要实现对高等教育质量的全方位管理，就应该将学生纳入质量保障体系之中；如果从消费者权益来说，学生缴费上学，是高等教育无可否认的消费者，对于购买产品的质量理应具有评议和监督的权力。如果从学生的主体性来看，他们早已是心智成熟的独立行为主体，有能力对学校教育质量进行监管和保障。因此，不管从哪个角度来看，学生都应当是高等教育质量当之无愧的捍卫者、保障者。近年来世界高等教育质量保障出现的学生参与趋势也证实了这一点，学生日益被看作是高等教育质量保障的重要主体，也是高等教育质量保障制度完善的一个重要突破口。

国外学生在高等教育质量保障中的参与具有悠久的历史。最早可以追溯到欧洲中世纪时期的“学生大学”，那时学生在学校各项管理事务中具有广泛的参与决策权，当然也包括对质量保障事务的管理和决策。然而，随着之后的几次沉浮变换，学生在高等学校管理中的权力出现了式微，直到 20 世纪 90 年代，学生作为高等教育重要利益相关者的地位被广泛认可，学生的影响和作用才再次受到关注。尤其是 1999 年开始启动的博洛尼亚进程把学生参与作为一项重要议题，并将其界定为“欧洲高等教育区取得成功的关键因素之一”。在一系列学生参与政策的推动下，欧洲国家普遍开展了学生参与高等教育质量保障的实践，并取得了显著的成效。“学生参与的水平不断提高，学生参与质量保障是 2005 年以来最大的进步领域之一”。[1]

纵观国外学生参与质量保障的实践，其成功经验主要有以下几点：首先，通过立法的形式确保学生在高等教育质量保障中的参与。挪威、芬兰、瑞典、丹麦等北欧国家都颁布了有关学生参与质量保障的法律法规，明确规定了学生在高等教育质量保障中的参与权利，从而把学生参与作为一项制度确立下来，这也是这几个国家之所以成为学生参与实践典范的成功经验所在。其次，开辟多种渠道，实现学生在高等教育质量保障各个环节的参与。一些国家的质量保障机构和高等学校通过使学生参与质量保障机构、外部评估小组、学校的管理决策机构，以及口头反馈和书面报告等多种途径使学生全面渗透到高等教育质

---

[1] Andrejs Rauhvarge. Bologna Process Stocktaking London 2007 [EB/OL]. [2019 - 08 - 10]. http://www.aic.lv/ace_disk/acebook/2007voll.pdf.

量保障的各个环节，从评估计划的制订、高等学校的自评、评估小组的现场考察，到评估报告的拟定和后续的跟踪评估，都有学生的参与。除了这些制度性直接参与途径之外，许多国家还通过满意度调查、学生选课和择校等制度性间接参与途径发挥学生在质量保障中的作用。这种多途径、全方位的参与正在使学生一步步走向“高等教育质量保障的全面合作伙伴”。再次，拓宽学生参与的范围和广度，促进学生在质量保障各个层面和领域的参与。一些国家通过多种方法和途径实现了学生在高等教育各个层面和范围的全方位参与，不论是院校、国家和欧洲层面的质量保障活动，还是内部质量保障和外部质量保障活动中都有学生的积极介入。学生参与的触角在横向和纵向上都得到了极大的延伸，覆盖了高等教育质量保障的各个角落。最后，开展专门培训，提高学生参与质量保障的能力。为了提高学生在高等教育质量保障中的参与能力，使其能够胜任质量保障的任务，很多国家都在质量保障活动启动之前，对遴选出来的学生代表进行专门的培训。培训内容主要包括质量保障相关的法规或准则、质量保障的程序、质量保障的目标、国家高等教育体系和质量保障框架的概况、国际质量保障的发展情况、案例研究、评估小组成员的角色和责任、评估伦理，以及评估报告的撰写、访谈技巧、文献分析、时间管理等实践技能。而培训人员则由大学教师、评估专家、前任评估小组中的学生专家和国际专家充当。各个机构和学校的培训时间不等，通常为一整天。

除了以上成功经验之外，国外学生在高等教育质量保障中的参与也存在许多的不足。大部分国家的学生在质量保障中都尚未能实现全面的、充分的、有效的参与，仍存在身份危机、决策参与不足、参与广度局限等问题，在质量保障中的角色和作用更多是咨询参与，尚未真正成为教育质量的建构者，未被看作是高等教育质量保障平等的合作伙伴。

从我国学生参与高等教育质量保障的情况来看，由于近年来学生主体地位的上升和“消费者”地位的确立，我国学生已经越来越多地介入高等教育质量保障活动之中。从其参与的途径来看，主要是采取制度性间接参与的方式，通过“学生评教”和相关调查来实现在高等教育质量保障中的参与，尤其是“学生评教”，目前已经在各个高校普遍开展。在参与的广度上，由于其参与途径的限制，学生主要是参与高等学校内部的质量保障活动，并没有介入国家层面的质量保障活动之中，更谈不上在超国家层面的参与。在参与角色和作用上，目前我国学生仍然扮演的是信息提供者的角色，没有能深入决策机构实现决策参与。总的来看，我国学生在高等教育质量保障中的参与正在日渐增多，但是由于我国高等教育质量保障长期以来实行的是政府单一主体的保障模式，其他利益相关者在质量保障中的参与非常有限。因此，目前我国学生在高等教育质量保障中的参与还仍然处于边缘化的状态，存在着参与的主体意识不强，参与的深度、广度不够，参与制度不健全，参与渠道不畅等亟待解决的问题。

与国外学生在高等教育质量保障中的参与相比，我国学生还主要是被动的参与者。他们虽然在质量保障上有广泛的参与意愿和认真的态度，但参与的意识还非常薄弱，对于自己作为高等教育质量保障重要利益相关者的地位认识还不够，不能积极主动地投身于各项质量保障活动，充当质量保障的行动者，其角色仍旧是被动的信息提供者。并且，我国学生在外部质量保障中的参与还非常有限，只是参与评估专家小组的座谈，不像一些国家的学生那样从自评报告的撰写、实地考察，到评估结果的制定和后续追踪评估都有全程参与，我国学生在参与的广度上还有很大的局限性。此外，在参与的权力限度上，我国学生目前在高等教育质量保障的决策机构中仍处于缺位状态，未能进入高等教育质量保障的决策层，虽然国外学生同样也存在决策参与不足的问题，但是不少国家的高等教育质量保障机构和高等学校的决策机构中都有一定数额的学生代表参加，相比之下，我国学生的决策参与非常匮乏。

高等教育质量保障是一项艰巨而复杂的任务，单凭个别保障主体的力量很难胜任。并且，在高等教育质量保障中存在着多个利益主体，他们各自对高等教育质量有不同利益诉求和质量保障主张，都有参与高等教育质量保障的权利和意愿。因而，越来越多的国家认识到，高等教育质量保障应当是利益相关者们的共同责任，多元主体参与将是高等教育质量保障不可回避的一个发展趋势。在众多的利益相关者中，学生是人数最多的群体，也是高等教育质量最直接的参与者和感知者，如果能够使他们参与质量保障的话，将给质量保障注入一股新鲜的血液和巨大的能量。试想当高等学校中人人都是教育质量的监护者、捍卫者时，各种大大小小的质量问题将无处隐匿。近年来，各国在探索高等教育质量保障多元主体参与模式时，把目光越来越多地投向了高等学校中的学生。如何最大限度地发挥学生的作用，使其有机地融入当前的质量保障体系，与其他质量保障主体实现互为补充成为一个亟待解决的课题。我国学生在高等教育质量保障中的参与还非常有限，制度尚不健全，从国外学生参与质量保障的实践中我们可以获取一些经验和借鉴。然而，由于各国的国情不同，以及在政治、经济、文化传统和教育体制上存在的差异，我们不能只是简单地实行拿来主义；况且国外的学生参与机制也尚不完善，仍在实践和探索之中。因此，在构建我国的学生参与机制时，不仅要借鉴，还要更多地从我国的实际情况出发，在把脉学生参与机制的生成土壤，洞悉影响学生参与的深层次因素的基础上，采取相应的策略，构建一套与我国高等教育质量保障体系和教育文化传统相适应的学生参与机制。

7.2 我国政治、经济、文化对学生参与质量保障的影响

每个国家的教育制度都是植根于民族国家的政治、经济和文化传统的基础之上，有其特定的生成土壤。就像世界上找不到两片完全相同的树叶一样，各国的教育体制也都不尽相同。“教育的外部关系规律表明，教育是受一定历史时期的经济、政治、文化等因素制约并为之服务的”。[1] 一种教育体制唯有与国家的政治经济体制和文化传统相适应，才能有持续、旺盛的生命力，否则将容易因水土不服而夭折。因此，本文在构建学生参与高等教育质量保障的机制之前，拟就我国的政治经济体制和文化传统对学生参与质量保障的影响进行分析，因地制宜，提出“学生参与”的现实策略，构建适合我国国情的“学生参与”机制。

7.2.1 政治体制的影响

政治体制是一定社会基本政治制度的具体表现形式的总和。我国的政治体制始于革命战争年代，主要照搬了苏联的模式。改革开放以来，这种政治体制与社会经济和文化发展的不适应日益凸显，党和政府对其进行了不懈的改革实践，并取得了举世瞩目的成就，然而却依然未能消除原有体制权力过分集中、官僚主义严重的总病根。正如邓小平同志在《党和国家领导制度的改革》讲话中所指出的：“我国政治体制中存在的主要弊端就是官僚主义现象、权力过分集中的现象、家长制现象、干部领导职务终身制现象和形形色色的特权现象。”[2]

我国在历史上就是一个统一的中央集权国家，大一统的政治体制形成了国

---

[1] 张应强．论传统文化与高等教育改革［J］．高等教育研究，1996（3）：6－12．

[2] 邓小平．邓小平文选（第二卷）［M］．北京：人民出版社，2001：333．

家对教育的高度控制，以及高度集权的教育管理体制。从目前的高等教育管理体制来看，实行的是党委领导下的校长负责制，党委是学校领导的核心，校长作为行政“一把手”负责学校的教学、科学研究和其他行政管理工作。校长和书记都由相应的政府部门任命，并按照所在高校的级别授予其相应的行政级别。例如一些重点研究型大学的校长、书记是副部级，一般大学校长是厅局级，一些规模较小的地方专科院校的校长是副局级或正处级。大学内部基本上沿用了政府部门的行政管理体制，建立了严格的科层制结构，实行自上而下的管理。这种大学管理的行政化倾向和“官本位”现象使我国高校内部存在严重的行政权力泛化的问题。

一般认为在高等学校中主要有两种权力：行政权力和学术权力，然而，近年来随着学生主体地位的上升，有学者认为除了这两种权力之外，“学生权力构成了大学权力的重要一极”，学生权力应该与行政权力、学术权力共同成为大学权力结构的重要组成部分。行政权力是“大学中的行政机构和行政人员为了实现组织目标对大学组织自身进行管理的权力”，[1] 其权力主体包括大学的校长、处长、科长等。而学术权力和学生权力则分别指学术人员和学生所拥有和控制的权力。我国高等学校在内部管理体制上呈现出一种官僚化、衙门化的倾向，行政权力在高等学校中处于主导地位，凌驾于学术权力之上，而学生权力则一直被边缘化。这种行政权力的泛化使教师权力和学生权力都被行政权力所覆盖和遮拦，教师和学生，尤其是学生在高等学校的权力结构中处于弱势地位，在学校管理活动中缺少话语权。“学校、教师被理解并认定为学生权力的天然承担者和代理人”。[2]

话语权在大学权力的场域中主要表现为谁能言说？谁在言说？其中，“谁能言说”实际上就是参与权的问题。“能够参与，表明了其言语已被纳入了权力的考虑范围，代表了“元话语”，拥有了话语权”。[3] 学生话语权缺失直接导致的结果是其在学校管理活动中的缺位，无法与教师和管理人员进行平等的对话，这也是目前我国学生参与高等教育质量保障的一个主要现实障碍。质量保障是高等教育管理的一项重要内容，在权力结构失衡、上令下行的高等学校管理体制下，政府和高等学校的管理人员位于质量保障权力的中心，在质量保障活动中具有绝对权威，教师处于从属地位，而学生则通常被视为管理的对象，

[1] 张德祥. 高等学校的学术权力与行政权力［D］. 厦门：厦门大学，1997：15.
[2] 李福华. 对高等学校学生权力的探讨［J］. 教师教育研究，2004（2）：15－21.
[3] 王彦斌. 权力的逻辑——大学组织运行的社会学管窥［D］. 武汉：华中师范大学，2008.

在高等教育质量保障活动中缺少话语权和参与的机会。这种质量保障权力结构的形成，究其原因，主要是因为受我国的政治体制、教育管理体制等的影响。因此，当前的教育管理体制是阻碍我国学生参与高等教育质量保障的一个深层次因素。要实现学生在高等教育质量保障中的充分、全面参与，可能不仅仅是单纯地设计一套参与机制，出台一些参与政策，更重要的是改变目前高等学校行政权力泛化的现状，真正将学生权力作为高等学校权力结构的重要构成，在高等学校中建立合理的权力结构和民主平等的对话机制。

7.2.2 经济体制的影响

我国现阶段正处于社会转型时期，这里“社会转型”主要包含了三个方面：“由计划经济向市场经济的过渡，由农业社会向工业社会和信息社会的过渡，以及由传统社会向现代社会的过渡”。自党的十一届三中全会开启以市场化为方向的经济体制改革以来，历经三十余年，目前我国已经打破了传统的计划经济体制，建立了较为完善的市场经济体制。由计划经济体制向市场经济体制的转型是我国在经济领域的一场深刻变革，同时也是一场深刻的社会变革，带来了社会生活各个领域的巨大变化，当然也包括教育领域。

在计划经济体制下，一切社会经济活动的运行都是按照政府的指令性计划，不论是生产、资源分配，还是产品消费都要事先进行规划。在教育上也同样如此，政府对高等学校实行统一的计划管理，高等学校每年的经费供给、招生人数、毕业生的分配都是由政府统筹规划。这个时期，高等学校被当作政府的一个职能部门，不仅高等学校自身具有一定的行政级别，而且按照国家的“统分统配，统购统销”政策，大学生的工作由国家统一分配，毕业后就属于国家干部。高等学校成为为政府和企事业单位培养干部的机构。在这种教育体制下，不仅高等学校是政府的附属物，学生也极度缺乏自主性、独立性。高等学校和学生完全隶属于政府的统筹管辖，在利益目标上与政府趋于一致，没有自己独立的质量标准，而是以政府对高等教育质量的诉求为依归。政府是高等教育质量保障的核心利益主体，而高等学校和学生的主体性却被淹没在政府的集权之下。

然而，随着市场经济体制的建立，情况却发生了质的改变。首先，政府和高校的关系发生了改变，在“政事分开”的原则指导下，政府放权学校自主办学，打破了由政府包揽的办学体制。1993 年《中国教育改革和发展纲要》

提出，逐步建立政府宏观管理、学校面向社会自主办学的体制，使高等学校真正成为面向社会自主办学的法人实体。要在招生、专业调整、机构设置、干部任免、经费使用、职称评定、工资分配和国际合作交流等方面，分不同情况，进一步扩大高等学校的办学自主权。此后颁布的《高等教育法》又进一步确立了高校自主办学的基本原则。在政府向高等学校下放办学自主权的情况下，高等学校逐步成为面向社会自主办学的法人实体，一方面能够排斥外部行政权力的干预，自主地管理学校内部的事务；另一方面为了竞争生源和经费，也要更多地适应就业和经济社会发展的需要，调整人才培养目标、专业和课程设置，提高办学质量。其次，学生与政府和高校的关系也发生了变化，“缴费上学”和“自主择业”政策的全面实施，学生要独立地承担学费、面对就业市场，日益成为相对独立的行为主体和利益主体。《中国教育改革和发展纲要》中提出，“高等教育是非义务教育，学生上大学原则上均应缴费”，“改革高等学校毕业生‘统包统分’和‘包当干部’的就业制度，实行少数毕业生由国家安排就业，多数由学生‘自主择业’的就业制度”。这种成本分担制度和就业制度的改革，使原来的利益一元化的结构发生了重大变化，使政府、高校、学生的利益日益分化，高等教育呈现利益主体多元化的趋势。学生越来越被看作高等教育的消费者，其主体意识和主体地位日益凸显，要求政府和高校要更多地尊重他们的消费者权益。

由此可见，随着计划经济向市场经济的转型，高等教育领域也发生了深刻的变革。政府单一主体办学的模式被打破，政府不再是所有各方利益的代表，高等教育出现了利益主体多元化的趋势，高等学校和学生都成为独立的利益主体。具体在高等教育质量保障中表现为：高校和学生对高等教育质量都有自己的价值标准和利益诉求，要求高等教育质量保障活动应在更大程度上听从他们的意愿和要求。尤其是学生主体性的上升和主体意识的觉醒，使他们日益意识到自己在高等教育质量保障中的主体地位，他们要求更多地参与质量保障活动。高等教育质量保障正日益成为政府、高校和学生的共同责任。正如薛天祥先生所说的，“市场经济在客观上创造了个人主体性得以生存和发展所依赖的物质生活条件和社会关系，并使个人普遍获得了人格上的独立。经济领域个人主体性的确立，决定了其他领域中个人主体性地位确立和趋于成熟”。[1] 然而，从我国目前的高等教育质量保障来看，仍然实行的是以政府行为为主导的纵向

[1] 薛天祥．创新人才培养的研究［J］．青岛科技大学学报（社会科学版），2002（2）：1－5．

约束机制，尚未完全从传统计划经济体制架构的束缚中解脱出来，非政府主体缺乏利益表达机制和利益实现途径，尤其是学生主体，在高等教育质量保障中缺少话语权。这种单一主体的质量保障模式不能适应市场经济的内在要求，市场经济开放、自主、多元的特性决定了高等教育质量保障应当是多元利益主体共同的权利和责任，学生作为高等质量保障的重要利益主体，应当是高等教育质量保障当之无愧的重要参与者。经济体制的转型和市场经济的建立是学生参与高等教育质量保障的内在推动力，一步步将学生从质量保障“边缘人”“局外人”的角色推向质量保障舞台的中心。

7.2.3 传统文化的影响

中国传统文化以儒家文化为核心，具有重伦理道德、尚权威、专权的特性，在教育上突出表现为“师道尊严”的教育传统。教师被认为是“传道、授业、解惑”者，是教学过程中的权威，在与学生的关系中拥有绝对的权威地位。而学生则一直以来都被看作是被教育、被管理的对象，是高等学校教育改造的客体，要求以师为尊、以师为长。正如《学记》中所说的：“能为师然后能为长，能为长然后能为君。故师者所谓学（教）为君也。”“为师”成为“为长”“为君”的前提条件，能为师就能为长为君。此外，我国自古以来就有“学在官府”，“以吏为师”的办学传统，学校是统治者政治教化的工具，具有官学一体的教育管理特征，崇尚教师的权威，强调学生对教师的绝对服从，教师与学生之间的关系是一种命令与服从、管理与被管理、主动与被动的关系，学生须“唯师命是从”“事师如事父”。

这种生成于封建伦理社会之中的中国传统文化一方面使我国尊师重教的优良传统得以源远流长，另一方面也严重限制和束缚了学生的主体性、能动性和创造性。在教育活动中，学生完全处于一种被支配的地位，没有任何的发言权，主体地位和权力缺失，只能臣服于教师的权威之下。具有官僚性质、行政属性的师生关系使教师和学生之间成为一种上下级的隶属关系，学生没有与教师平等对话的权利，更谈不上与其平起平坐参与学校事务的管理。因此，这种“师道尊严”“官学一体”的文化教育传统对于我国学生参与高等教育质量保障具有很大的消极影响。

首先我国高校受传统教育思想的影响，一直以来学生在师生关系中处于弱势地位，教师和管理人员往往把他们看作是被动的受教育者，对其在高校内部管理中影响和作用未给予足够的重视，学生作为高等教育质量保障主体的地位和作用无处彰显。其次传统的师生伦理关系要求学生对学校和教师的教学俯首听闻、逆来顺受，不能有任何的异议和不满言行，任何批评和意见都可能被视作是不恭之言，冒犯之举。在这种思想观念和价值体系的影响下，学生对教师和学校的教学不敢妄加评论，“师道、尊严、伦理”的教义使他们在直面质量问题时止步不前。同时，教师和管理人员也不容易接受与学生一起共事，相互协商，把学生作为质量管理工作的合作伙伴。尤其是教师，他们对于学生的“评教”活动有很大的逆反心理和抵触情绪，认为学生对其的评价有违“师道”，损害了他们的威严。最后是学生主体意识的缺乏，在封建传统教育思想的影响下，不光是教师和管理人员没有把学生看作是教育活动的主体，学生自己也没有这种主体意识。他们习惯于被动地接受，而不是主动地参与，在教育质量保障活动中亦如此。虽然教育质量与其切身利益息息相关，但是学生却常常把自己置于“局外人”的位置，对质量保障事宜事不关己高高挂起。“学生往往自觉不自觉地将教育质量与自己的学习活动分离，认为教育质量可以独立于学的活动而存在，应由学校完全负责。必须强调指出，人才培养不同于物质产品的加工……学生有义务努力学习，同时也有责任积极参与学校提高教育质量的努力。学生在教学质量保障活动中主体地位同样是无可替代、不能忽视的”。❶

文化是一种承载历史又昭示未来的变迁过程，它是一个民族的经济、政治等各方面在社会意识形态上的体现。任何民族的当下文化都是历史积淀的结果，其发展都是在不断吸附和统合传统文化的基础上实现的，传统文化是当下文化的有机组成部分。教育是社会文化的一个重要组成部分，通过当下教育思想对传统文化的继承，我国的教育传统文化至今仍然在发挥作用，其思想观念和价值体系依然潜在地、广泛地影响着现代教育的走向。因此，在进行教育体制改革和制度更新时，除了要全面考虑政治经济体制的影响，还要综合考虑我国传统文化范式对教育的影响和控制作用，以及教育改革所需要的中国式土壤，只有这样才能使教育的改革和发展具有坚实的基础和持续的生命力，一步一步地向既定的目标前进。

---

❶ 沈玉顺. 现代教育评价［M］. 上海：华东师范大学出版社，2002：215－216.

7.3 学生参与高等教育质量保障机制的建构策略

基于以上对国内外学生参与高等教育质量保障的比较和反思，以及从政治、经济、文化的角度对影响学生参与质量保障的深层次因素的探讨，不难发现，目前世界高等教育质量保障已经出现了一股学生参与的新趋势，不少西方国家在学生参与质量保障的实践中都取得了良好的效果，而我国的学生参与由于受到传统文化、固有体制的影响，还存在着参与意识不强、参与渠道不畅、参与广度和深度有限、制度保障缺失等问题。为了把学生参与纳入制度化的轨道，根据我国国情，并借鉴西方国家的经验，可以采取以下建构策略：

7.3.1 尊重学生的质量观和利益诉求

我国由于长期受计划经济体制的影响，政府在高等教育系统中扮演着全能政府的角色，集举办者、投资者、管理者等多重角色于一身，在高等教育质量保障中一直占据主导地位。高等教育质量保障主要依从政府的质量保障主张从高等教育系统外部对高等学校进行行政评估和审查，政府的价值诉求主导了高等教育质量观和质量标准的确定。高校和社会作为补充力量处于从属地位，其价值诉求和质量保障主张未得到充分的关注，而学生作为受教育者、被管理对象更是在质量保障活动中鲜有声音，他们的质量观和利益诉求一直处于被漠视的状态。

然而，在社会转型的新形势下，政府、高校、社会和学生都是高等教育质量保障的重要利益相关者，与高等教育质量休戚相关，是高等教育质量保障中不可忽视的权力主体。出于自身利益的考虑，他们都有主动参与高等教育质量保障、实现其价值诉求和质量保障主张的意愿和要求。尤其是学生，随着高等教育成本分担和自主择业制度改革，学生已不再是被动的教育接受者，他们越来越多地被看作是高等教育的“顾客”，要求高等教育更多地服务于他们的质量观和利益诉求。因此，高等教育质量保障需要综合权衡多方利益相关者的利益诉求和质量保障主张，尤其是对一直被边缘化的学生的质量诉求应给予更多的关注。

从各个利益相关者对高等教育的质量诉求来看，由于所持的教育价值观不同，不同利益相关者的质量观也各不相同，在高等教育质量保障上主张各异。政府和社会在社会本位的高等教育价值观指导下，认为高等教育的价值主要在于为国家培养人才、为社会造就公民，高等教育质量也应以是否满足国家、社会的需要为标准。高等学校在知识本位的高等教育价值观指导下，将是否有利于知识的传承和创新、学术探究作为高等教育的质量标准。而学生在个人本位的高等教育价值观的观照下，将高等教育是否有利于个人的发展置于首位，认为高等教育质量应以是否满足个人成才的需求为标准。在第 6 章的调查中也发现，大多数学生都认为高等教育质量应该是大学教育给学生带来的变化，即学生在知识、能力、行为上的“价值增值”。实际上，就这几种质量观的本质而言，不管各方的质量主张如何，不论所持的是“社会本位”的质量观还是“学术本位”的质量观，最终都要落到教育最本初的目标——学生的成长和发展上。因而，尊重学生的质量观和利益诉求，在高等教育质量保障中更多地以学生的成长和发展作为高等教育的质量标准，以是否满足学生的需求作为评价高等教育质量优劣的指标，不仅是对学生利益诉求的满足，同时也是对社会、高校等其他利益相关者质量目标的实现。

7.3.2　拓宽学生的利益表达渠道

学生是高等教育质量保障中数量最多的利益相关者，也是高等教育质量保障的重要主体之一。随着高校成本分担机制的推行和学费收入在高校经费收入中所占比重的提升，学生的主体地位日益受到重视，越来越多的人将教育视为一种消费，并认为大学生是高等教育的“消费者”，理应具有对高等教育的选择权、监督权和参与权。这一观念的转变对高等教育的质量观、质量标准和质量保障活动都带来了很大的冲击，要求高等教育质量保障和价值选择从以政府为主体，逐步转为兼顾政府、社会、高校、学生等多个利益主体的需求，甚至更加关注学生的利益诉求。

然而，在我国高等教育质量保障的权力结构中，学生一直处于权力的最底层，在权力主体的博弈中，缺乏利益表达机制和利益实现途径，一些正当的利益诉求和意见容易受到漠视或损害，加剧了权力的分化和矛盾的产生，不利于权力博弈的均衡与合作博弈机制的建立。究其原因，一方面是由于我国高校管理长期以来都是行政权力占据主导地位，管理制度主要参照政府行政机关的科层模式，学生的权力一直被边缘化；另一方面，我国千百年的教育传统一贯将学生看作被动接受教育的对象，强调教师和管理者的权威性，推崇学生的谦恭顺从。学生主体权力的缺失，使得学生在高等教育质量保障中的主体性不断萎缩，缺乏利益诉求和意见表达的渠道，在权力结构中处于弱势群体的地位。

因此，有必要拓宽学生的意见表达渠道，建立通畅的利益诉求机制，尊重他们对高等教育质量的价值标准和利益指向，充分发挥其在质量保障中的主体作用。学生可以被广泛纳入到内部和外部质量保障中。在外部质量保障中，可以通过立法的形式保证学生的参与权，将学生纳入外部质量保障的各个环节，充分发挥其主体作用。在参与的形式上可以采取参与质量保障机构、外部评估小组、院校自评、现场考察与评估报告发布等多种方式，以多样化的路径和渠道确保学生参与的广度和深度。在内部质量保障中，可以通过将学生纳入学校管理决策机构、内部评估专家组，开展学生评教、相关调查等渠道实现学生的积极、有效参与。通过保护学生的利益相关者权益，在政府、高校、学生之间建立新型的合作伙伴关系，调动学生的主动性和能动性，使他们通过适当的途径，介入与质量保障密切相关的计划、组织、指挥、协调和控制等活动中。通过合理的组织，学生完全可以成为可靠的质量管理者，推动质量保障体制的变革，促进新的高等教育质量保障模式的建立。

7.3.3　建立多元利益主体的合作博弈机制

合作博弈的目的是达到某种稳定的平衡，构建利益主体之间的合作博弈机制就是要建立一种不同利益主体的利益平衡机制。不同的利益相关者对高等教育质量保障的期望和价值诉求各不相同，而高等教育质量保障活动又不可能同时满足所有利益相关者的期望和质量要求，并实现其利益最大化。这就使高等教育质量保障活动中不可避免地存在着价值冲突和利益矛盾，各利益主体根据自己的权力资源谋求自身利益的最大化。然而，权力的博弈如果不是建立在信息对称、权力均等的基础上，很容易出现博弈结果不平等的现象。质量保障并不是某一主体能够完全独自承担和实现的，需要政府、社会、高校、学生等多个主体的协同合作，不平等的博弈结果虽然看似满足了某一主体的利益诉求，但是却可能带来利益主体之间冲突与矛盾的进一步激化，阻碍高等教育质量保障的顺利开展，致使利益相关者的整体利益受损。

从目前我国高校的权力结构来看，存在着行政权力泛化、学术权力式微、学生权力缺失的现象，权力分配极度不均等，尤其是学生权力，在行政权力和学术权力的双重压制下一直被边缘化，处于失语状态。这种不均等的权力结构，直接导致的是各个利益主体在高等教育质量保障中的地位和话语权的不平等，学生权益受到严重的侵害和剥夺，质量需求无处申诉，只能通过各种对立和不合作行为向政府和高校抗议教育质量问题，高等学校和政府的整体利益也因为学生的冲突行为而一损俱损。

因此，为了更好地实现所有利益相关者的整体利益的最大化，有必要在高等教育质量保障的利益主体之间建立一种合作博弈机制，使各利益主体能通过有效磋商、合作博弈的方式达成各方都认可的有约束力的协议，平衡、协调利益主体之间的价值冲突和利益诉求，最大限度地发挥各个利益主体的作用。而有约束力的协议的达成是通过利益主体之间的平等、有效磋商、合作博弈来实现的，能否实现平等的对话是合作博弈的关键所在。然而，目前我国高等教育质量保障中的权力结构极度不均衡，高校、社会、学生的权力在质量保障中的话语权是不对等的。尤其是学生权力，处于缺失状态，在质量保障中几乎听不到他们的“声音”。在这种情况下，各个利益相关者之间很难进行平等的对话和协商，需要通过一些制度安排来均衡权力的分配。“防止专断的最佳设计就是权力的制约与平衡。”[1] 因此，合作博弈机制构建的关键在于对那些在质量保障权力结构中处于弱势地位的利益主体进行赋权，使他们与强势利益主体之间能够实现平等对话、有效磋商。在目前我国的高等教育质量保障体系中，实现这种赋权的一个有效方式是通过制度安排直接将弱势利益主体纳入国家质量保障机构，以及高校的管理机构和质量保障机构之中，使这些利益主体具有与其他主体平等的地位和身份，能够就质量保障的相关事宜进行平等协商、达成共识。

7.3.4　加强学生参与质量保障的制度建设

“所谓制度是指稳定的、受到尊重和不断重现的行为模式”，“制度化是组织与程序获得价值的稳定性的过程”。[2] 要实现学生在高等教育质量保障中的充分、全面参与，制度建设至关重要。目前我国学生在高等教育的权力结构中基本上还处于缺位状态，学校的各项管理事务都是在行政权力和学术权力的支

---

[1] 杨克瑞，王凤娥等编著．政治权力与大学发展——国际比较的视角［M］．北京：中国言实出版社，2007：258．

[2] 亨廷顿．变革社会中的政治秩序［M］．北京：华夏出版社，1998：12．

配和管辖之下。在这种情况下，以法律、法规的形式来确定学生参与学校管理和质量保障的权利就显得尤为迫切。只有把学生参与质量保障的权利纳入法定的规则体系中，才能实现学生参与的制度化、程序化和规范化，使学生参与不因学校领导意志的转变而转变，也不因各种外部环境的压力而变更。

从国外的经验来看，西方许多发达国家都在相关教育法规中确定了学生参与学校管理的权利。例如法国1968年颁布的《高等教育方向法》规定，大学各级机构都要有包括学生在内的各类人员参加。美国一些州的法律要求公立高中和大学生代表担任州教育董事会成员。匈牙利《共和国高等教育法案》第53条规定，高等院校理事会成员中，学生代表最多可达1/3。❶ 除了规定学生参与高等学校管理的权利之外，一些国家还以法律的形式规定了学生参与高等教育质量保障的权利，例如，丹麦、瑞典、芬兰、挪威、冰岛等在学生参与高等教育质量保障实践中取得良好成效的国家，无一不是通过立法的形式确立学生参与质量保障的权利。对学生参与质量保障给予法律保障是这些国家实现学生充分参与的经验所在。

然而，从我国的情况来看，学生参与学校管理和质量保障的权利至今仍没有相应的法律制度保障。虽然自1993年《中国教育改革和发展纲要》实施以来，我国进行了全面的教育体制改革，但是改革的重点主要是放在高等学校办学自主权的落实上，对于学生参与学校管理的权利少有涉及。在《教育法》《高等教育法》和《普通高校各学校学生管理规定》中，都对校长管理学校的权力做了明确规定，例如，《高等教育法》第41条第1款规定，校长享有制定具体规章制度的职权。然而，对于学生的权利却只是规定学生负有遵守学校管理制度的义务，却没有提及享有参与学校管理的权利。这种只强调义务主体，而忽视权利主体的法律规定导向的一个直接结果是，学生在高等学校的管理活动中只是纯粹的被管理者，权利主体地位严重缺失，没有话语权。因此，要实现学生在高等教育质量保障中的真正、有效参与，当务之急是将学生参与学校管理和质量保障的权利尽快纳入制度化的轨道，用法律规范和制度体系的形式把学生参与的内容、范围、方式等予以确定，使学生在质量保障中的参与有章可循、有据可依。

---

❶ 郑文. 西方发达国家高校学生管理权力探讨［J］. 中国高教研究，2004（9）.

7.4　我国学生参与高等教育质量保障机制的构建

“机制”是指由多个制度和方法组成，遵循一定方式对作用对象（如质量保障）运行产生影响，并随时间发生变化的相互联动的内在逻辑过程及其运行体系。就机制的构成而言，主要包括构造、运行和功能三个方面的内容。任何机制必然导致某种功能，没有无谓的机制。在我国目前以政府单一主体为主导的高等教育质量保障模式下，要实现多元利益主体的参与，尤其是学生主体的参与，需要有一套切实可行、有效的制度安排。基于对国外学生参与高等教育质量保障的全面考察以及对我国高等教育质量保障体系、学生参与现状及其政治、经济、文化背景等方面的综合考量，本文对我国学生参与高等教育质量保障的机制进行了构建，以期为我国学生参与质量保障探寻一条通达的路径。

7.4.1　学生参与高等教育质量保障的总体机制

本文提出的基于学生参与的高等教育质量保障机制是一种以利益主体的质量诉求为基点，并以其满意程度为依归的一种质量保障机制（见图 7－1）。学生作为高等教育质量保障的重要利益相关者，其对高等教育质量的诉求是质量标准制定的基础。不论是外部质量评估，还是高等学校内部的质量监控都应充分考虑学生的需求，在评估指标的制定、质量标准的确定上都要体现学生对教育质量的价值选择。并且，包括学生在内的利益主体对高等学校的教育质量感到满意也是评价高等学校教育质量优劣的重要标准，是高等学校办学和质量保障的目标所在。

高等教育质量保障主要可以分为外部质量保障和高等学校内部质量保障。为了实现学生在高等教育质量保障中的全面参与，本文构建的“学生参与”机制包括学生在外部质量保障和内部质量保障中的参与，其中内部质量保障中的参与又可以进一步细分为学校层面的参与和院系层面的参与（见图 7－2）。根据我国现有的高等教育质量保障体系，在外部质量保障中，将学生纳入了主要的评估机构，并使其嵌入外部质量保障的各个环节，从学校自评、实地考察，到评估结果的反馈和学校整改。在高校内部质量保障中也同样如此，在学校管理机构和质量保障机构中设立学生代表席位、使学生成为这些机构的正式

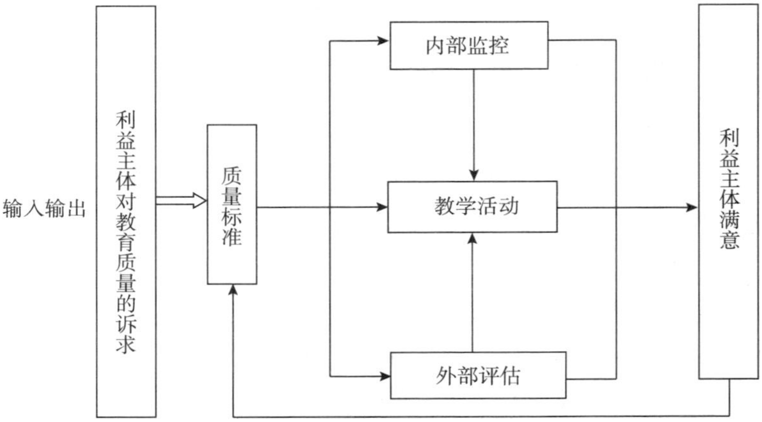

图 7-1 基于学生参与的高等教育质量保障体系

成员，帮助他们深入到校内评审和院系评审的各个环节。通过在各个层面的质量保障中开辟多种学生参与的渠道，学生可以成为质量保障的全面参与者，渗透到高等教育质量保障的各个角落。

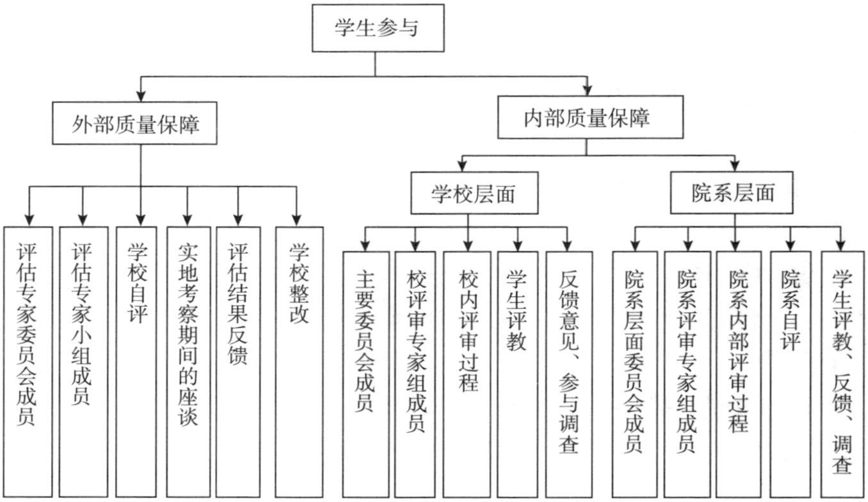

图 7-2 学生参与高等教育质量保障的总体机制

7.4.2 学生参与外部质量保障的机制

我国对高等教育的外部质量保障主要实行的是政府组织的对高等学校的外部评估制度。1990年国家教委就颁布了《普通高等学校教育评估暂行规定》，对高教评估的性质、目的、任务、指导思想、基本形式做了明确规定。1994年以来高等学校本科教学工作评估相继经历了三种形式：合格评估、优秀评估和随机性水平评估。到2002年，教育部将这三种评估形式合而为一，即现行的《普通高等学校本科教学工作水平评估方案》。2003年，教育部又在此基础上明确提出实行“五年一轮”的普通高等学校教学工作水平评估制度。自此，我国高等学校教学质量评估制度走上了一条日益制度化、规范化的道路。

在我国现行的高等教育外部质量保障体系的基础上，通过将学生纳入外部质量保障机构和外部质量保障的各个环节，可以使学生真正参与到外部质量保障活动之中（见图7-3）。

7.4.2.1 在外部质量保障机构中的参与

高等学校的本科教学工作水平评估是在教育部的直接领导下进行的。为了做好评估工作，并使其规范化、制度化，1998年教育部成立了普通高等学校本专科教学工作评估专家委员会（以下简称“评估专家委员会”）。该委员会是对高等学校开展教学工作评估的一个专家组织，并负责提名评估专家库成员。而评估专家小组则是由教育部任命，在特定时间内进校从事本科教学工作水平评估的专家组织，其成员原则上是由专家库内接受过培训的专家构成。在基于学生参与的高等教育外部质量保障机制中，一个重要的制度安排是将学生纳入“评估专家委员会”和评估专家小组，使其成为这两个评估机构的正式成员（见图7-3）。

1. 评估专家委员会的职责

评估专家委员会是对教学评估的一个组织、咨询、审议机构，其职责主要包括：

（1）组织进行高等学校教学工作评估的有关方针、政策、规章、方法等方面的研究，为教育部提供建议和咨询。

（2）组织高等学校教学工作评估方案的研究和修订工作。

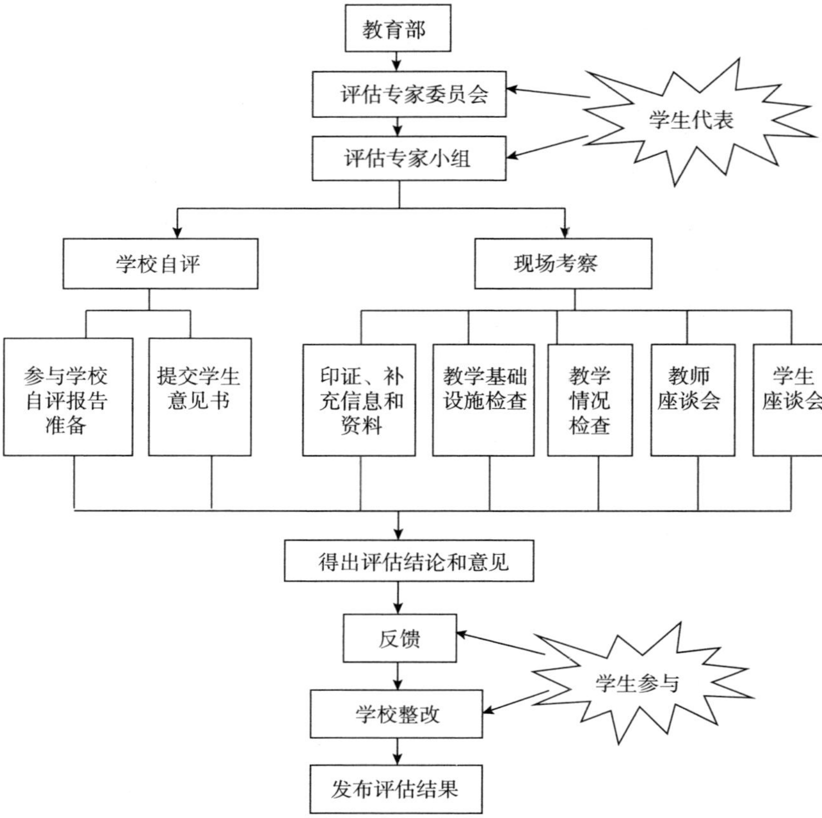

图7－3　学生参与高等学校本科教学评估的机制

（3）组织专家对被评高等学校进行考察，审议评估专家组对学校考察后的评估意见和结论建议，向教育部提出被评学校评估结论的建议。

（4）指导组织有关评估工作的理论和时间问题的研究等。

2. 评估专家小组的职责

评估专家小组的主要任务是按照教育部《普通高等学校本科教学工作水平评估方案（实行）》，考察参评学校的本科教学工作，帮助学校总结办学经验，查找教学工作中存在的问题，提出进一步改进教学工作、提高教育教学质量的意见和建议，并向教育部提交对学校的考察评估意见和评估结论建议。

在进校考察期间，评估专家组的主要工作内容包括：

（1）听取校长报告。

（2）审核教学工作基本状态数据。

（3）考察办学条件。

（4）审阅有关教学文件。

（5）走访有关部门。

（6）召开与各级领导、教师、学生等的座谈会。

（7）随堂听课。

（8）考察学生基本知识、基本理论和基本技能。

（9）抽查学生近一年的试卷和最近一届毕业生的毕业设计（论文）。

（10）召开专家组评估意见反馈会。

（11）对评估结果进行投票，确定评估结论建议。

（12）撰写评估考察意见。

成为高等教育质量保障机构的正式成员是学生参与外部质量保障的重要路径，也是其实现决策参与的一个有效方法。从以上“评估专家委员会”和评估专家小组的职责和工作内容不难看出，这两个组织都是对高等学校进行教学评估的执行、决策机构，不仅负责评估的组织实施，也是评估结论的最后拟定者。因此，将学生作为正式成员纳入这些机构，可以使他们直接进入外部评估的最高决策层，深入到评估活动的各个环节，实现真正的决策参与和全面参与。

7.4.2.2　在外部质量保障过程中的参与

本科教学工作水平评估工作是由学校自评、教育部专家组进校考察评估和学校整改提高三个阶段构成的。在这三个阶段中都应有学生的全程参与。

学校自评是整个评估过程中非常重要的一个环节，也是整个评估的基础。被评学校在这个时期要分析学校教学工作的成绩、优势与特色，查找学校教学工作的薄弱环节和存在的问题，并有针对性地对其进行整改。在自评阶段，学校的一项重要工作是撰写自评报告，准备评估的背景材料。学生在这个阶段要求参与自评报告的起草，并准备一份与学校自评报告一起同时提交给评估小组的意见书。这份学生意见书主要由被评院校的学生会负责组织撰写，高等学校不得强加干预。学生意见书的内容主要包括学校教学工作的主要成绩与经验，存在的主要问题、原因及对策，学生的切身学习体验，以及对学校教学工作的期望和建议等。通过这份学生意见书，学生可以获得直接向教育主管部门表达其利益诉求的渠道，对评估活动施加影响，使高等学校更多地关注学生的意见和质量诉求。评估专家组在对评估结论进行表决时，要对学校自评报告、学生意见书和实地考察评估情况进行综合考虑。

继学校自评之后，紧接着是专家组进校对被评院校进行实地考察评估。学生是专家组的正式成员，与其他评估专家组成员一起协作分工，共同承担实地评估的各项工作任务。在这个阶段，评估专家组的主要任务是在自评的基础上，进一步印证、补充、复核学校教学工作的信息、资料与数据，按照既定的评价指标和质量标准，对学校教学工作进行价值判断。并与被评学校一起对教学工作进行分析、讨论，总结成绩、查找问题，帮助被评院校有针对性地改进教学、提高质量。在所有这些评估工作中，学生成员都要求全程参与，包括评估结论的制定和评估报告的撰写。此外，在实地考察评估阶段，被评院校的学生代表还要参加评估专家组组织的座谈，回答专家组提出的相关问题，对学校教育教学质量发表意见和建议。这与自评阶段的学生意见书一样，也是“学生声音”的一个发声渠道，评估专家组可以从与学生的交谈中获取学校教育教学状况的一手信息，学生也能够表达自己的求学感受、对学校教育的期望和质量诉求。

整改是评估活动的最后一个阶段。无论评估结论如何，被评院校都要进行为期 1 年的整改。教育部在对专家组的考察意见进行复审之后，要将评估结果和意见反馈给被评院校，要求被评院校根据评估意见有针对性地对教学工作进行整改。这个时期，被评院校的学生组织要负责将评估结论告知、宣布给所有学生，使学生知悉学校的最终评估结果，并且让学生参与最后整改报告的撰写和审议，对学校整改情况做出评价和判断。

7.4.3 学生参与内部质量保障的机制

内部质量保障是高等学校为了保证教学质量、促进教学质量持续提升而在学校内部开展的质量评估、检测和检查活动。全面、有效的内部质量保障除了要求在学校层面建立一套质量保障体系之外，还要求在院系层面建立一套相应的质量保障体系。因此，本文分别从学校和院系两个层面对学生参与的机制进行构建。

7.4.3.1 学生在学校层面参与质量保障的机制

质量是高等学校生存与发展的生命线。目前许多高校都建立了一套内部教学质量保障体系，通过多个部门的协同合作，对教学质量进行全面管理。学生在学校层面质量保障中的参与主要通过参与学校管理机构和质量保障机构，以及参与学校层面的各项质量保障活动来实现（见图 7 – 4）。

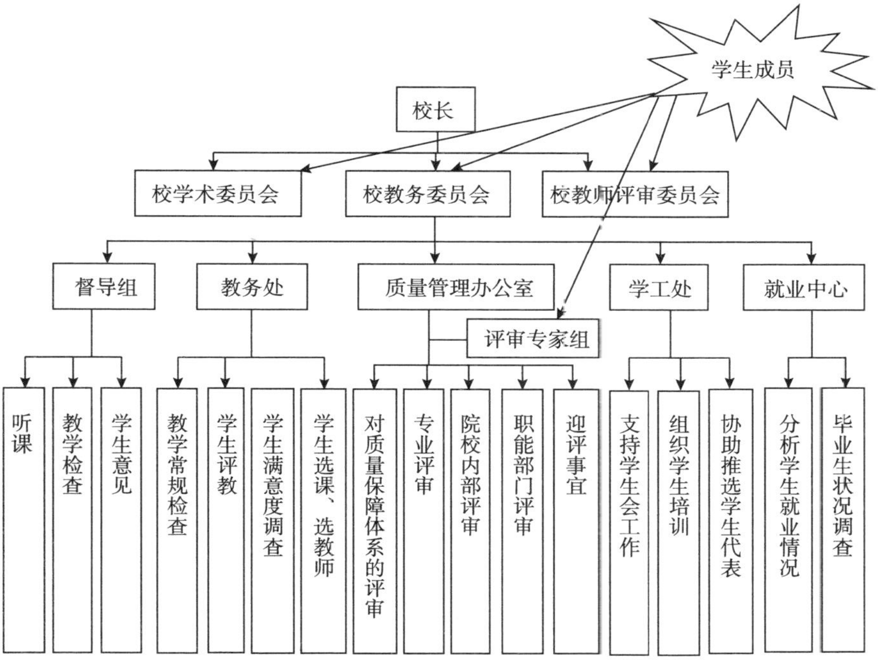

图 7 – 4　学生参与学校层面教育质量保障的机制

1. 在学校管理机构和质量保障机构中的参与

高等学校的教学质量保障是一项复杂的系统工程，涉及许多相关的管理机构和部门，如教务委员会、教务处、学工处、督导组等。学生在学校层面的参与首先体现在一些学校管理机构和质量保障机构中的参与。校教务委员会、学术委员会和教师评审委员会是学校层面管理学校教学事务、学术事务和教师聘任事务的咨询和审议机构，也是学校管理的决策机构。在这类主要的委员会中都设有学生代表的席位，学生可以作为正式成员参与会议，并对相关事务进行审议和表决。此外，在教务委员会下面还设有专门的质量管理办公室，负责校内质量评审活动，其评审专家小组中也有一名学生专家。

1）校教务委员会的成员

校教务委员会是在校长领导下的对学校教学工作进行咨询、审议、监督和指导的专家组织，也是高等学校内部处理教学事务的最高决策单位。其成员一般由校长、分管教学的副校长、教务处长、各学科教学指导委员会，以及其他长期从事教学和管理工作的教师和管理人员构成。其辖下设有各个学院的院教务委员会，分别担负不同的责任和职能。在基于学生参与的内部质量保障机制中，把学生纳入教务委员会，使其能够参与学校各项教学相关政策、决策的制定，以及对学校教学活动的监管。

校教务委员会的主要职责包括：

（1）研究、论证和审定学校中长期教学发展规划，对重大问题进行研究，提出咨询意见和建议。

（2）对人才培养方案的制定和修订提出意见和建议，审议学校人才培养方案并指导其实施。

（3）审议并确定学校有关教学建设和教学管理的重要制度。

（4）指导学校教学改革，审议学校各种教学改革方案。

（5）研究、审议并指导学校师资队伍、学科、专业、课程、实验、教材、基地等的建设。

（6）审定各专业人才培养方案、教学计划、教学大纲。

（7）指导学校内部的教学评价和教学质量监控工作。

（8）审定各类教学奖励的评选标准和方法。

（9）裁定有关教学责任事故，以及教学工作考核和评估中的争议或复议申请。

（10）向校学术委员会、学位委员会、教师评审委员会等机构提供有关教学方面的原则意见。

（11）审议各学院教务委员会的工作计划，听取工作汇报，指导开展工作。

2）校学术委员会的成员

校学术委员会是学校学术评议、审议和学术决策咨询机构，是学校的最高学术组织，在学术相关事务中发挥决策和审议功能。其成员主要由高水平的学者专家组成，每学期至少召开一次全体委员会议，对重大事宜进行商议、决策。学生作为校学术委员会的成员，有权利参与例会和其他相关会议，发挥咨询和决策作用。并且，校学术委员会还可以成立常设的或临时性的评审专家组，负责审议相关学术事宜，在其中一些与教学有关的评审活动中，学生可以担任评审专家组的专家成员。

学术委员会的职责主要包括：

（1）审议学校专业设置、学科建设方案。

（2）审议学校重大教学、科研工作计划。

（3）确定学校教学与科研基金项目资助的重点方向，并对申报的项目进行评审。

（4）评审校内重大教学、科技项目和重大科技成果。

（5）维护学风，受理学术争议。

3）校教师评审委员会的成员

校教师评审委员会是负责对学校教师聘任、晋升事宜进行审议和决策的机构。该委员会的成员主要由一些资质深、经验丰富的优秀教师组成，其中也设有学生代表席位，赋予学生对教师评聘事宜的决策权。

校教师评审委员会的职责主要包括：

（1）审议和评定拟引进的优秀人才。

（2）审议专任教师的聘任、聘期、晋升、解聘和停聘。

（3）审议兼任教师的聘任、聘期、解聘和停聘。

（4）审议讲座教授、名誉教授的聘任。

（5）审议教师出国讲学、研究、进修事宜。

（6）其他有关教师评审的重要事宜。

4）评审专家小组的成员

校务委员会下设的质量管理办公室是负责学校质量管理和评审事宜的专职机构，其职责包括对学校教育质量保障体系的评审、专业评审、院校内部评审和职能部门的评审，并全面负责学校各项迎评事宜。评审专家小组是质量管理办公室设立的负责具体实施各项评审活动的专家组织。其成员主要由各个学科的资深教授、学者组成，同时也包括 1 ~ 2 名学生专家。由于学校内部质量评审基本上是沿用外部评估的一套方法，因此也包括院系自评、为期 1 天的实地考察，以及整改三个阶段。作为评审专家小组的成员，学生可以全程参与学校内部的各项评审活动。

院校内部评审专家小组的职责包括：

（1）审阅院系自评报告。

（2）听取院系领导报告。

（3）审查与自评报告相关的支撑文件。

（4）考察办学条件。

（5）召开与院系领导、教师、学生等的座谈会。

（6）抽查学生近一年的试卷和最近一届毕业生的毕业设计（论文）。

（7）对评估结果进行投票，确定评估结论建议。

（8）撰写评估考察意见。

2. 在学校层面质量保障活动中的参与

学校层面的质量保障活动有多种不同的形式，学生在其中的参与方式也各不相同，主要包括：参与课堂教学质量评价、参与各类评审、参与各项调查、反馈质量信息，以及选课、选教师等。

（1）参与课堂教学质量评价。课堂教学质量评价是学校对教学质量进行监管的一个有效措施，主要由教务处负责实施。在每学期的期末，教务处组织学生在网上对教师或课程的教学质量进行评价，第二学期开学初将评估结果反馈给各个院系和教师本人。学生不仅可以通过打分的方式对教师或课程的教学质量进行评定，同时还可以对教师提出具体的意见建议。这些信息反馈给教师之后，可以帮助教师有的放矢地改进教学。

（2）参与各类评审。学校内部开展的各类评审活动是学校内部质量保障体系的重要构成。通过定期对学校质量保障体系、各个院系的教学质量、各个专业的教学质量、相关职能部门的工作状况进行评审，可以有效地监管、保障学校的教育教学质量。学生以评审专家小组成员的身份，要全程参与这些评审活动。

（3）参与各项调查。对学生定期或不定期地开展调查是帮助学校了解教学状况和学生学习体验的一种便捷、有效的途径。这些调查根据内容和调查对象的不同分别由不同的部门负责。其中，教务处负责开展学生满意度调查，就业指导中心负责对毕业生进行就业调查和跟踪调查。学生通过参与这些调查间接地向学校反馈教育质量信息，帮助学校查找质量问题，有针对性地改进教学质量。

（4）反馈质量信息。反馈质量信息是学生参与学校质量保障的一个重要渠道。学生可以向督导组反映教师课堂教学、教材、教学条件、教学安排等方面的教学问题，由督导组将这些问题和意见汇总并提交给相关部门和领导。

（5）选课、选教师。选课、选教师是学生的一项权利，也是保障高等教育的重要力量。每个学期末教务处都要组织学生在网上选择下一学期的课程，学生在对相关课程和教师进行咨询和充分了解后做出选择。通过发挥学生的选择权，可以给教师们施压，促进他们更多地投入教学、了解学生的需求，以免自己开设的课程无人问津。

此外，值得一提的是，学工处作为学校负责学生工作的部门，在内部质量保障“学生参与”机制中，除了协同校学生会一起为学校管理机构和质量保障机构推选学生代表之外，还要负责对这些学生代表进行培训。培训的内容主要包括学校的质量保障政策、组织架构、运作机制，以及学校的培养目标、质量标准、评审程序、学生在质量保障中的各项具体工作等。

7.4.3.2　学生在院系层面参与质量保障的机制

院系是高等学校教学的基层单位，也是教育质量生成的基础环节。学生在院系层面质量保障中的参与也主要是通过参与院系的管理机构和质量保障机构，以及参与院系的各项质量保障活动来实现（见图7－5）。

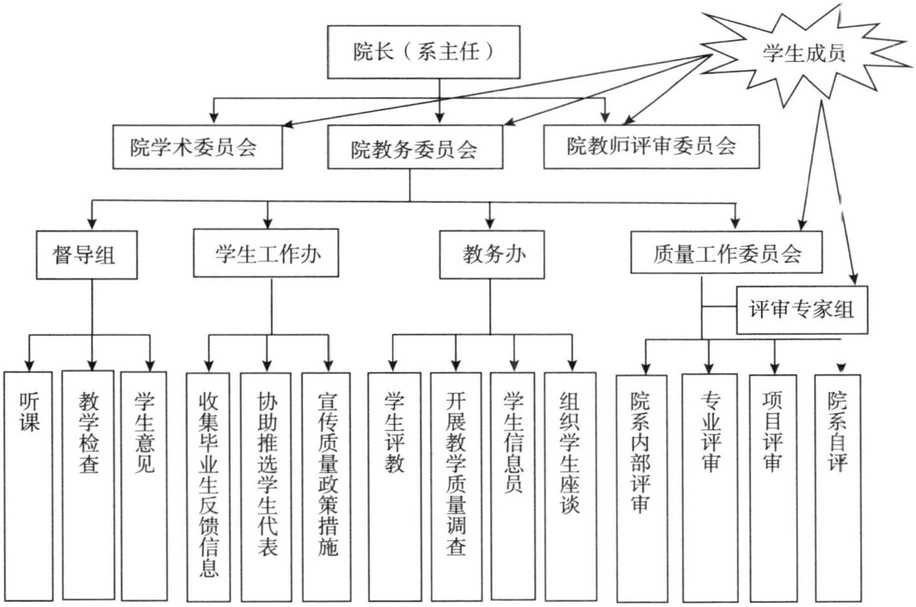

图7－5　学生参与院系层面教育质量保障的机制

1. 在院系管理机构和质量保障机构中的参与

我国高等学校实行的是校院二级管理体制，学校层面的管理机构一般都在院系层面设有相应的分支机构或基层职能部门，例如，校学术委员会、校教务委员会和校教师评审委员会等学校层面的主要委员会在院系层面都设有分会，而教务处、学工处和质量管理办公室在院系层面也设有与其对应的职能部门——教务办、学生工作办和质量工作委员会。像在学校层面的管理机构中一样，学生也是在这些院系层面管理分支机构中的成员，可以参与院系层面的各项管理和决策活动。

1）院（系）教务委员会的成员

院（系）教务委员会是各院系教学方面的咨询、审议机构，也是院系层面教学管理的最高决策机构。学生是院（系）教务委员会的正式成员，有权参与院（系）教务委员会的各项会议和决策制定。

从院（系）教务委员会的职责来看，主要包括以下几个方面：

（1）协助院长对全院教学工作提出各种建设性的建议，对院系教学重大事情提供咨询、审议。

（2）对本院系的专业设置、课程计划、教学大纲、课程建设、教材建设、实验室建设、优秀教师奖评选、教学成果奖评选、优秀教材评选等进行咨询和审议。

（3）对本院系日常教学过程进行检查、监督和指导。

（4）对完善本院系教学管理体制和教学管理措施提出建议，并参与相关决策。

（5）评定教师的教学成果，对教师晋升职称和评奖在教学方面有一票否决权。

（6）提出或审议教学研究项目，指导本院系的教学研究工作。

（7）参与和教学有关的各项评估工作。对院系教学评估体进行指导和监督。

（8）组织并实施院系层面的教学调研工作。

2）院（系）学术委员会成员

院（系）学术委员会是隶属于校学术委员会的基层学术评议、审议和学术决策咨询机构，代表学院、系、重点科研机构对本院系的学术相关事宜进行决议。其成员主要由本院系具有高级技术职务和较强社会影响力的教授、专家、学者组成，同时也包括 1 名由院学生会和学生工作办联合推选的学生代表。学生代表作为正式成员有权对与教学相关的问题进行投票表决。

院（系）学术委员会的职责主要包括：

（1）审议本院系学科建设、专业建设及实验室建设计划。

（2）审议本院系教学与科技工作的重要决策。

（3）对涉及重要学术问题的其他事项进行论证和咨询。

（4）评审学院申报的各类教学和科研成果奖励。

3）院（系）教师评审委员会成员

院（系）教师评审委员会是各个学院对教师聘任、职称晋升进行审议和决策的机构。该委员会成员除了一些资深的优秀教师之外，还包括 1 ~2 名学生成员。

院（系）教师评审委员会的职责主要包括：

（1）审议和选聘本院系的引进人才。

（2）审议本院系专任教师的聘任、聘期、晋升、解聘和停聘。

（3）审议本院系兼任教师的聘任、聘期、解聘和停聘。

（4）审议本院系教师出国讲学、研究、进修事宜。

4）质量工作委员会成员

质量工作委员会是各院系成立的承接学校层面的各项评审活动，负责组织本院系质量评审的机构。该委员会的成员主要由主管教学的副院长、骨干教师、教务管理人员组成，院系学生会的主席也是该委员会的当然成员，与其他委员会成员一起参与院系自评报告的撰写，组织院系层面的各项评审活动。

质量工作委员会的职责主要包括：

（1）负责院系质量保障体系的正常运作。

（2）为学校评审准备各项相关材料。

（3）撰写院系自评报告。

（4）组织管理院系内部的各项评审。

5）院系评审专家小组成员

院系层面的质量保障除了常规的教学检查、过程监控之外，也同样包括一些质量评审活动，例如对院系内部整体教学质量的评审、专业评审和项目评审等。这些评审活动都是由院教务委员会下设的质量工作委员会来组织实施。质量工作委员会成立专门的院系评审专家小组，负责评审活动的各项具体工作。评审专家小组成员包括主管教学的副院长、资深教授、教学管理人员，以及 1 名学生专家。学生专家由本院系的学生会和学生工作办一起推选产生，在评审专家小组中具有正式地位，与其他专家小组成员是平等的合作伙伴。

由于院系评审与学校评审的程序基本上是一样的，都包括自评、实地考察和反馈整改三个阶段。因此，院系评审专家小组的职责与院校评审专家组的职责也基本类似，主要包括：

（1）审阅自评材料。

（2）听取相关负责人的汇报。

（3）审查与自评报告相关的自评文件。

（4）考察办学情况。

（5）召开教师、学生座谈会。

（6）对评估结果进行表决，提出整改意见。

（7）撰写评估考察意见。

2. 在院系质量保障活动中的参与

为了对教学质量进行全面监管和检查，在院系层面也设有督导组，负责听课和质量检查。而教务办和学生工作办作为学院教学管理和学生管理的职能部门，也承担着对教学质量进行监督、审查的职责。学生在院系层面质量保障活动中的参与主要通过以下几种途径：

（1）反馈质量信息。在督导组听课和质量检查期间，学生可以就教学相关问题直接向督导组进行反馈，具体形式可以是书面的意见信，也可以是口头的信息反馈。此外，学院教务办还选聘了学生信息员专门负责收集学生的意见和建议，并且通过不定期地开展学生座谈会来多方获取教学质量信息。学生工作办也负有收集毕业生反馈信息的责任。

（2）对课堂教学质量进行评价。除了学校层面的教学质量评价之外，各院系也有自己的课堂教学质量评价体系，用于诊断本院系的教学质量问题，对教学质量进行监控。学生是评价的主体，具有对教师或课程的教学质量进行评价的权力和责任。

（3）参与各类评审。学生是院系层面评审专家小组的成员，和其他小组成员一起负责评审活动的具体实施。并且，在实地考察期间，评审专家组还要组织与学生的座谈，参与座谈的学生可以就院系、专业等的教育质量发表意见和建议。

（4）参与各项调查。在院系层面，开展相关调查也是一个重要的质量保障方式。根据调查得出的结果，各院系可以对本院系的教学质量有一个全面的了解和把握，发现问题，有的放矢地进行整改。教务办是院系层面开展各项调查的实施机构，负责组织实施调查工作。具体调查项目可以包括求学满意度调查、学习体验调查，以及一些与教学有关的专项调查。

至此，本文已从外部质量保障和内部质量保障两个方面构建了一套全方位的学生参与高等教育质量保障的机制。从整个机制的设计来看，主要是通过将学生纳入质量保障机构和学校管理决策层，以及内部和外部评估的各个环节来开辟多种学生参与渠道，加强学生在高等教育质量保障中的制度性直接参与，同时辅之信息反馈、质量调查、选课、选教师等制度性间接参与途径，以实现学生在高等教育质量保障中的全面参与。至于非制度性的参与渠道，由于其随机性较大，在机制设计中并没有体现。制度性参与，尤其是制度性直接参与是目前我国学生在质量保障中比较匮乏的，通过打开制度性参与的缺口，将学生纳入我国现有质量保障体系的框架之中，可以极大地拓展学生参与的广度和深度，使学生进入质量保障的决策层，渗透到质量保障的各个环节，实现其在质量保障中的真正有效参与。

结　语

大学是一种典型的利益相关者组织，政府、社会、学生、教师、用人单位等都是大学赖以生存和发展的利益关系人，他们不仅影响着大学的资源供给，而且直接受大学运行情况的影响。质量作为高等学校的生命线，是大学与各个利益关系人的利益聚焦所在。然而，不同的利益关系人从不同的利益视角出发，对大学的教育质量有不同的价值判断和利益诉求。尤其在当前我国社会转型的背景下，政治经济体制的变迁带来了社会各个领域利益分化的日趋严重，大学也出现了多个独立的利益主体，在质量保障中进行着价值冲突和权力博弈。学生作为大学的重要利益关系人，是高等教育质量保障权力结构中的重要一级。

学生参与高等教育质量保障不仅是一种管理权力的分享，更是一种责任的分担。高等教育质量保障是一项复杂的系统工程，涉及大学教育的各个环节，在当前高等教育规模迅速扩大、学生人数激增、学校类型多样化的情况下，质量问题凸显并日益复杂化，政府和大学对教育质量的监管和保障已经变得举步维艰，力不从心。早在 20 世纪 80 年代中期我国就开始对高等学校的办学水平进行评估，然而，自评估实施以来的这二十余年，各界的评判和质疑声不断，有的指责其劳民伤财、效力甚微，也有的批评其质量保障主体地位不明确、质量评价标准单一、高校缺乏自我保障内驱力。从实际情况来看，政府一直主导的这种自上而下的质量评估和监督并没有真正达到预期的效果，并且还衍生出了许多急功近利和形式主义的现象。这在很大程度上是由于评估关注的只是一些可以量化的硬件指标，对于一些不可量化的指标由于测量困难而往往忽略，例如学生的成长和发展、教学的质量等，而这些恰恰正是教育质量的应有之义。其导致的结果是高等学校在评估指标的导向下，为了“达标”大搞硬件设施和外部条件建设，对于教学质量的提高关注不足，失去了质量保障的本义。可以说，这也是政府单一主体质量保障模式的弊端所在。高等教育质量保障并不是某一两个主体所能胜任，它是政府、高校、社会、学生等相关利益主体的共同责任。学生作为大学的主要构成人员，一方面有责任对学校教育质量进行监督和管理，另一方面，他们的参与将给质量保障带来全新的学生的视角，使质量保障更多地关注学校教育给学生带来的“增值”，弥补单一保障主体和自上而下保障模式的不足。

近年来在“共同构建”“全面参与”和“多元价值”评价思想的指导下，许多国家日益关注学生在高等教育质量保障中的参与，并掀起了一股高等教育质量保障改革学生参与的浪潮。尤其是在博洛尼亚进程“学生参与”政策的推动下，一些欧洲国家积极开展了学生参与质量保障的实践，探索学生参与质量保障的路径和策略，并取得了不菲的成绩。目前，学生在高等教育质量保障中的重要利益相关者身份和权力主体地位已得到了各国的广泛认同，许多国家以立法的形式来保障学生参与高等教育质量保障的权利，并将学生纳入高等学校和质量保障机构的最高决策层，赋予了学生与其他评估人员平等的正式地位。从国外学生在高等教育质量保障中的参与现状来看，不论是在参与的途径上，参与的广度还是深度上，都较之以前有了很大的拓展。通过各种制度性直接参与、制度性间接参与和非制度性参与途径，学生积极介入各个层面和领域的质量保障活动之中，实现了较为全面、有效、充分的参与。当然，并不是所有西方国家都是学生参与质量保障的实践典范，还有一些国家依然在高等质量保障活动中将学生关之门外，或者是正在拟订计划要逐步将学生纳入其质量保障体系。然而，从西方国家的整体情况来看，大部分国家都不同程度地在质量保障中吸纳了学生的参与，并且这些国家还普遍表示，学生参与增加了其评估或认证活动的合法性，提升了质量保障的效力。

在我国，学生参与质量保障的意识在质量保障多元主体参与理念的倡导下近年来已逐渐为人们所认识和关注。然而，在质量保障传统习惯的影响下，我国目前的高等教育质量保障仍然实行的是政府单一主体的模式，高等学校和社会虽然在质量保障中的参与正在日渐增多，但依然只是辅助性的参与，无法动摇政府的绝对主导地位。因此，在这种质量保障主体和权力构架之下，学生在质量保障中的参与十分有限，主要是通过“学生评教”和相关调查介入质量保障活动之中，还存在着参与渠道不畅、参与权力有限、参与范围不足、缺乏制度保障等问题。与国外学生在高等教育质量保障中的参与情况相比，不论是在参与的深度还是参与的广度上都有很大的差距。之所以会出现这种状况不只是高等教育质量保障体系自身的问题，还有很多深层次的原因，有历史遗留的文化教育传统桎梏的牵绊，也有现实的政治、经济、教育体制的影响。因此，我们在借鉴国外的有益经验和优秀实践时，可能更多地要立足于我国的历史和现实，通过转变观念、加强制度建设、完善学生的利益表达机制、建立多元利益主体的合作博弈机制等多种措施，从我国的实际情况出发来构建学生参与质量保障的机制。一种教育制度的生成必须植根于其赖以生存的社会。正如埃里克·阿什比所说的，“大学必须满足两个生存条件：如果大学要属于大学的共同体，它必须忠于七个世纪以前使大学形成的那个理想；而且它必须使自己适应所处的社会，不管那个社会是马克思主义的还是资本主义的，天主教的还是回教的；不管它是由美国的专家治国论者构成还是由哈米特游牧牧民构成”。❶

作为高等教育质量保障的重要利益相关者，学生参与高等教育质量保障已成为一个不可逆转的趋势。许多国家的实践已经证明，学生参与高等教育质量保障是可行的、有效的，学生能够带来新的视角、新的观点，为高等教育质量保障改革提供新的契机。随着其作用的日益凸显，学生参与正在成为高等教育质量保障的一项核心原则。“在全球化背景下社会和劳动力市场正在迅速变化，学生比以往任何时候都更加清楚地意识到他们身上的压力、建立未来规划，并更加清楚地提出他们需要什么。……由于他们所受教育的质量不仅影响到他们的学术生涯，而且在很大程度上决定了他们未来的生活，只有他们在认证和质量提升中有很强的话语权才是公平的。”❷

---

❶ Eric Ashby. Universities: British, Indian, African [M]. Cambridge: Harvard University Press, 1966: 3.

❷ ESU. Bologna with student eyes 2009 [EB/OL]. [2019-08-09]. http://www.esib.org/documents/publications/official_publications/BWSE2009-final.pdf.

附录　关于学生参与高等教育质量保障的调查研究

亲爱的同学：

您好！首先感谢您在紧张的学习中接受我们的问卷调查。为了了解我国高等教育质量保障的现状，以及学生在高等教育质量保障中的参与情况，我们设计了这份问卷，需要对包括您在内的大学生进行抽样调查，您的参与对我们的调查至关重要。问卷以匿名形式填写，答案将严格保密，您可以放心如实填写。

谢谢您的支持！

敬请认真回答下面的问题。对于选择题，只选一项，在您认为合适的选项处画"√"。

一、基本情况

1. 您学校的名称：

2. 您的性别：

[1] 男　　[2] 女

3. 您的年龄：

4. 您正在攻读的学位：

[1] 专科　　[2] 本科　　[3] 硕士　　[4] 博士

5. 您所在的年级：

[1] 一年级　　[2] 二年级　　[3] 三年级　　[4] 四年级

6. 您的专业属于（如果难以归类，请在其他项中填写您的具体专业名称）：

[1] 文学　　[2] 哲学　　[3] 经济学　　[4] 法学

[5] 教育学　　[6] 医学　　[7] 历史学　　[8] 理学

[9] 工学　　[10] 农学　　[11] 管理学　　[12] 其他

7. 您认为您的成绩在班级中的大概位置：

[1] 上　　[2] 中上　　[3] 中　　[4] 中下　　[5] 下

8. 您的家庭所在地：

[1] 城市　[2] 城镇　[3] 农村

9. 您的家庭月收入：

[1] 2000 元以下　[2] 2000 ~ 5000 元

[3] 5000 ~ 10000 元　[4] 10000 ~ 20000 元

[5] 20000 ~ 50000 元　[6] 50000 元以上

10. 您毕业后的打算：

[1] 就业　[2] 继续深造　[3] 出国　[4] 创业

[5] 其他

11. 您父亲的受教育程度：

[1] 小学及以下　[2] 初中　[3] 高中　[4] 大专

[5] 本科　[6] 硕士及以上

12. 您母亲的受教育程度：

[1] 小学及以下　[2] 初中　[3] 高中　[4] 大专

[5] 本科　[6] 硕士及以上

二、教育质量满意度

1. 在您进校后遇到的任课教师中，令您满意的大概占多少？

[1] <30%　[2] 30% ~ 50%

[3] 50% ~ 70%　[4] 70% ~ 90%

[5] >90%

2. 在您修学的所有课程中，令您满意的大概占多少？

[1] <30%　[2] 30% ~ 50%

[3] 50% ~ 70%　[4] 70% ~ 90%

[5] >90%

3. 您所在学校的图书馆、实验室、网络、多媒体等教学基本设施和条件，总体而言：

[1] 非常好　[2] 比较好　[3] 一般　[4] 不太好

[5] 很不好

4. 回顾几年的大学经历，您认为自己在下面哪些方面有了比较显著的提高（多选题）？

[1] 开阔的视野和知识面　[2] 专业知识和技能

[3] 科学探究的精神　[4] 分析能力和批判性思维

[5] 就业竞争力　　[6] 创新能力
[7] 挑战未来的信心　　[8] 个人道德修养
[9] 社交沟通能力　　[10] 信息处理能力
[11] 团队协作能力

5. 您最期望通过大学教育得到的收获是（多选题）：
[1] 开阔的视野和知识面　　[2] 扎实的专业知识和技能
[3] 科学探究的精神　　[4] 分析能力和批判性思维
[5] 提升就业竞争力　　[6] 创新能力
[7] 挑战未来的信心　　[8] 提高个人道德修养
[9] 社交沟通能力　　[10] 信息处理能力
[11] 团队协作能力

6. 您对目前学校的总体教育质量满意吗？
[1] 非常满意　　[2] 较为满意
[3] 一般　　[4] 不太满意
[5] 不满意

7. 您现在就读的学校是否是您理想的大学：
[1] 是　　[2] 否

8. 您喜欢现在的专业吗：
[1] 喜欢　　[2] 比较喜欢
[3] 一般　　[4] 不太喜欢
[5] 不喜欢

9. 您对毕业后的“出路”：
[1] 非常忧虑　　[2] 比较忧虑
[3] 一般　　[4] 不太忧虑
[5] 不忧虑

10. 如果让您重新选择，您是否仍然会选择这所大学？
[1] 是　　[2] 否　　[3] 不确定

如果您选择“否”，其原因是（可多选）：
[1] 教师业务水平差　　[2] 学术水平差
[3] 图书馆、网络、实验仪器等教学条件差
[4] 校园环境差　　[5] 生活环境差
[6] 校风、学风差　　[7] 教学管理水平低

［8］师生关系紧张　　［9］学校社会声誉欠佳

［10］专业就业前景差　　［11］社会实践机会少

［12］文化生活贫乏　　［13］其他

三、学生参与高等教育质量保障的相关问题

1. 您所在的学校在教育质量的提高和保障方面，采取了以下哪些措施（多选题）？

［1］经常开展教育教学质量大检查

［2］定期开展学生评教

［3］领导、督导教师经常随堂听课

［4］积极改善图书馆、实验室等教学设施和条件

［5］开展教育教学改革

［6］制定了明确的考核标准和毕业论文标准

［7］建立本科生导师制

［8］资助和鼓励本科生开展科研

［9］经常举办讲座、报告，营造学术氛围

［10］加强校园环境建设

2. 您认为，目前学校在教育质量上存在的主要问题是（多选题）：

［1］领导、教师对教学不够重视

［2］教学质量监控不力

［3］师资队伍的整体水平不高

［4］教师不安于教学，对教学的投入不足

［5］学生学习积极性不高

［6］学校缺乏明确的办学目标和定位

［7］图书馆、实验室、多媒体等教学基本条件不足

［8］校风、学风欠佳

［9］教学管理水平差

［10］课程设置不合理

［11］教学内容陈旧

3. 在您看来，高等教育质量的评价标准应该是：

［1］“精英人才”和“学术卓越”（学术性质量观）

［2］是否达到教育系统内部制定的质量标准、质量目标（内适性质量观/目标论质量观）

［3］提供的产品和服务满足个人和社会需要的程度（外适性质量观/需要论质量观）

［4］大学教育给学生带来的变化，即学生在知识、能力、行为上的“价值增值”（增值观）

［5］毕业生在实际工作中的能力表现（产品质量观）

4. 您关注学校有关教学评估、质量检查、质量保障的事件吗？

［1］非常关注　　［2］关注

［3］不太关注　　［4］不关注，与我无关

5. 您知道教育部对全国所有高校都开展五年一轮的“本科教学评估”吗？

［1］知道　　［2］不知道

6. 您对学校有关教育质量保障的政策、措施了解吗？

［1］了解　［2］有所了解　［3］不太了解　［4］不了解

7. 您认为，学生是否有权参与学校的教育质量保障？

［1］有权　［2］无权　［3］不确定

8. 您认为，学生是否应该参与学校的教育质量保障？

［1］应该认真参与　　［2］参与只是形式，有无皆可

［3］无所谓，随大流　　［4］无须参与

9. 对于教育质量保障的相关事务，您是否愿意参与？

［1］非常愿意　［2］比较愿意　［3］不太愿意　［4］不愿意

10. 您认为自己是否具备了参与学校教育质量保障的知识和能力？

［1］具备　［2］不确定　［3］尚不具备

11. 您是否参与过学校组织的对教师教学的评价？

［1］是　［2］否

如果选择“是”，您在评价教师的教学质量时：

［1］非常认真　［2］比较认真　［3］一般　［4］不太认真

［5］不认真

12. 您认为学校是否有必要定期开展“学生评教”？

［1］非常必要　［2］有必要　［3］不太必要　［4］不必要

13. 回顾几年的大学经历，您曾经通过以下哪些途径参与过学校的教育质量保障（可多选）？

［1］对教师的教学进行评价

［2］相关讨论、座谈会

［3］填写相关调查问卷

［4］通过学生会等学生组织反映过教育质量问题

［5］通过校长、教务长信箱反映过教育质量问题

［6］曾选举学生代表参加学校教育质量相关的会议

［7］曾作为学生代表参加过学校内部的学术委员会或教学管理组织

［8］向领导、督导、教师口头反馈过教育质量信息

［9］参与过外部评估小组对学校教育质量的审议

［10］曾采取罢课等不合作行动来抗议教育质量问题

［11］曾在网上以匿名的方式攻击、批评过学校的教育教学问题

［12］其他________________

［13］从未参与过任何教育质量保障相关的活动

14. 如果请您参与学校的教育质量保障，您愿意以什么方式参与（可多选）？

［1］对教师教学进行质量评价

［2］参加座谈会

［3］填写相关调查问卷

［4］通过学生组织向上级反映教学问题

［5］直接向校长、教务长信箱发信

［6］作为学生代表参加学术委员会等校内教学管理组织

［7］参与外部评估小组对学校教学质量的审议

［8］向领导或老师口头反馈教学信息

［9］其他

15. 您认为，如果学生要参与高等教育质量保障的话，其角色可以是：

［1］决策制定者

［2］决策咨询者

［3］政策执行监督者

［4］信息提供者

16. 您认为，对于学生参与高等教育质量保障活动，最大的障碍或困难是：

［1］缺少话语权

［2］相关的知识和能力储备不足

［3］缺少民主协商和参与的氛围

［4］参与的渠道缺失或不畅

［5］学生参与的热情不高

参考文献

（一）中文部分

1. 著作

［1］D. 赫尔雷格尔等. 组织行为学（第九版）［M］. 俞文钊等译. 上海：华东师范大学出版社，2001：424－427.

［2］阿什比. 科技发达时代的大学教育［M］. 腾大春译. 北京：人民教育出版社，1983.

［3］安心. 高等教育质量保证体系研究［M］. 兰州：甘肃人民出版社，1999：3.

［4］奥尔加特·加塞特. 大学的使命［M］. 徐小洲译. 杭州：浙江教育出版社，2001：70.

［5］伯顿·R. 克拉克. 高等教育系统——学术组织的跨国研究［M］. 王承绪等译. 杭州：杭州大学出版社，1994.

［6］曹礼和. 服务营销［M］. 武汉：湖北人民出版社，2001：65.

［7］陈刚. 西方精神史（下卷）——时代精神的历史演进及其与社会实践的互动［M］. 南京：江苏人民出版社，2000：669.

［8］陈学飞. 美国德国法国日本当代高等教育思想研究［M］. 上海：上海教育出版社，1998：170.

［9］陈学飞. 美国高等教育发展史［M］. 成都：四川大学出版社，1989：201.

［10］邓小平. 邓小平文选（第二卷）［M］. 北京：人民出版社，2001：333.

［11］范德格拉夫. 学术权力——七国高等教育管理体制比较［M］. 王承绪译. 杭州：浙江教育出版社，2001：125.

［12］哈贝马斯著. 交往与社会进化［M］. 张博树译. 重庆：重庆出版社，1989：184.

［13］韩小芸，汪纯孝. 服务性企业顾客满意感与忠诚感关系［M］. 北京：清华大学出版社，2003：6.

［14］亨廷顿. 变革社会中的政治秩序［M］. 北京：华夏出版社，1998：12.

［15］黄福涛. 外国高等教育史［M］. 上海：上海教育出版社，2003：76－87.

［16］杰夫·惠迪. 教育中的放权与择校：学校、政府和市场［M］. 北京：教育科学出版社，2003：67.

［17］金含芬. 学校教育管理系统分析［M］. 西安：陕西人民教育出版社，1993：204.

[18] 李福华. 高等学校学生主体性研究 [D]. 上海：华东师范大学，2003：17.
[19] 马克斯·韦伯. 社会和经济组织理论 [M]. 北京：生活·读书·新知三联书店，1987：152.
[20] 潘懋元，王伟廉. 高等教育学 [M]. 福州：福建教育出版社，2000：85.
[21] 全球治理委员会. 我们的全球伙伴关系（Our Global Neighborhood）[M]. 香港：牛津大学出版社，1995.
[22] 沈玉顺. 现代教育评价 [M]. 上海：华东师范大学出版社，2002：215－216.
[23] 田恩舜. 高等教育质量保证模式研究 [M]. 青岛：青岛海洋大学出版社，2007：31.
[24] 王承绪. 比较教育学史 [M]. 北京：人民教育出版社，2003：62.
[25] 王承绪等编译. 学术权力——七国高等教育管理体制比较 [M]. 杭州：浙江教育出版社，1989：43.
[26] 王名. 非营利组织管理概论 [M]. 北京：中国人民大学出版社，2002：2－13.
[27] 吴苾雯. “逃离”大学（序）[M]. 南宁：接力出版社，2002：4.
[28] 西奥多·W. 舒尔茨. 教育的经济价值 [M]. 长春：吉林人民出版社，1982：21.
[29] 熊志翔. 高等教育质量保障体系研究 [M]. 长沙：湖南人民出版社. 2002：195－202.
[30] 阎维方. 高等教育运行机制研究 [M]. 北京：人民教育出版社，2002.
[31] 杨克瑞，王凤娥等. 政治权力与大学发展——国际比较的视角 [M]. 北京：中国言实出版社，2007：258.
[32] 袁贵仁. 马克思的人学思想 [M]. 北京：北京师范大学出版社，1999：103.
[33] 约翰·S. 布鲁贝克. 高等教育哲学 [M]. 王承绪译. 杭州：浙江教育出版社，2001：37.
[34] 约翰·范德格拉夫. 学术权力——七国高等教育管理体制比较 [M]. 张维平译. 杭州：浙江教育出版社，1992：186－198.
[35] 约翰·希恩. 教育经济学 [M]. 郑伊雍译. 石家庄：河北教育出版社，1999：75.
[36] 张德祥. 高等学校的学术权力与行政权力 [M]. 南京：南京师范大学出版社，2002：12－24.
[37] 张维迎. 大学的逻辑 [M]. 北京：北京大学出版社，2004：19.
[38] 张应强. 高等教育现代化的反思与建构 [M]. 哈尔滨：黑龙江教育出版社，2000：56.
[39] 赵中建. 全球教育发展的研究热点——90年代来自联合国教科文组织的报告 [M]. 北京：教育科学出版社，2003：417.

2. 期刊文章

[1] 鲍威. 学生眼中的高等院校教学质量——高校学生教学评估的分析 [J]. 现代大学教育，2007（4）：16－22.
[2] 曹德明. 博洛尼亚进程：欧洲国家重大的高等教育改革框架 [J]. 德国研究，2008

(3)：66－71.
[3] 陈玉琨，戚业国. 论我国高校内部管理的权力机制 [J]. 高等教育研究，1999 (3)：38－41.
[4] 董辅礽. 发展教育产业能拉动消费需求和投资需求 [J]. 教育发展研究，1999 (7).
[5] 方展画、薛二勇. 高等教育质量评估中的学生参与——以北欧五国为例 [J]. 教育研究，2007 (1)：66－71.
[6] 房剑森. 高等教育质量关的发展与中国的选择 [J]. 现代大学教育，2002 (2)：15－19.
[7] 佛朝晖. 博洛尼亚进程中意大利高等教育质量保障体系改革 [J]. 黑龙江高教研究，2008 (3)：52－55.
[8] 高桂娟，冯建明. 高等教育质量保障运动的发展态势：比较的视野 [J]. 高教发展与评估，2007 (11)：11.
[9] 龚怡祖. 大学治理结构：现代大学制度的基石 [J]. 教育研究，2009 (6)：24.
[10] 韩玉志. 美国大学生满意度调查方法评介 [J]. 比较教育研究，2006 (6)：60－64.
[11] 胡弼成. 高等教育质量观的演进 [J]. 教育研究，2006 (11)：24－28.
[12] 胡赤弟. 高等教育的利益相关者分析 [J]. 教育研究，2005 (3)：38－45.
[13] 胡仁东、赵峻岩. 论影响高校内部管理的权力因素 [J]. 现代教育科学，2004 (5)：66－68.
[14] 胡子祥、雷斌. 大学生参与对高等教育服务质量影响的实证研究 [J]. 现代大学教育，2008 (3)：12－13.
[15] 贾汇亮. 高等教育质量保障与评价机制建设 [J]. 高教探索，2003 (1)：18－21.
[16] 蒋文昭. 主体间性视野下高等教育质量保障模式的嬗变与启示 [J]. 教育理论与实践，2008 (10)：6－8.
[17] 焦笑南. 美国、英国、澳大利亚的大学治理及对我们的启示 [J]. 中国高教研究，2005 (1)：51－53.
[18] 蓝江桥、冷余生. 中美两国大学教学质量评价的比较与思考 [J]. 高等教育研究，2003 (3)：96－100.
[19] 李福华. 对高等学校学生权力的探讨 [J]. 教师教育研究，2004 (2)：15－21.
[20] 李福华. 高等教育质量：内涵、属性和评价 [J]. 现代大学教育，2003 (3)：17－18.
[21] 李福华. 利益相关者理论与大学管理体制创新 [J]. 教育研究，2007 (7)：36－39.
[22] 李福华. 利益相关者视野中大学的责任 [J]. 高等教育研究，2007 (1)：50－51.
[23] 李敏. 德国高等教育认证制度及其借鉴意义 [J]. 长春工业大学学报，2008 (2)：114－117.
[24] 李蓉. 高等教育服务市场主体权利探析 [J]. 理工高教研究，2002 (2)：23－24.

[25] 李盛兵. 高等教育市场化：欧洲观点［J］. 高等教育研究，2000（4）：110.
[26] 李卫东. 高等教育价值与评价多元化分析［J］. 江苏高教，2008（2）：10－11.
[27] 李昕，田张霞. 国外“学生评教”的成功经验——以澳大利亚的 CEQ 和日本 KUSFC 的 SFC－SFS 为例［J］. 外国教育研究，2009（8）：56－59.
[28] 李志仁. 我国应建立高等教育质量保障体系［J］. 高教探索，2001（2）：2－4.
[29] 刘宝存. 美国公立高等学校董事会制度评析［J］. 高教探索，2002（1）：68－69.
[30] 刘春花，李宝斌. 利益相关者视域中的高等教育质量：诉求与路径［J］. 大学教育科学，2015（5）：30－33.
[31] 刘恩允. 利益相关者视角下大学管理制度的价值转换及其实现［J］. 教育发展研究，2012（11）：42－46.
[32] 刘海天. 欧美发达国家教育管理体制中的社会参与［J］. 比较教育研究，1996（3）：35.
[33] 刘尧. 西方高等教育质量评估模式与发展趋势［J］. 中国电子教育，2006（1）：3.
[34] 刘振天. 欧美发达国家教育管理体制中的社会参与［J］. 比较教育研究，1996（3）：10.
[35] 陆俊杰. 论大学章程的形式合法性［J］. 现代教育管理，2009（9）：39.
[36] 毛祖桓. 大学生的合法权益及维护途径［J］. 北京教育（高教版），2004（1）：38－40.
[37] 农卫东、廖文武. 利益主体多元化与高等教育评估制度改革［J］. 清华大学教育研究，2003（4）：98－103.
[38] 屈从文. 欧盟委员会超国家性质分析［J］. 欧洲研究，2004（6）：77.
[39] 宋健飞，孙瑜. 德国高校学制改革综述［J］. 高等教育研究，2007（2）：103－109.
[40] 孙巍. 法国高等教育内部管理体制及其运行模式研究［J］. 沈阳工程学院学报（社会科学版），2007（7）：436－438.
[41] 孙小西. 院校研究：美国高等教育变革的风向标——对 RHE 文章（1991—2001）的检索分析［J］. 高等教育研究，2005（8）：48.
[42] 王蕾. 我国高等教育经费与居民家庭支付能力的现状分析［J］. 北京理工大学学报（社会科学版），2005（8）：59－61.
[43] 王连森，王秀成. 利益相关者视角下大学发展的境域转换［J］. 江苏高教，2006（6）：22.
[44] 王晓晖. 20 世纪法国高等教育发展回眸［J］. 高等教育研究，2000（2）：89－96.
[45] 王永崇、莫丽娟. 论高等教育质量保障制度的主体博弈［J］. 长沙大学学报，2007（6）：145－147.
[46] 韦翠萍. 当代法国高等教育立法及其启示［J］. 当代教育论坛，2007（12）：35－36.
[47] 吴雪萍，刘辉. 澳大利亚高等教育教学质量保障策略探究［J］. 比较教育研究，

2004（9）：71－75.
［48］吴雪萍，刘辉．澳大利亚高等教育教学质量保障策略探究［J］．比较教育演技，2004（9）：71－75.
［49］徐理勤．博洛尼亚进程中的德国高等教育改革及启示［J］．德国研究，2008（3）：72－73.
［50］许杰．发达国家高等教育质量保障主体发展的新趋势及其启示［J］．国家教育行政学院学报，2007（5）：46－50.
［51］薛天祥．创新人才培养的研究［J］．青岛科技大学学报（社会科学版），2002（2）：1－5.
［52］杨德广．树立适应性的高等教育质量观［J］．人才开发，2006（1）：11－12.
［53］杨小慧，魏红．北京高等学校教学质量监控与评价现状分析［J］．高等理科教育，2005（1）：34－38.
［54］于莲洁．论学生消费者的形成及其对高校管理的影响［J］．中国高等教育，2008（3）：66－68.
［55］余晓波．高等教育质量保障活动中三个基本概念的辨析［J］．长沙理工大学学报（社会科学版），2005（3）：121－124.
［56］詹艾斌．论人的主体性——一种马克思哲学视点的考察［J］．社会科学研究，2007（2）：116.
［57］张婕．高等学校战略管理的若干基本问题［J］．教育研究，2006（11）：35－40.
［58］张应强．论传统文化与高等教育改革［J］．高等教育研究，1996（3）：6－12.
［59］张永华．高校学生权益的内涵、类型、结构及其法律特征［J］．高教探索，2003（4）：1－4.
［60］郑文．西方发达国家高校学生管理权力探讨［J］．中国高教研究，2004（9）：88.
［61］周丽华．德国高等教育管理体制改革的新思维［J］．华南师范大学学报，2006（8）：105－110.
［62］王利民．关于消费者的概念［J］．中国工商管理研究，2003（3）：39.
［63］吴慧平．高校管理过程中学生参与角色的变迁［J］．大学教育科学，2003（2）：75.
3. 学位论文
［1］杜瑛．我国高等教育评价的范式转换及其协商机制研究［D］．上海：华东师范大学，2009：198.
［2］洪彩真．高等教育服务质量与学生满意度研究［D］．厦门：厦门大学，2007：65.
［3］李福华．高等学校学生主体性研究［D］．上海：华东师范大学，2003：109.
［4］林珣．欧洲高等教育区建设中的学生参与的研究［D］．厦门：厦门大学，2007：18.
［5］刘美玉．企业利益相关者共同治理与相互制衡研究［D］．大连：东北财经大学，2007：18.

[6] 刘恬. 欧美发达国家大学生参与学校管理初探 [D]. 广州：华南师范大学，2003：25.
[7] 吕杰昕. 高等教育多元化与学生权益保护 [D]. 上海：华东师范大学，2008：99.
[8] 马万民. 高等教育服务质量管理的理论与应用研究 [D]. 南京：南京理工大学，2004：28 - 30.
[9] 石广盛. 欧洲中世纪大学研究 [D]. 上海：复旦大学，2007：59.
[10] 孙传春. 博洛尼亚进程中的欧洲高等教育政策调整 [D]. 上海：上海交通大学，2008：60.
[11] 陶美重. 高等教育消费研究——基于学生“消费者”的视角 [D]. 武汉：华中师范大学，2007：115.
[12] 王建华. 第三部门视野中的现代大学制度 [D]. 厦门：厦门大学，2005：28.
[13] 王彦斌. 权力的逻辑——大学组织运行的社会学管窥 [D]. 武汉：华中师范大学，2008.
[14] 夏天. 基于利益相关者的经理人激励机制研究 [D]. 武汉：华中科技大学，2006：13.
[15] 张德祥. 高等学校的学术权力与行政权力 [D]. 厦门：厦门大学，1997：15.
[16] 张向东. 大学生参与高校管理理论与实践研究 [D]. 南昌：江西师范大学，2006：18.
[17] 张永庆. 大学生自治的理念与实践 [D]. 武汉：华中师范大学，2005：42 - 44.

（二）英文部分

[1] Albrecht P. Social Responsibility of Universities Application of Corporate Social Responsibility Concepts on Public Universities [EB/OL]. http://wu - wien. ac at/inst/fsnu/manchester/papers/abstracts/albrecht. pdf.
[2] Andrejs Rauhvarge. Bologna Process Stocktaking London 2007 [EB/OL]. http://www. aic. lv/bolona/acebook/2007vol1. pdf.
[3] Astin. A. W. Student involvement. A developmental theory for higher education [J]. Journal of College Student Personnel, 1984.
[4] Betz, E. L. Klinggensmith, J. E. &Menne, J. W. Disconfirmation Theory: An Approach to Student Satisfaction Assessment in Higher Education. Paper presented at the Annual Meeting of the Mid - South Educational Research Association Conference, Biloxi, MS, 13, 1995: (11).
[5] Bologna Policy Forum Statement [EB/OL]. http://www. ond. vlaanderen. be/hogeronderwijs/Bologna/forum2010/Vienna_BPF_Statement. pdf.
[6] Bologna Process National Report [EB/OL].

[7] http://www.dfes.gov.uk/londonbologna/index.cfm? fuseaction=docs.list&DocCategoryID=17.

[8] Bologna Process National Reports 2004 - 2005: France [EB/OL]. http://www.ond.vlaanderen.be/hogeronderwijs/bologna/links/National - reports - 2005/National_Report_France_05.pdf.

[9] Bologna Process National Reports 2005 - 2007: Italy [EB/OL]. http://www.ond.vlaanderen.be/hogeronderwijs/bologna/links/National - reports - 2007/National_Report_Italy2007.pdf.

[10] Bologna Process National Reports 2007 - 2009: Germany [EB/OL]. http://www.ond.vlaanderen.be/hogeronderwijs/bologna/links/National - reports - 2009/National_Report_Germany_2009.pdf.

[11] Bologna Process Stocktaking——Report from a Working Group Appointed by the Bologna Follow - up Group to the conference of European Ministers Responsible for Higher Education, Bergen2005 (5): 19 - 20.

[12] Budapest - Vienna Declaration on the European Higher Education Area [EB/OL]. http://www.ond.vlaanderen.be/hogeronderwijs/Bologna/2010_conference/documents/Budapest - Vienna_Declaration.pdf.

[13] Center for Postsecondary Research. School of Education Indiana University. Engaged Learning Fostering Success for All Students (Annual Report 2006) [R]. http://nsse.iub.edu/NSSE_2006_Annual_Report/docs/NSSE_2006_Annual_Report.pdf.

[14] CHE. Student Participation in Quality Assurance [EB/OL]. http://www.che.ac.za/projects/p000004/.

[15] Claire Morel. Students' involvement in quality assessment in higher education [Z]. Tempus Student Conference, 2007: 2.

[16] Clare Chow - Chua & Raj Komaran. Managing service quality by combing voice of the service provider and voice of their customers [J]. Managing Service Quality, 2002, 12 (2): 77 - 86.

[17] Diana Green. What is quality in higher education? [M]. Bristol: SRHE and Open University Press, 1994.

[18] D. Larry Crumbley & Eugene Fliedner. Accounting administrators' perceptions of student evaluation of teaching information [J]. Quality Assurance in Education, 2002, 10 (4): 213 - 222.

[19] Education and Culture DG. The EU contribution to the Bologna Process [M]. Luxembourg: Office for Official Publications of the European Communities, 2009: 35.

[20] Emmi Helle. Student involvement in the work of ENQA and of its member agencies [EB/OL]. http://www.inqaahe.org/admin/files/assets/subsites/1/documenten/1241708878_5 - helle - student - involvement - in - the - work - of - enqa - and - of - its - member -

agencies. pdf.

[21] ENQA. Standards and Guidelines for Quality Assurance in the European Higher EducationArea [EB/OL]. http://www. bologna - bergen2005. no/Docs/00 - Main_doc/050221_ENQA_report. pdf.

[22] ENQA. Student Involvement in the Processes of Quality Assurance Agencies [EB/OL]. http://www. enqa. eu/files/Student%20involvement. pdf.

[23] Eric Ashby. Universities: British, Indian, African [M]. Cambridge: Harvard University Press, 1966: 3.

[24] ESIB. Berlin Declaration [EB/OL]. http://www. diplomatie. gouv. fr/fr/IMG/pdf/Berlin_Declaration. pdf.

[25] ESIB. Bologna with student eyes 2005 [EB/OL]. http://www. esu - online. org/index. php/Publications/official - publications/570 - bologna - with - student - eyes - 2005? format = pdf.

[26] ESIB. Bologna with student eyes 2007 [EB/OL]. http://www. ond. vlaanderen. be/hogeronderwijs/bologna/documents/Bolognastudenteyes2007. pdf.

[27] ESIB. Luxembourg Student Declaration [EB/OL]. http://www. esib. org/index. php/documents/statements/400 - luxembourg - student - declaration.

[28] ESU. Bologna with student eyes 2009 [EB/OL]. http://www. esib. org/documents/publications/official_publications/BWSE2009 - final. pdf.

[29] ESU. Bologna with student eyes 2015 [EB/OL].

[30] https://www. esu - online. org/wp - content/uploads/2016/07/BWSE2012 - online1. pdf.

[31] ESU. Bologna with student eyes 2015 [EB/OL]. http://www. ehea. info/media. ehea. info/file/ESU/32/8/Bologna - With - Student - Eyes_2015_565328. pdf.

[32] ESU. Bologna with student eyes 2018 [EB/OL]. http://www. ehea. info/media. ehea. info/file/2018_Paris/06/0/BWSE - 2018_web_lowres_952060. pdf.

[33] ESU. European Students' Rights Charts [EB/OL]. http://www. lsvb. nl/_downloads/studentrightcharter. pdf.

[34] Freeman R. E. Strategic Management: A Stakeholder Approach [M]. Boston: Pitman Publishing, 1984: 48.

[35] Government. Proceedings of the 6th International Seminar Current Issues in University Education of Korea and Japan. Seoul, Korea: Korean Council for University Education, 1987.

[36] Gross, K. Godwin, P. Education's many stakeholders [EB/OL]. http://www. universitybusiness. com/ViewArticle. aspx? articleid = 174.

[37] Hannna Alaniska etc. Student involvement in the processes of quality assurance agencies.

[38] HEFCE. Review of the Quality Assurance Framework: Phase one outcomes [EB/OL].

http: //www. hefce. ac. uk.

[39] Helsinki, 2006. http: //www. enqa. eu/files/Student%20Involvement. pdf.

[40] Jagannath Patil. Mapping Students participation in Quality in India and Asia Pacific Quality Network [R]. Bangalore, India, 2006. http: //www. apqn. org/events/past/details/presentations/? id = 141.

[41] Jagannath Patil. Student Participation in Quality Assurance [EB/OL]. http: //www. apqn. com/project_groups/downloads/pg13_objectives. pdf.

[42] Janet G. Donald & D. Brian Denison. Quality Assessment of University Students: Student Perceptions of Quality Criteria [J]. Journal of Higher Education, 2001, 72 (4): 478 - 502.

[43] John R. Boatright. Contractors as stakeholders: Reconciling Stakeholder Theory with the Nexus - of - contracts Firm [J]. Journal of Banking and Finance, 2002: (26).

[44] Koen Geven. Bologna with Student Eyes 2007 [EB/OL]. http: //www. ond. vlaanderen. be/hogeronderwijs/bologna/documents/Bolognastudenteyes, 2007. pdf.

[45] Lee, H. The Nature and Scope of Student Participation in Policy - Making in Academic Government. Proceedings of the 6th International Seminar Current Issues in University Education of Korea and Japan. Seoul, Korea: Korean Council for University Education, 1987.

[46] Meredith Edwards. University Governance: A Mapping and some issues [EB/OL]. http: //www. atem. org. au/pdf/Governance. pdf.

[47] Michaela Martin, Antony Stella. External quality assurance in higher education: making choices. UNESCO: International Institute for Educational Planning, Paris, 2007: 84 - 85.

[48] Nathalie Costes, Fiona Crozier, etc. Quality Procedures in the European Higher Education Areas and Beyond—Second ENQA Survey [EB/OL].

[49] http: //www. enqa. eu/files/ENQA%20Occasional%20papers%2014. pdf.

[50] National Student Satisfaction and Priorities Report. 2005 Research Report. http: //www. eric. ed. gov/ERICDocs/data/ericdocs2sql/content_storage_01/0000019b/80/1b/be/e9. pdf.

[51] National Student Satisfaction Report 2003 [EB/OL]. http: //www. eric. ed. gov/ERICDocs/data/ericdocs2sql/content_storage_01/0000019b/80/1b/46/2e. pdf.

[52] Neil Nugent. The Government and Politics of the European Union (4th edition) [M]. Houndmills: the Macmillan Press Ltd, 1999: 503.

[53] NSS. Frequently asked questions [EB/OL]. http: //www. thestudentsurvey. com/faqs. asp #q2.

[54] Obondo, A. T. Politics of Participatory Decision - Making: The Case of Kenyatta University and the University of Nairobi, French Institute for Research in Africa "Les Cahiers" Review. 2000, (19).

[55] QAA. Annual QAA report to the Higher Education Funding Council for England [EB/OL].

http：//www. qaa. ac. uk/aboutus/AnnualReports/default. asp.

[56] QAA. Outcomes from institutional audit：Student representation and feedback arrangements [EB/OL]. http：//www. qaa. ac. uk/reviews/institutional Audit/outcomes/Outcomes StudentRep. pdf.

[57] QAA. QAA approaches to student engagement [EB/OL].

[58] http：//www. qaa. ac. uk/students/student Engagement/student Engagement. pdf.

[59] QAA Scotland. Enhancement – led institutional review handbook：Scotland (Second edition). The Quatlity Assurance Agency for Higher Education，2008：25 – 26.

[60] QAA. Strategic Plan 2006 – 11 [EB/OL]. http：//www. qaa. ac. uk/aboutus/strategic Plan/2006/Strategicplan06 – 11. pdf.

[61] Realising the European Higher Education Area [R]. Communiqué of the Conference of Ministers for Higher Education. Berlin，2003：2.

[62] R. E. Freeman，W. M. Evan. Corporate governance：A stakeholder interpretation [J]. Journal of Behavioral Economics，1990 (19)：337 – 359.

[63] Robin Wilson. New Research Casts Doubt on Value of Student Evaluation of Professors [N]. The Chronicle of Higher Education，1998 – 1 – 16.

[64] Sirpa Moitus. Nordic project on student involvement. The Finnish Report，2003：17 – 20. http：//www. kka. fi/files/192/KKA_0203V. pdf.

[65] Stanford University. Policies on Student Evaluation of Teaching. http：//studentaffairs. stanford. edu/registrar/faculty/courseevalspolicies.

[66] The Bologna Process 2020 – The European Higher Education Area in the newdecade [R]. Communiqué of the Conference of European Ministers Responsible for Higher Education. Leuven and Louvain – la – Neuve，2009：1.

[67] The European Higher Education Area—Achieving the Goals [R]. Communiqué of the Conference of European Ministers Responsible for Higher Education. Bergen，2005：3.

[68] University of California. Shared Governance [EB/OL]. http：//www. universityofcalifomia. edu/aboutuc/governance. html.

[69] Wendy Muir. Student involvement in internal periodic review activities. http：//senate. gla. ac. uk/qa/review/dptlaguide. pdf.

[70] W. Froestad &P. Bakken (ed). Student Involvement in Quality Assessments of Higher Education in the Nordic Countries [EB/OL]. http：//www. nokut. no/Documents/NOQA/Reports/Student% 20Involvement% 20in% 20Quality% 20Assessments% 20of% 20Higher% 20Education%20in%20the%20Nordic%20Countries. pdf.

[71] Wood，D. Faculty，Student and Support Staff Participation in College Governance：An Evaluation. Paper Presented at the Annual Conference of the Association of Canadian Community Colleges，Edmunton，Alberta，Canada，1993.